사회복지개론

Introduction to Social Welfare

| 권혁창 · 김현옥 · 조혜정 · 정창률 · 이철수 공저 |

학지사

머 / 리 / 말

사회복지개론서를 쓰면서

시중에 많은 사회복지개론서가 나와 있습니다.

우리는 대학 신입생들에게 적절한 사회복지학개론이 무엇일까 고민했습니다. 현재 대부분의 사회복지학개론 교재는 사회복지학전공 교과목에서 가르치는 내용을 요약해서 학생들에게 앞으로 배울 사회복지학의 전체적인 그림을 그리도록 도와줍니다. 그런데 '과연 앞으로 배울 사회복지전공 과목들을 요약해서 보여 주는 것이 사회복지학과 1학년 학생들에게 맞는 것인가?' 우리의 출발점은 이 질문이었습니다.

우리가 생각한 것은 학생들의 욕구와 수준에서 출발하는 것이 타당하다는 것입니다. 사회복지학과 학생들을 만나서 이야기를 나누어 보았습니다. 사회복지에 대한 열정을 가지고 입학한 학생들도 '내가 생각한 사회복지가 과연 사회복지학과에서 가르치는 사회복지와 맞는가?'라는 고민을 하곤 합니다.

한편, 필자들이 사회복지학을 처음으로 접했을 때의 그 과거의 기억으로 되돌아가 보았습니다. '내가 선택한 전공은 나에게 맞는가?'

한국의 과도한(?) 교육열 때문에, 한국의 대학 신입생은 인간의 발달과정상 청소년기의 정체성 위기를 대학에 입학한 뒤 뒤늦게 경험하는 듯합니다. 학생들이 삶에서 진정 무엇을 원하는지를 고민하는 과정에서 사회복지학이라는 전공에 대한 회의 역시 경험하는 것이라고 생각해 봅니다. 이런 의미에서 우리는 Intro에서 자아정체성과 진로에 대해서 먼저 다루었습니다.

　제1부에서 사회복지학을 처음 접하는 학생들에게 사회복지의 측면에 대해 설명하고, 사회복지사라는 직업을 자신의 진로로 설정하는 것에 대해서 논의를 합니다. 제2부에서는 사회복지의 역사, 철학, 미시적·거시적 접근에 대해서 논의합니다. 마지막으로, 제3부에서는 현대 사회복지의 쟁점에 대해서 다룹니다. 이를 통해 우리는 이 책이 학생들이 사회복지에 대해 총괄적으로 이해하는 데 도움이 되길 바랍니다.

　이 책은 경남과학기술대학교 김현옥, 조혜정 교수, 단국대학교 정창률 교수, 한국보건사회연구원에서 근무 중인 이철수 교수와의 공동 작업으로 이루어졌습니다. 우리는 이 책이 사회복지를 처음 시작하는 여러분에게 조금이나마 도움이 될 수 있었으면 좋겠습니다. 저자들 외에 많은 분의 도움으로 이 책이 만들어지게 되었습니다. 특히 편집 작업을 하면서 저자들과 깊이 있는 토론을 한 정혜진 학생에게 고맙습니다.

　대학에 입학한 여러분의 앞날에 축복이 항상 함께하길 빕니다.

2017년 2월, 진주에서
대표저자 권혁창

차 / 례

 제1부 사회복지에 대한 접근

제3부 사회복지의 쟁점

Intro: 대학생의 자기이해와 진로결정

나는 누구인가

삶에서 가장 핵심적인 질문은 '내가 누구인가(Who am I)?'일 것이다. 셰퍼(Schaffer, 2000)에 의하면 인간의 자아란 자신을 둘러싸고 있는 사회환경 속에서 형성되는 자신에 대한 총체적인 지각이나 느낌을 의미하며, 다른 사람의 관계 속에서 발달해 가는 것이다. 자아라는 것, 자기 자신은 나의 것이자 어떤 의미에서는 사회적 상호작용을 통해 형성되기에 사회의 것이기 때문이다. 따라서 타인에게서 부정적이거나 배타적인 반응을 받게 되면, 우리는 부정적인 자아상을 가지게 되거나 위축되고 분노하게 된다. 나를 부정적으로 규정한 특정인을 비판하게 되고, 시간이 지나면 나 자신에 대해 회의하고 타인이 바라보는 나 자신에 대해 생각하게 된다. 쓰라린 이 시간 역시 늘 익숙하지만 평소에는 자각되지 않는 나 자신의 성향이나 속성에 대해 짧게나마 이해할 수 있는 기회가 되기도 한다.

타인을 통해 자극을 받는 이러한 상황이 아니더라도, 우리는 나 자신에 대해서 어디까지 이해하고 있을까? 내가 자주 반복하는 특정 말과 행동, 습관, 취향 등의 원인에 대해 탐색해 본 적이 있는가? 무엇보다 나의 욕망과 경향성, 나를 추동하는 근본 원인과 추동의 방향성을 진지하게 통찰해 본 적이 있는가?

　모든 사람이 개인의 행동이나 생각에 중요한 영향을 미치는 것은 아니다. 개인의 주위에 있는 사람들 중에는 그 개인에게 특별히 더 의미 있는 영향을 주는 사람들이 존재한다. 사회학에서 의미 있는 타인은 한 개인의 자기평가에 강한 영향력을 행사하는 사람들로, 이들은 개인에게 행동을 규제하고 조정하는 사회규범과 같은 중요한 역할을 수행한다. 의미 있는 타인의 영향은 반영된 평가(reflected appraisal)의 원칙과 맥락을 같이하게 된다(전하람, 김경근, 2006). 이는 자아정의 및 자기평가가 주위의 타인이 자신을 바라보는 시각과 그 시각에 대한 자신의 지각을 통해 결정된다는 원칙이다.

　의미 있는 타인의 중요성은 개인이 취하는 대부분의 행동이 다른 사람들을 고려하여 사회적인 조정, 즉 사회적으로 받아들일 만한 판단을 거친 후에 나타난다는 점에서 찾을 수 있다. 자아의 의미 자체가 개인이 자기 자신을 사회적 대상 혹은 객체로 인식한다는 것으로, 이것은 자신이 다른 사람들에 의해 부여된 의미와 동일한 의미를 내면화하게 된다는 것을 뜻한다. 또한 자아개념은 타인들의 실제적인 판단보다는 자신이 인식한 타인들의 자신에 대한 판단을 자신의 평가에 적극적으로 반영함으로써 형성된다. 사람들은 의미 있는 타인이 자신에게 기대하는 역할에 자신의 역할을 합치시키는 경향이 있다(전하람, 김경근, 2006). 따라서 특정 역할에 근거하여 의미 있는 타인이 내 자신을 인정할수록, 나는 그 역할을 더욱 잘 받아들이게 된다. 즉, 개인은 긍정적으로 평가되는 역할을 자신과 합치시키려는 경향이 있다.

　공식적인 조직에서 의미 있는 타인, 개인의 반영된 평가에 영향을 미칠 수 있는 인물은 조직의 위계에서 높은 위치를 점한 개인일 가능성이 높다(Friedkin, 2011). 직장생활을 시작하고 난 이후라면 그러한 사람은 수퍼바이저나 관리자가 될 가능성이 높다. 학생의 경우라면 의미 있는 타인은 누가 될까? 나에 대하여 선배가 내리는 평가는 다른 낯선 사람들이 내리는 평가보다 나의 자아개념을 변화시키는 데 훨씬 더 큰 비중을 차지한다. 또한 교수의 평가는 같은 학과 학생들의 평가보다 더 큰 비중을 갖는다. 따라서 평가의 원천인 타인이 나에게 중요하게 지각되면 될수록 자아개념을 평가내용과 일치시키려고 할 가능성이 높아진다(이동원, 박옥희, 2014).

그렇다면 지금 당장의 현재가 아니더라도 오랫동안 나의 자아개념에 꾸준하고 지대한 영향을 미친 의미 있는 타인은 누구일까? 출생부터 지금까지 우리의 가치관과 자아개념에 지대한 영향을 미치고 있는 의미 있는 타인 중 으뜸은 가족일 것이다. 가족이 의미 있는 타인이라는 것은 주지의 사실이라 더 이상 언급할 필요가 없으나, 여기서 중요한 것은 가족이 나의 자아개념에 미친 영향을 분석하고 자각하는 것이다. 누구도 가족을 선택하지는 않는다. 그리고 웬만해서는 그 가족이 나의 자아개념에 미친 1차적 영향에서 벗어나는 것도 쉽지 않다. 다만, 대학생이 된 지금부터는 자아개념에 미친 가족의 영향을 자각하고 분석하여 자기 자신에 대한 능동적인 이해를 시도해야 한다.

김민경(2012)의 보고에 의하면 대학생이 경험한 가족 불화와 고통, 가족 구성원의 사망과 상실 등은 강한 불행경험으로 여겨지고, 화목, 자신의 성장과 발달, 가족과 함께 한 휴식이나 휴가 등은 행복경험으로 여겨진다. 또한 학업, 직업, 가족이나 친구와의 관계 그리고 여가생활과 같은 전형적인 경험들이 현재와 미래의 행복을 예측했다. 즉, 우리가 어린 시절 가족과 함께 성장하고 부대꼈던 일상들, 편안하거나 불편했던 경험들은 흘러간 과거로 완료되는 것이 아니라 나의 자아개념과 현재를 바라보는 안목으로 남아 있음을 알 수 있다.

가령, 아동기의 학대피해 경험은 성인기에 부정적인 자아개념을 형성하도록 만드는데(Lopez & Heffer, 1998), 이는 어린 시기에 부모에게서 받은 학대피해가 성장 후에도 자존감이 낮고, 삶을 바라보는 시각이 낙관적이지 않으며, 호기심이 없고, 대인관계가 좋지 않게 한다는 것을 의미한다(김민경, 2012). 당연한 말이지 않겠는가? 부모로부터 구타당하고 방치된 경험을 한 사람은 자아개념이 부정적일 확률이 높으며, 나와 사람 그리고 이 세상을 좋아할 가능성은 높지 않다.

또한 바람직한 부모의 양육태도로 분류되는 애정적 · 자율적 · 성취적 · 합리적인 양육을 경험하는 것은 대학생의 건강한 정신구조 형성에 결정적 기여를 하고(Bowlby, 1988), 자신과 타인에 대해 긍정적 지각을 하도록 하며(Pierce, Sarason, & Sarason, 1996), 심리적 안녕감 역시 높인다고 한다(김민경, 2012). 역시 당연한 말이지 않은가? 가장 의미 있는 타인인 부모에게서 '좋은 사람' '소중한 사람'이라는 느낌을 지속적으로 받는다면 나의 자아개념이 긍정적일 확률이 높으며, 나 자신과 사람 그리고 이 세상을 좋아할 가능성이 높다.

　의미 있는 타인과의 경험을 분석하고 자각할수록 자기이해를 좀 더 심층적으로 할 가능성은 높아지지만, 불행했거나 고통스러웠던 경험임을 자각하고 의미 있는 타인으로부터 부정적인 영향을 받았다고 평가될 경우, 우리는 이제 앞으로 어떻게 해야 하는가에 대한 또 다른 고민에 부딪히게 된다. 의미 있는 타인과 긴 거리를 두고 살아야 할까? 자신을 불행한 인간으로 규정한 채 그 불행과 고통의 틀에 갇혀야 할까? 아니면 긍정적인 경험을 한 친구나 선배들을 한없이 부러워하면서 다른 누군가가 불행한 나를 구원해 주기를 바라야 할까?

　번(Berne)[1]은 우리의 인생 초기 각본은 부모와 가족이라는 의미 있는 타인에게 받은 영향으로 인하여 무의식적으로 형성되었다고 한다. 특히 초기 형성은 유아기와 아동기를 보내며 나도 모르는 새 서서히 형성되고, 의미 있는 타인을 포함한 사회 구성원들과 상호작용을 하는 데 많은 영향을 미친다. 우리는 그렇게 살아왔다. 동시에 번은 우리의 인생 초기 각본을 자각하고 검토한 이후 자신의 인생 초기 각본을 수정해 나가는 재구조화를 할 수 있으며, 또 해야 한다고 보았다. 초기 각본은 내가 선택했다고 볼 수 없지만 재구조화된 각본은

---

1) 에릭 번(Eric Berne, 1910~1970)은 교류분석이론의 창시자로, 이름마저 비슷한 에릭 에릭슨(Erik Erikson)의 사사를 받은 적이 있으며, 정신분석이론의 한계를 직면한 이후 프로이트(Freud)나 에릭슨의 관점과는 다른 방식으로 자아 상태 연구에 접근하였다. 교류분석이론이란 인간은 다른 사람과의 상호교류를 통해 욕구를 충족시키고 성장하기 때문에 사회적 상호작용을 원하며 따라서 끊임없는 심리적 게임을 이어 가게 된다는 이론이다. 또한 양육자로부터 영향을 받아 형성된 인생 초기 각본을 자각하고 수정할 수 있는 능력이 내재된 존재로 인간을 바라본 점은 정신분석이론과 대별되는 큰 특징으로 평가된다. 번, 에릭슨, 프로이트 모두 사회복지학과 전공필수 교과목인 '인간행동과 사회환경' 시간에 만나게 될 것이다. 기대해야 하는 인물들이다.

내가 선택한 셈이다.

대학생으로서 좋은 직업을 꿈꾸며 비상하고 싶어 하는 자기 자신과 나의 발목을 붙잡고 시도조차 하기 전에 패배를 예측하도록 하며 안전한 소심을 권하는 자기 자신이 있다. 둘 다 나다. 인생 초기 각본을 드러내고 지금부터 새로 쓰는 자아개념 각본을 가져야 한다.

아마 대학생을 포함하여 많은 현대인이 자신이 무엇을 원하는지, 왜 그것을 원하는지 정확히 분석하지 못한 채 출세하고 싶어 하고, 부자가 되고 싶어 하며, 좋은 옷, 좋은 음식, 좋은 집을 소유하고자 한다(김현옥, 강대선, 김경호, 2015). 우리는 너무나 쉽게 타인의 욕망을 모방하면서, 그 욕망이 원래 나의 욕망이라고 착각하는 경향이 있다. 동시에 우리가 살아가는 이 자본주의 사회는 타자의 욕망을 모방하는 심리기제를 활용하여 아이유와 빅뱅을 앞세워 욕망을 부채질하고 타자의 욕망을 모방하지 못하는 사람들에게 소외감을 심어 주는 경향이 있다. 라캉(Lacan)에 의하면 부러움이란 그 본질에 대해 아무것도 모르면서, 자신에게는 충족의 대상이 아닌 것을 타인이 소유할 때 느끼게 된다(Lacan, 1994). 알고 보면 나에게 필요한 것이 아닌데 다른 사람이 소유한 것을 보면 질투와 욕망을 갖게 되는 존재, 그것이 사람이라는 것이다. 우리는 진짜 욕망을 알아야 한다. 자신의 진짜 욕망을. 자기이해를 위한 첫걸음은 진짜 욕망을 자각하는 것이다.

나는 무엇을 하고 싶은가

진로와 관련한 자기이해의 측면은 자신의 욕망에 다가가고 그 욕망을 분석하는 것이다. 나는 장차 무엇이 되기를 원하는가? 왜 되고 싶어 하는가? 내가 나아갈 길을 선택하고 정한다는 의미로서 진로를 정한다는 것의 본질은, 특정한 길을 가는 나 자신에 대한 이해가 선행되어야 한다는 데 있다(김현옥 외, 2015). 자신에 대해 지나치게 철학적이기만 한 고민, 즉 우주의 기원과 자신의 실존을 생각하는 것도 중요하지만, 진로와 관련한 자기이해는 자신의 욕망을 바로 아는 것에서 출발하는 것이다. 그것이 보다 현실적이기도 하다.

자신을 깊이 이해하는 구체적인 방법으로서 내가 원하는 것을 정확히 자각하고, 왜 그것을 원하는가를 정확히 인식하기 위한 반복적이며 치밀한 자기문답의 방법을 권한다.

진로를 정하기 위해서는 무수히 많은 사람을 만나 조언을 구하고 정보를 탐색해야 하지만, 동시에 타인의 도움 없이 자기 자신에 대한 진정한 욕망을 탐색하고 약점을 직면하고 강점을 분석하는 것 역시 필수 불가결한 과정이다(김현옥 외, 2015). 우리는 타인이 요구하는 예절과 양식과 태도를 갖출 수는 있지만, 보다 근본적인 내가 행복해지기 위해서 무엇을 해야 하고 어떠한 진로를 정해야 하는지는 타인의 요구로는 알 수 없다.

자기 자신이 될 때 진로를 정할 수 있는 첫걸음을 뗄 수 있다. 내가 무엇을, 왜 원하는지를 정확히 인식해야 한다. 또한 한 번의 자기문답으로 자신이 원하는 바를 알 수도 없다. 나의 욕망은 때로 너무나 깊게 자리 잡고 있어서 여러 번 진지하게 되물어야만 진짜 마음의 소리, 욕망의 울림을 간신히 알 수 있기 때문이다. 지도교수나 상담 전문가, 친구나 부모님이 피상적인 가이드를 제시할 수는 있어도 진짜 나의 길, 나의 진로는 오직 나 자신이 결정할 수 있을 뿐이다. 더 좋은 자기 자신이 되기 위하여 자신의 욕망에 다가가야 하며, 자신의 욕망에 다가갈 때 진로를 정할 수 있을 것이다.

진로결정과 직업선택

진로포부(career aspiration)란 진로에 대한 자신의 현재 상황을 인식하고, 개인이 선택한 진로 안에서 성공과 성취를 얼마나 동경하는가를 의미한다. 즉, 자기가 처한 현실에서 예측되는 자기 미래에 대한 긍정적이고 바람직한 기대라고 할 수 있다. 이러한 진로포부는 개인의 진로계획 수립과 직업선택에 중요한 역할을 할 뿐만 아니라, 진로발달과 직업성공을 이해하는 데에도 도움이 된다.

사회라는 정글을 알아 갈수록, 나이가 들어 갈수록 사람들은 먹고살기 위해 직업생활을 한다고 한다. 틀린 말은 아니다. 그럼에도 불구하고 먹고살기 위해 직업을 선택한다고 하면 삶은 맥 빠지고 지루하게 여겨진다(김현옥 외, 2015). 왜냐하면 진로포부를 상실한 채 혹은 처음 가졌던 진로포부를 망각한 채 이어지는 직장생활은 너무나 매력이 없기 때문이다.

하지만 어떻게든 먹고 살 테니까 꿈과 희망만을 좇아서 진로를 결정하라는 말도 섣부르다. 이 말을 쉽게 할 수 있는 사람도 많을 수 없고, 또 이 말을 전적으로 믿고 따르는 사람도 많지 않을 것이다. 심지어 교수나 억대 연봉을 받고 있는 저명인사가 특강에서 만난 청년들에게 이런 말을 한다면 딱 비난받기 쉬운 표적이 된다(김현옥 외, 2015).

우리는 진로를 결정하는 과정에서 나의 꿈과 나의 현실, 이 둘 다를 인식하고 서서히 간격을 좁혀 가는 과정에서 타협을 하는 입장에 처해 있다. 고프레슨(Gottfredson, 1981)에 의하면 타협은 진로결정과정에서 어떤 조건을 조절하는 것을 의미한다. 즉, 타협은 외적인 현실에 적응하기 위해 자신의 진로포부를 조절하는 것이며, 그 과정에서 사람들은 직업의 특성, 유형, 사회적 지위, 흥미에 대한 타협을 한다는 것이다. 자아개념이나 흥미와 같은 개인 내적 요인에만 초점을 두었던 이전의 진로발달이론과는 달리, 진로포부 발달이론은 성역할이나 사회적 명성과 같은 사회적 요인과 추론능력이나 언어능력과 같은 인지적 요인들을 통합하여 진로포부의 발달에 대한 설명을 시도하였다. 이러한 관점은 진로포부를 단순히 심리적 요소로만 정의하고 측정하고자 하는 것과는 달리 진로선택에서의 사회 맥락적 변인을 고려한다는 장점이 있다(배영자, 심성지, 2013). 아울러 내가 원하는 진로와 더불어 사회가 원하는 인물은 누구인가에 대해서도 탐색해야 함을 강조한다는 장점을 갖고 있다. 타협이란 나의 욕망과 사회의 욕망 둘 다를 알아야만 시도할 수 있기 때문이다.

한편, 진로장벽(career barrier)이란 개인의 진로결정을 어렵게 만드는 요인들을 말하며, 이 장벽이 개인 내부에 있는 심리적인 것인지 혹은 개인 외부에 있는 환경적인 것인지에 따라 내적 진로장벽과 외적 진로장벽으로 구분할 수 있다. 일반적으로 진로장벽은 자신감이나 동기, 직업정보의 부족 등의 개인 내적인 장벽과, 차별이나 빈곤 등의 외적인 장벽을 모두 포괄하는 개념으로 정의되고 있다(배영자, 심성지, 2013). 그런데 어떤 사람에게는 지각된 진로장벽이 진로결정을 방해하지만, 다른 사람에게는 지각된 진로장벽이 합리적인 진로탐색과 진로결정을 촉진하는 촉매제가 될 수도 있다. 왜 이러한 차이가 발생할까? 그것은 자아개념의 긍정성의 차이 때문일 수도 있다. 다만 내가 장벽이라고 인식한 것에 대하여 다른 사람들도 장벽처럼 여기는지 한번 살펴본다면 내가 무모한 것인지 엄살이 심한 것인지 알아챌 수 있다.

진로결정은 자신의 진로포부와 진로장애에 대한 정확한 분석이 선행된 이후 이루어져야 할 것이다. 또한 진로포부와 진로장애에 대한 분석은 한 번 완료된 이후 그것으로 끝이라고 보기 어렵다. 꾸준히 자신의 진로포부와 진로장애에 대한 다가감이 있어야 할 것이다. 내가 되고 싶어 하는 것이 정말 나의 욕망인가, 내가 장애라고 여기는 것이 정말 장애인가에 대한 심층적인 분석이 있어야 한다. 무엇을 하든, 무엇이 되든, 이 과정이 자신을 자신답게 만들고 이끈다. 발달이란 자기 자신이 되는 것이니까.

직업선택의 동기와 전략

일을 하고 돈을 벌어 좀 더 나은 생활을 영위한다는 것은 인간에게 어떠한 의미가 있을까? 하고 싶은 것, 되고 싶은 것, 욕망 중심으로 진로를 결정하는 과정에서 우리는 문득 가장 본질적인 질문에 부딪히곤 한다. 직업을 가진다는 것은 내 삶에 무슨 의미가 있을까? 일을 한다는 것은 뭘까? 신해철의 노래 〈너에게 쓰는 편지〉의 가사 일부를 살펴보자.

전망 좋은 직장과 가족 안에서의 안정과 은행 구좌의 잔고 액수가 모든 가치의 척도인가. 돈, 큰 집, 빠른 차, 여자(혹은 남자), 명성, 사회적 지위 그런 것들에 과연 우리의 행복이 있을까, 나만 혼자 뒤떨어져 다른 곳으로 가는 걸까……

이 노래의 가사를 만들고 불렀던 신해철이 전망 좋은 직장과 안정과 돈과 큰 집과 빠른 차 등을 혐오하였을까? 그건 이 노래와 이 노래의 주인에 대한 극단적인 시각이라고 본다. 가치를 느끼지 못하고 의미가 부여되지 않은 채 맹목적으로 겨냥되고 있는 돈, 명성, 사회적 지위, 큰 집의 공허함, 그러나 모두가 그것들을 향해 달려가고 있으니까 나도 달려야 하나 걸어야 하나……. 딱 여기까지의 가사라고 본다. 직업세계란 소유의 확장이라기보다는 삶의 영역의 확장이며, 나를 유익하게 만들고 성장·발달시키는 많은 자극을 경험하도록 하며, 때로는 달갑잖은 자극과 맞서게 하는 활동의 장이라 볼 수 있다. 그 과정에서 우리가 빠른 차를, 큰 집을, 돈을 소유할 수도 있고, 때로는 버릴 수도 있다고 보는 것이 정확할 것이다.

유시민(2013) 역시 인간의 활동적 삶으로서 직업의 세계란 노동하고 제작하고 다양한 사람과 함께 말하고 행위할 수 있는 세계 속에서 이루어진다고 보았다. 그 세계 속에서 인간은 개인의 생존을 위해 자연과 소통하며 노동하고, 또한 그 세계에 안정적으로 거주하기 위해 자신의 세계를 건설하고 사물들을 제작한다. 유시민(2013)의 표현대로 말하자면, 연대하고 사랑하고 놀기 위한 전제가 되는 것은 일, 직업 세계를 갖는 것이라고 볼 수 있다. 공병혜(2013) 역시 인간에게 의미 있는 세계로서 직업이란 인간이 노동을 하고 사물을 제작하지만 결국 다양한 사람이 서로 소통하며 '나는 누구인가'와 관련해 자기 인격을 드러내며 자기다운 삶을 살 수 있는 세계라고 보았다. 따라서 먹고사는 것과 자아를 실현하며 자신의 발달을 도모하는 것 모두를 포함할 수 있는 직업을 선택하는 것이 가장 바람직할 것이다.

　실제로 개인에게 직업은 크게 생계유지의 수단, 자아성취의 수단, 사회참여의 수단 등 세 가지 의미로 구분하여 살펴볼 수 있다. 이때 어떠한 가치에 우위를 두느냐에 따라 결과적으로 개인의 직업선택이 달라질 수 있다. 특히 이러한 직업관의 차이는 직업선택동기(job choice motivation)로 구체화시켜 설명해 볼 수 있다. 일반적으로 동기(motive)는 '사람을 움직이게 하는 힘으로서 개인의 행동을 활성화시키고 지속시키는 외적 자극과 내적 조건'이라고 정의할 수 있다. 이러한 맥락에서 직업선택동기란 개인이 직업을 선택하는 과정에서 중요하게 고려되는 외적 자극과 내적 조건으로 이해할 수 있다.

　일반적으로 내재적 동기(intrinsic motivation)는 개인의 내적 요인에 의해 자발적으로 발생하는 동기로서 개인의 성취감, 만족감, 긍정적인 감정상태 등을 강조하는 개념이며, 외재적 동기(extrinsic motivation)는 내적·외적 요인에 의해 비자발적으로 발생하는 동기로서 타인으로부터의 인정, 금전적·비금전적 보상에 대한 기대 등을 강조하는 개념이다. 따라서 이러한 맥락에서 내재적 직업선택동기는 이타주의, 책무감, 개인의 친사회적 행동, 공직 동기 등으로 개념화할 수 있으며, 외재적 직업선택동기는 금전적·비금전적 보상, 타인으로부터의 인정에 대한 욕구 등으로 개념화할 수 있을 것이다(김현옥 외, 2015).

　우리가 좋은 직업을 선택하기 위해서는 자신의 직업선택동기를 구조적으로 분석할 수 있어야 한다. 또한 자신의 직업선택동기에 대해 위선 없이 솔직해야 한다. 나는 왜 직업을 선택하는가, 직업을 선택하기 위하여 나를 움직이는 힘은 무엇일까? 직업선택에 실패하지 않기 위해서는 자기이해가 전제되어야 한다는 결론에 또다시 도달한다. 앞서 언급한 바와 같이 자기를 이해해야 직업선택동기를 견고히 할 수 있으며, 자신의 직업선택동기를 제대로 분석하여 인식한 개인이 직업선택에 성공할 수 있다고 보면 된다.

　우리는 지금까지 자기이해를 바탕으로 직업선택동기를 찾아야 하는 과정을 살펴보았다. 말이 쉽지, 자기이해는 그 하나만으로도 전 생애를 걸고 탐색해야 하는 긴 과정이고 큰 과제다. 그래서 자기이해도, 직업선택동기 분석도 지속적이고 반복적인 과정이다. 산 하나를 넘었다고 좋아했는데, 이제 나는 나를 알 것 같다고 생각했는데, 다시 생각해 보니 내가 낯설게 여겨지기도 한다. 직업선택동기를 충분히 파악했다고 생각했는데 돌이켜 보니 여전히 망설여지고 혼란스럽다. 명료하고 간단한 과정은 아니지만, 꾸준히 진행해 보고 자신을 인내해야 한다. 어떤 의미에서 자기 자신을 관찰하고 직업선택동기를 탐색하는 것은 후기 청소년인 대학생 시기에 할 수 있는 가장 적합한 과업이다. 대학생이니까 할 수 있는 즐거움일 수도 있다. 기억해야 한다. 늘 젊지는 않다는 것, 푸르렀을 때 자기 자신을 자각해야만 이다음 단계에서 견고한 뿌리, 깊은 뿌리를 내릴 수 있다.

【 참고문헌 】

경남과학기술대학교 3학년 학생들의 모음글(2015).
공병혜(2013). 세계소외와 이야기적 정체성-한나 아렌트의 '인간의 조건'을 중심으로.
    인간연구, 25, 73-97.
김민경(2012). 대학생의 가족학대경험·사회부적응 및 자아탄력성과 일상생활만족의
    관계. 한국가정관리학회지, 30(1), 1-13.
김현옥, 강대선, 김경호(2015). 사회복지교육과 사회복지 현장실습. 경남: 대도출판.
배영자, 심성지(2013). 사회복지학 전공학생들의 내·외적 진로장벽과 사회복지 진로
    결정수준의 관계: 진로포부의 매개효과. 사회과학연구, 29(4), 67-90.
유시민(2013). 어떻게 살 것인가. 경기: 아포리아.
이동원, 박옥희(2014). 사회심리학. 서울: 학지사.
전하람, 김경근(2006). 고등학생의 교육포부 결정요인 분석-의미 있는 타인의 영향을
    중심으로. 교육사회학연구, 16(4), 185-206.

Bowley, J. (1988). Development psychiatry comes of age. *American Journal of Psychiatry, 145*, 1-10.

Friedkin, N. E. (2011). A formal theory of reflected appraisals in the evolution of power. *Administrative Science Quarterly, 56*(4), 501-529.

Gottfredson, G. D. (1981). Circumscription and compromise: A developmental theory of occupational aspirations. *Journal of Counseling Psychology, 28*, 545-579.

Lacan, J. (1994). 욕망이론(민승기, 이미선, 권택영 공역). 서울: 문예출판사.

Lopez, M. A., & Heffer, R. W. (1998). Self concept and social competence of university student victims of childhood physical abuse. *Child Abuse & Neglect, 22*(3), 183-185.

Pierce, G. R., Sarason, B. R., & Sarason, I. G. (1996). *Handbook of social support and the family* (pp. 3-23). New York: Pleum.

Schaffer, D. R. (2000). *Social and personality development.* Belmont, CA: Wadsworth/ Thomson Learning.

읽을거리 사회복지학과 선배들의 조언

Q 1학년 여학생이 찾아와 "사회복지를 왜 해야 하는지 모르겠어요. 전과나 편입을 생각해 보곤 합니다. 선배님! 선배님은 어떠셨는지 좋은 의견 부탁드립니다."라고 상담을 요청했다. 어떻게 대답할 것인가?

A1 "사회복지를 왜 해야 하는지 모르겠어요."라고 말한 여학생에게 사회복지과에 왜 들어왔는지 물어보고 싶다. '나'의 경우 어린 시절 아버지의 가정폭력과 알코올중독으로 인해 엄마와 형, 나까지 학대를 당하고 살았으며, 내가 커서 사회복지를 공부해서 나 같은 어린 친구들이 더 이상 생기지 않기를 원하여 이 과에 들어왔다. 사회복지사라는 전문가가 단순한 교육만으로 될 수 있는 것이 아니다. '나'의 경우처럼 사회복지를 해야만 하는 이유와 동기가 있어야만 전문적인 사회복지사로 성장할 수 있다고 생각한다. 고로 단순히 대학진학을 목적으로 생각 없이 사회복지과에 들어왔다면, 나는 다른 길을 찾으라고 할 것이다. 굳이 사회복지라는 것을 강요하지 않을 것이다. 사람은 교육과 학습에 의해 성장하지만, 본성에 충실하므로 말이다.

A2 이렇게 상담을 요청한 것만으로도 학생이 가는 길에 대해 많은 관심을 두고 있구나 하는 것이 느껴지네. 상담을 요청해 줘서 고마워. 언니는 학생처럼 '사회복지를 왜 해야 하는지 모르겠다.'는 고민을 한 적이 있었어. 그때는 대학생이 되어서 초기였기 때문에 모든 것이 낯설었단다. 학생은 사회복지라는 곳을 어떻게 알고 오게 된 거야? 그렇지. 다들 처음 이곳으로 오게 된 계기나 동기가 하나쯤은 있어. 지금이 1학년 2학기 중간쯤이지? 전과나 편입을 생각하게 된 원인이 뭐였던 것 같아? 그렇구나. 그 원인들이 다양하구나. 언니도 학생처럼 그런 시기가 있었어. '휴학을 해 볼까? 이건 내가 생각했던 거랑 너무도 달라. 과제도 많고, 수업도 어려워.'라고. 학생이 지금 고민했던 것처럼 그랬었어. 아, 언니는 보건대에서 편입했어. 나는 외부적인 요소로 인해 많이 지쳐 있고, 힘들어하고, 그래서 온통 부정적인 생각들로 가득 찼었어. 하루를 감사하며 살지 못했더라고. 나보다 어렵고 힘들고, 나처럼 공부를 하고 싶어 하는 사람이 있음을 느끼니

까……. 이대로 대학생활을 보내기에 인생이 아깝더라고. 학생도 그런 마음 느끼지? 그래서 난 수업시간에 교수님의 이야기에 귀를 기울였어. 기울이다 보니, 사회복지라는 것은 우리가 살아가는 모든 삶이더라고. 한 생명이 태어나고, 살고, 땅에 다시 묻히는 그 모든 과정과 가까이 있는 것이 사회복지라는 것을 깨달았어. 학생이 지금 사회복지를 왜 해야 하는지 모르겠다고 했는데, 그 질문을 가지고 온 것만으로도 앞으로의 성장과 삶이 기대가 된다. 사회복지 공부를 통해서 언니가 깨달은 것 이상으로 새로운 깨달음이 있을 거야. 어쩔 때는 자기 자신을 마주하고, 어린 시절의 나를 마주하기도 하고, 부모님을 마주하기도 하고……. 많은 순간이 있을 거야. 이러한 순간은 어느 누구에게나 있지만 배우고 알지 못하면 그러한 기회를 잃어버리는 것처럼 그런 순간이 없길 바라고, 자신이 사회복지에 대한 목표와 동기를 찾길 바랄게. 어렵거나 힘든 순간이 있으면 언니한테 연락 주고! 이러한 인연도 삶의 한 부분이니까. 고마워.

A3 저 역시 1학년 때에 전과나 편입을 생각한 적이 있습니다. 고등학교 때 봉사 동아리를 다니면서 연계되어 있는 우리누리 청소년에 근무하시는 분들을 존경하면서 이러한 분야에서 일해 보고 싶었기에 청소년지도학과에 입학하는 것이 목표였습니다. 그러나 사회복지과에 입학한 이후 청소년 분야가 아닌 다른 포괄적인 전공까지 배워야 하니 어렵고 힘든 점이 많아 차라리 청소년 분야만 공부할 수 있는 청소년지도학과에 편입해야겠다는 마음과 사회복지에 적응하지 못해 방황한 적이 있었습니다. 그런데 이렇게 방황하고 있는 시기에 교수님이 간단한 면담을 통해서 조언을 해 주셨습니다. 물론 제가 좋아하는 분야만 공부한다면 좋겠지만 청소년 분야만 공부하게 되면 취업할 수 있는 길이 좁아지니까, 이왕 사회복지에 온 거 포괄적으로 공부하면서 제가 좋아하는 청소년 분야에 대해 공부하는 것이 나중에 저를 위해서 다양한 길을 가도록 할 수 있으니 한번 노력해 보자고 말씀하셨고, 제가 공부해 오면서 포기하지 않고 지금까지 달려 왔다는 것에 감사함을 느낍니다. 다양한 전공을 공부하면서 흥미롭고 새로운 지식에 대해 아는 기쁨과 제가 처음 선택한 꿈과 목표는 배우면서 달라질 수도 있고 좀 더 체계적으로 자신을 계획할 수 있는 기회가 된 것 같다는 느낌을 받습니다. 비록 지금이 자신과 맞지 않다고 해도 포기하지 말고 끝까지 최선을 다해 본 후 그래도 이 길이 아닌 것 같다면 그때 가서 다른 분야에 대해 공부하는 것 또한 늦지

않다고 봅니다. 시간이 아깝다고 느낄 수는 있지만 자신에게 배움은 결코 헛된 것이 아니라 밑거름이 될 수 있으며, 최선을 다했기 때문에 내 실패도 나에게는 무기가 될 수 있기 때문입니다. 그러니 한번 사회복지에 온 거 최선을 다해 끝장을 보고 후회 없는 선택을 하길 바랍니다.

출처: 경남과학기술대학교 3학년 학생들의 글모음(2015).

제1부

사회복지에 대한 접근

사회복지는 인간 사회의 여러 문제에 대한 집합적 대응이라고 일단 정의할 수 있다. 제1부에서는 사회복지를 생애주기 관점, 욕구 관점 그리고 사회적 위험 관점에서 다룬다. 사회복지는 인간에 대한 관심에서 출발한다. 따라서 인간의 탄생에서 죽음에 이르는 과정의 각 단계에서 사회복지적 개입이 요청된다고 하겠다. 제1장 '생애주기와 사회복지'는 인간의 성장과정을 중심으로 사회복지를 바라보려 한다. 인간은 어떤 과정을 거쳐 성장해 가는가? 이 장에서는 인간의 발달단계를 우선 고찰하고, 프로이트와 에릭슨 등의 심리학자들의 이론을 기반으로 발달이론과 발달단계별 과제를 검토한다. 그리고 생애주기와 사회복지의 관계에 대해서 살펴본다.

제2장 '욕구와 사회복지'에서는 인간의 욕구에 주목한다. 사회복지는 사회적 욕구에 대한 대응이라고도 볼 수 있다. 인간은 누구나 욕구를 지닌 존재다. 그런데 과연 욕구는 어떻게 이해될 수 있을까? 인간의 욕구이론 중에서 주목되는 이론은 매슬로의 욕구 5단계 이론이다. 이 이론에서는 인간의 주요 욕구를 생리적 욕구, 안전 욕구, 소속과 애정 욕구, 존중 욕구 그리고 자아실현의 욕구로 보고 이러한 욕구들이 위계적으로 구성되어 있다고 파악한다. 이 장을 통해 인간의 욕구를 이해하고 자기 자신의 욕구가 무엇인지 생각해 보는 계기가 되면 좋을 듯하다. 그리고 이러한 인간의 욕구가 사회복지와 어떻게 연관되는지 생각해 보면 좋겠다.

제3장 '사회적 위험과 사회복지'에서는 사회복지의 거시적 차원을 논한다. 심리학적 접근이 인간 개개인에 초점을 둔 것이라면, 사회적 위험 관점은 사회로 논의를 확장한다. 우선 '사회적 위험이란 무엇인가?'에 대한 답을 통해 사회복지가 집합적 성격을 가짐을 이해할 수 있다. 사회적 위험에 대한 이해는 사회복지정책의 기초가 된다. 이 장에서는 사회복지정책, 특히 사회보장정책에 대한 전반적 이해를 목적으로 한다. 사회보장정책은 사회보험과 공공부조제도 그리고 사회(복지)서비스로 이루어져 있는데, 이러한 사회복지정책은 사회적 위험에 대한 대응이라고 할 수 있다. 또한 이 장에서는 변화하는 세계를 새로운 사회적 위험으로 포착하고 21세기 사회복지의 새로운 접근에 대해서 생각해 보는 계기를 제공한다.

마지막으로, 제4장 '사회복지사를 직업으로 선택한다는 것'에서는 이상의 논의를 바탕으로 학생들에게 질문한다. 과연 사회복지를 전공으로 선택하길 잘했다고 생각하는가? 졸업 후에 직업으로서 사회복지사가 될 것인가? 이에 대해서 학생들이 운명적인 대답을 할 필요는 없다. 그저 '사회복지가 나와 맞는가?'를 주요 질문으로 제4장을 읽어 보길 바란다. 어떠한 직업이든 밝음과 어두움이 공존한다. 직업으로서의 사회복지사에 대해서 알아봄으로써 앞으로 자신의 미래에 대해서 설계하는 시간을 가지길 바란다.

제**1**장

생애주기와 사회복지

생애주기(life cycle)란 인간이 살아 있는 한평생의 시간 동안 시간의 흐름에 따라 변화하는 단계별 과정을 말한다. 인간의 생애주기는 특정한 삶의 기간에 따라 신체-심리-사회적 발달의 독특성을 보인다. 학자마다 달리 구분하고 있지만, 이 장에서는 생애주기를 8단계(태아기, 영아기, 유아기, 아동기, 청소년기, 청년기, 중년기, 노년기)로 나누어 살펴본다. 인간은 생애주기별 생물-심리-사회적인 변화를 겪으며 성숙과 쇠퇴를 경험한다. 또한 각 시기별로 요구되는 발달과제를 수행하며 발달해 나가는데, 이러한 과제는 인간의 욕구 및 사회문제와 밀접한 연관성이 있다. 인간은 유사한 발달단계를 거치지만, 각 개인이 처한 상황과 환경이 어떻게 결합하고 상호작용하느냐에 따라 발달경로는 다르게 나타날 수 있다. 따라서 인간을 둘러싼 환경체계(미시체계, 중간체계, 외체계, 거시체계, 시간체계)에 대한 이해가 병행되어야 한다. 생애주기 관점은 연속적이고 통합적인 시각에서 인간을 이해하도록 도우며, 각 시기별 사회복지 정책과 제도, 서비스를 통해 발달위기를 적절히 대처해 나갈 수 있도록 돕는다.

학·습·목·표

1. 인간의 생애주기에 따른 발달내용에 대해 이해한다.
2. 인간을 둘러싼 사회환경에 대해 이해한다.
3. 생애주기별로 직면할 수 있는 위험 및 문제를 살펴보고, 관련 사회복지 분야에 대해 살펴본다.

인생이란 흐르는 물과 같아 항상 변하며, 결코 같을 수가 없다.

– 고대 그리스의 철학자 헤라클리투스(Heraclitus)

여러분은 인생이 무엇이라고 생각하는가? 쉽게 답하기 어렵지만 누구나 한 번쯤은 생각할 만한 질문이다. 우리가 학자가 아니어도 누구나 자신과 타인의 인생을 들여다보며 인생에 대한 고뇌를 해 보았을 것이다. 앞서 보았듯이 고대 그리스의 철학자인 헤라클리투스는 인생을 흐르는 물에 비유하였다(Breger, 1998). 미국의 사회학자인 레빈슨(Levinson)은 1978년에 인생을 사계절에 비유한 책 『남성이 겪는 인생의 사계절(The Seasons of a Man's Life)』을 발표하면서 아동기와 청소년기를 봄, 성인 전기를 여름, 성인 중기를 가을, 노년기를 겨울에 비유하였다. 융(Jung)은 「인생의 단계(The Stage of Life)」(1933)라는 논문에서 사람의 일생을 태양에 비유하였다(小野寺敦子, 2010). 여러 학자가 인생을 자연계에 빗대어 그 과정을 표현했는데, 이와 같이 인간이 살아 있는 한평생의 시간 동안 시간의 흐름에 따라 변화하는 단계별 과정을 생애주기(life cycle)라 한다.

인간은 생명이 주어진 이후 자신에게 주어진 제한된 시간 속에서 한 공간을 차지하며 하나의 존재로서 성장해 나간다. 인간은 혼자서 성장하거나 생존할 수 없다. 인간은 가족을 포함하여 학교, 직장, 지역사회 등 여러 사회환경 속에서 다양한 사람과 상호작용하며 살아간다. 이 과정에서 여러 위기와 갈등, 문제를 경험한다. 이러한 문제들은 개인의 성장과 발달뿐만 아니라 안녕 상태(well-being)에 영향을 미친다. 사회복지는 인간의 안녕 상태 또는 생활조건 향상을 위한 제도화된 노력 및 전문적인 실천과정을 통해 개인, 집단, 지역사회, 제도 및 사회적 수준에 있어서 보다 나은 사회적 기능 또는 사회적 관계를 목표로 한다.

이 장에서는 사회복지의 주요 대상이 되는 인간이 생애주기에 따라 어떻게 성장하며, 어떠한 과제를 수행하며 살아가는지 살펴보고자 한다. 또한 인간을 둘러싼 사회환경과 생애주기에 직면할 수 있는 문제, 생애주기적 접근이 사회복지학에서 갖는 이점에 대해 살펴보고자 한다.

1. 생애주기와 발달과제

1) 인간의 수명

인간은 몇 살까지 살 수 있는가? 인간이 유전학적으로 생존할 수 있는 최대의 한계, 즉 타고난 수명을 천수(天壽)라고 한다. 커틀러(Cutler)는 인간이 누릴 수 있는 잠재적 최대 천수를 약 110~120세로 제시하였다(정환영, 1999에서 재인용). 최대 수명에 관한 기록들을 살펴보면 이를 확인할 수 있다. 1987년판 기네스북에 올라간 이즈미 시기치오(Shigichio Izumi)는 120세에 사망했다(정환영, 1999에서 재인용). 최근 기네스북에 등재된 세계 최고령자 오카와 미사오(Misao Okawa)는 2015년 4월에 117세의 나이로 사망했다(위키백과, 2015년 4월 9일자).

인간이 모두 천수를 누리는 것은 아니다. 유전적 소인, 심리사회적 환경에 따라 생애기간은 각기 다르다. 1900년에 인간의 평균수명은 50세가 채 안 되었지만 18세기 이후 산업화, 소득 증대, 도시화와 인구 이동 등 사회 · 경제적 발전과 의료기술 및 자원 확대 등으로 영아사망률을 포함한 전 연령층의 사망률이 감소하면서 기대수명이 점차 늘어나고 있다. 기대수명(life expectancy)이란 특정 연도에 태어난 개인이 앞으로 살 수 있을 것으로 예상되는 햇수로, 출생아(0세)의 평균수명을 말한다. 세계보건기구(WHO)에 따르면 2012년에 태어난 여자 영아는 73세, 남자 영아는 68세까지 살 것으로 예측되었다. 이는 1990년에 태어난 영아의 평균기대수명보다 6년 증가한 것이다. 한국의 경우 2012년 기준 남자는 77.9세, 여자는 84.6세로 세계 평균기대수명에 비해 거의 10세나 높다(오진호, 박승빈, 2014). [그림 1-1]에서 보는 바와 같이 앞으로도 평균기대수명은 늘어날 것으로 예측되고 있다.

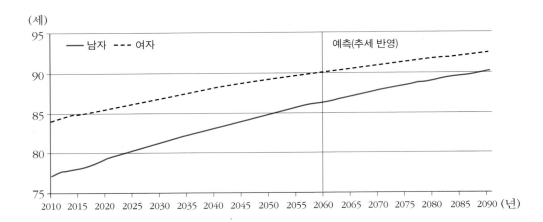

[그림 1-1] 0세 기대여명 추이

주: 표에 수록된 추정, 곡선회귀분석 추정, time(decade)
　ln(남자 기대여명 성장률) = 5.742-0.117time, 결정계수(0.937), F-value = 44.547
　ln(여자 기대여명 성장률) = 6.193-0.126time, 결정계수(0.960), F-value = 71.121
출처: 오진호, 박승빈(2014), p. 3에서 발췌.

　　인생을 좀 더 오래 산다는 것이 더 나은 삶을 보장하는가? 벤자민 프랭클린 (Benjamin Franklin)은 "긴 인생은 충분히 좋지 않을 수 있다. 그러나 좋은 인생은 충분히 길다."라고 말한 바 있다. 과학기술의 발전으로 물질적 풍요를 더 많이 누릴 수 있는 기회가 많다는 점에서 수명 연장은 분명 축복이다. 그러나 평균기대수명의 연장은 고령화 및 저출산 등 사회 변화에 영향을 미친다. 즉, 부모의 사회적 노화에 따른 자녀의 생애주기 변화는 혼인 연령의 증가를 가져오고 있으며, 젊은 세대는 한정된 자원으로 노후 대비와 함께 자신과 자녀의 인적 자본 투자를 더 늘리기 위한 노력을 하면서 자녀 수를 줄이고 있다(김은정 외, 2010). 따라서 준비되지 않거나 준비할 수 없는 상황에서의 빈곤한 노후, 공동체 파괴 등은 우리에게 다양한 어려움을 안겨 줄 수 있다.

　　우리나라의 경우 OECD 국가 중 자살에 의한 사망률이 가장 높고, 연령이 높아질수록 자살 사망률이 급격히 증가하고 있다. 전 연령의 자살 원인은 신체 질병 문제, 정신과적 문제, 경제생활 문제, 가정 문제 등 일상생활과 밀접하게

표 1-1	2010~2090년 0세의 기대수명 추이							(단위: 세)	
연도 성별	2010	2020	2030	2040	2050	2060	2070(e)	2080(e)	2090(e)
남자	77.20	79.31	81.44	83.42	85.09	86.59	87.97	89.22	90.35
여자	84.07	85.67	86.98	88.21	89.28	90.30	91.17	91.94	92.63

주: (e)는 추정값을 의미함.

연관되어 있다(장영식, 2012). 노년기 발달과정에서 겪을 수 있는 어려움으로 빈곤, 질병, 역할 상실, 고독 등의 4대 고통은 서로 상호작용하며 절망과 우울을 증가시키고, 이는 노인의 자살 생각에 영향을 미치는 것으로 나타났다(신학진, 2012). 평균기대수명이 늘어나고 있으면서도 사회의 한 단면에서는 자살률이 증가하는 아이러니한 상황을 생각해 보면, 안녕한 삶을 살아간다는 것이 한 개인만의 과제가 아니라 사회 전체가 함께 풀어 가야 할 과제임을 보여 준다.

2) 인간의 발달

인간은 누구나 전 생애에 걸쳐 생물학적, 심리적, 사회적으로 변화한다. 출생에서부터 사망에 이르기까지 시간에 따라 신체, 인지, 정서, 사회적 측면의 연속적으로 일어나는 변화 양상과 과정을 발달(development)이라고 한다(송명자, 2010). 생물학적 발달은 신경계, 내분비계, 감각 등이 유전인자에 따라 형태, 조직, 기능의 변화가 일어나는 것이다. 시간이 지남에 따라 각 신체조직은 분화되고 복잡해져서 영아기의 신체 형태와 기능은 청년기와 전혀 다른 양상을 띤다. 심리적 발달은 감정, 언어, 인지, 자아개념, 판단 등을 통해 내·외부에서 일어나는 현상을 파악하고 구조화하는 정신과정의 변화를 말한다. 사회적 발달은 인간을 둘러싼 다양한 체계에 적응하기 위해 규범, 양식, 역할 등을 습득하고 통합하는 과정을 말한다. 이러한 변화는 독립적으로 이루어지지 않고, 서로 영향을 주고받으며 전인적으로 일어난다.

인간의 생애발달에 관한 연구는 비교적 최근에 와서 이루어졌다. 사회과학에서는 19세기 진화론 이후 인간의 생애주기에 주목하기 시작했다. 인간의 수명이 50세 정도였을 때는 인간이 태어나서부터 약 20세까지의 성장과정만 밝혀도 충분하다고 생각했으며, 발달이 청소년기에 멈출 것이라고 보았다. 20세기 초반에 프로이트(Freud)의 심리성적 발달이론부터 1950년대 피아제(Piaget)의 인지발달이론, 1963년 콜버그(Kohlberg)의 도덕성 발달이론 등은 생애 초기에 초점을 맞추고 있다. 1950년대 이후부터 인간의 수명이 현저히 늘어나면서 인간발달에 대한 이론은 사람의 일생을 유아에서 노인까지 단계별로 개관하여 그 특징을 밝히는 것으로 확장되었다(小野寺敦子, 2010). 즉, 인간의 발달과 변화는 청소년기 이전에 국한되지 않고 성인기, 나아가 노년에 이르기까지 일어날 수 있다고 인식하기 시작했다. 대표적인 이론이 에릭슨(Erickson)의 심리사회적 발달이론으로 인간의 성격이 전 생애에 걸쳐 변화하고 발달한다고 보았다. 또한 1978년에 독일의 발테스(Baltes)는 전생애발달이론(life-span development theory)을 통해 인간의 발달을 수태에서 죽음에 이르기까지 평생에 걸쳐서 봐야 한다고 주장한다.

이러한 전생애 관점은 인간발달에 대한 몇 가지 가정에 기초한다(Berk, 2009). 첫째, 인간의 발달은 전 생애에 걸쳐 진행한다. 각 시기마다 신체·심리·사회적 영역의 변화가 일어나며, 인간은 그 시기만의 독특한 발달의 특징을 보인다. 예를 들어, 생물학적 성은 태내기에 유전학적으로 결정되지만, 성적 성숙은 청소년기에 이루어진다. 둘째, 인간의 발달은 다차원적이고 다방향적이다. 인간의 발달에서는 생물학적, 심리적, 사회적 측면 중 단 한 측면만의 변화는 없다. 각 발달단계마다 다양한 측면의 변화가 복합적으로 영향을 주며 발달한다. 이러한 변화는 일방향적인 발달로 이루어지지 않고, 각 시기마다 성숙과 쇠퇴가 함께 일어난다. 예를 들어, 영아기에 젖찾기반사, 걸음마반사 등의 반사활동은 생존을 위해 일시적으로 존재하는 것으로, 신체와 그 기능이 발달하면서 쇠퇴한다. 노년기의 기억능력은 감퇴하지만, 인지된 사물 이면의 부분을 통찰하거나 해석할 수 있는 지혜는 더욱 풍부해진다. 셋째, 나이가 들

수록 변화할 수 있는 능력과 기회가 줄어들면서 덜 유연해질 수 있으나, 인간
의 발달은 모든 연령에서 유연성을 지닌다. 노년기에는 정보처리기술이 감퇴
하지만 문화에 기반을 둔 지식이나 지혜는 더 오래 유지된다. 넷째, 인간의 발
달은 상호작용하는 다양한 힘에 영향을 받는다. 연령에 따라 발생하는 사건이
나 환경이 다르다. 아동·청소년기에는 학교의 영향을 받지만, 성인기에는 직
장의 영향을 받는다. 또한 특정 시점에 따라 경험하는 역사적 사건이 다르다.
전쟁, 인터넷 기술 발달, 다문화사회 등 동시대에 태어난 사람들은 다른 시대
에 태어난 사람과 구별되는 경험을 하게 된다. 또한 질병, 사망 등 특정 사건
이 일생 동안 발생하면서 개인마다 다양한 삶의 형태를 보인다. 이처럼 인간
은 가족, 친구, 지역사회, 문화, 경제, 역사적 시간 등 다양한 체계에 둘러싸여
있으며 다양한 체계의 변화에 맞물려 개인의 생애과정이 독특한 방식으로 나
타난다.

3) 생애주기별 발달과제

인간은 어떻게 성장하고 변화해 가는가? 발달은 동일하게 변화하거나 지속
적으로 성장하지 않으며 쇠퇴하기도 한다. 사람들은 특정한 삶의 기간에 따라
서로 다른 신체적, 심리적, 사회적 발달의 독특성을 보인다. 이러한 특성에 근
거하여 생애과정을 분류한 것을 발달단계(development stage)라고 한다. 학자
마다 발달단계를 다르게 제시하고 있으나, 이 장에서는 생애주기에 따라 태아
기, 영아기, 유아기, 아동기, 청소년기, 청년기, 중년기, 노년기로 나누어 살펴
보고자 한다. 하비거스트(Havighurst, 1972)는 발달과제를 사람들이 사회에서
부여한 과제를 배우는 과정으로 보았다. 이는 신체·인지·정서·사회적 능
력과 기술로 구성되어 있는데, 그 과제를 잘 수행하게 될 경우 다음 발달단계
로 진행되며 만족과 보상을 얻는 반면에, 과제를 잘 수행하지 못할 경우 발달
과정이 멈추거나 퇴행하며 불만족을 경험하거나 사회적 보상을 얻지 못하기
도 한다. 따라서 특정 발달과제는 그다음 발달단계에 영향을 미친다고 본다.

즉, 한 단계에서 수행해야 할 발달과제가 적절하게 이루어지지 못할 경우 그 다음 단계에 어려움을 경험할 가능성이 높아진다고 가정한다. 그렇다면, 각 발달단계의 특징 및 과제에 대해 살펴보기로 하자.

(1) 태아기

인간은 부모로부터 유전자를 전달받는다. 태아기는 유전적 기초에 따라 기본적인 신체 구조와 기관이 형성되는 시기로, 일생 중 신체성장이 가장 빠르게 진행한다. 태아기에 결정되는 유전적 요인들은 태내외 환경의 영향을 받으며, 이 시기의 위험요인들은 전 생애에 걸쳐 발달에 영향을 미친다. 예를 들어, 인간의 염색체는 23쌍으로 구성되어 있는데, 일부 염색체가 없거나 필요 이상의 염색체가 존재하게 되면 비정상적으로 발달하게 된다. 즉, 다운증후군, 성 염색체 이상 등이 발생한다. 이 외에도 임산부의 약물 사용, 유해물질에의 노출, 바이러스 감염 등은 태아에게 직간접적으로 영향을 미쳐 태아기부터 장애가 발생할 가능성이 높다. 태아의 신체발달은 9개월에 걸쳐 일어나며, 3개월씩 단계를 구분할 수 있다. 임신 초기에는 급속한 세포분열이 일어나며, 심장, 소화기, 얼굴, 팔과 다리, 생식기관 등 각 부분이 분화된다. 임신 중기에는 손가락, 발가락, 피부, 지문, 머리털 등이 형성되며 팔과 다리를 움직여 태동을 느끼기도 한다. 임신 말기에는 태아의 발달이 완성되어 신체 내부기관뿐만 아니라 뇌와 신경체계도 완전히 발달된다. 태내발달이 거의 이루어지면 태아가 모체로부터 분리되어 생존이 가능하게 된다. 임신에서 출산까지 평균 38주가 소요되지만, 출산 시기 및 태아의 키와 체중은 모체의 영양상태와 태아의 유전적 소인 등에 따라 개인차가 발생한다.

건강한 아이를 출산하기 위해서는 유전상담, 태내진단, 유전검사 등의 신체검사를 받고, 외부의 위험요소(약, 알코올, 담배, 방사선, 오염, 감염성 질병 등)를 제거하며, 적절한 영양을 섭취하는 것이 필요하다. 임산부의 신체건강 이외에 심리적 안정상태도 태아의 발달에 영향을 미치기 때문에 임산부에 대한 신체 및 정신 건강, 환경 등의 보호가 필요하다.

(2) 영아기

영아기는 출생부터 1.5세 또는 2세에 해당되는 시기로 신체의 성장과 발달 속도가 매우 빠르게 이루어진다. 신체발달로는 생후 1년 이내에 생존을 위해 필요한 젖찾기반사, 빨기반사 등이 점점 사라지고 시각, 청각, 미각, 후각, 통각, 촉각 등 감각기관의 발달이 이루어진다. 심리적 발달로는 감각기관을 통해 인지가 발달해 가며, 생후 9~10개월이 되면 대상영속성 개념이 생기기 시작한다. 대상영속성이란 어떤 대상이 시야에서 사라지거나 보이지 않아도 그것이 계속해서 존재한다고 믿는 것을 말한다. 대상영속성은 애착 형성과 밀접한 관련성을 가진다. 언어발달의 경우 울음, 옹알이 등으로 표현되다가 12개월 이후 언어가 급격히 발달한다. 정서발달의 경우 기쁨이나 슬픔 같은 정서를 표현하다가 놀람, 공포, 수치, 부러움, 죄책감 등의 정서 분화가 이루어진다.

사회적 발달로는 주 양육자인 어머니와의 관계를 통해 애착을 형성해 나간다. 애착은 삶에서 특정한 사람과 맺는 강한 애정적 유대로 그 사람과 상호작용할 때 즐거움을 느끼고 스트레스 상황에서 그 사람과 가까이 있음으로써 위안을 얻는 것이다(Berk, 2009). 안정된 애착 형성에 영향을 주는 요인으로는 친밀한 관계를 형성할 수 있는 기회, 민감하고 적절한 보살핌, 질병이 없거나 까다로운 기질이 아닌 영아, 안정된 가정환경 등이 있다. 안정된 애착은 타인과의 관계에서 기본적인 신뢰감을 형성하도록 도우며, 향후 발달단계에서 자존감, 인지발달, 학업성취, 사회적 적응 등에 영향을 미친다.

(3) 유아기

유아기는 약 2세에서 6세까지이며, 이 시기를 걸음마기(약 2~4세)와 학령전기(4~6세)로 구분하기도 한다. 신체발달이 머리에서 신체 하부로 이동하면서 신장이 커진다. 근육과 골격 발달이 지속되면서 운동능력이 발달한다. 자유로운 보행이 가능해지면서 주변을 탐색하고 학습하기 시작한다. 유아기의 인지적 성장과 언어발달은 다른 시기에 비해 빠른 속도로 진행된다. 상징을 표현할 수 있는 상상적 사고가 가능해지고 성인과 다른 특징적인 사고 형태를 보인다

(예: 자기중심적 사고, 물활론적 사고, 직관적 사고 등). 자신과 타인을 구별할 수 있지만 타인의 입장에서 생각하지 못하며, 여러 차원을 고려하여 판단하지 못하는 속성을 보인다. 또한 정서 분화가 두드러지면서 복잡하고 다양한 정서를 언어로 표현하기 시작하며, 타인의 정서를 이해하는 능력이 점차 발달한다. 자신의 감정을 숨기거나 부정적 감정을 덜 표현하는 등 정서규제능력이 발달한다. 유아는 부모와 자신이 분리된 별개의 존재라는 사실을 인식하면서 자율성이 발달한다. 자의식이 성장하면서 상황에 따라 행동을 수정하거나 사회적 요구에 일치하는 것과 같은 자아통제를 할 수 있게 된다. 자아통제능력은 대소변훈련에서 비롯되는데, 대소변 훈련은 개인의 자율성과 사회의 요구 간의 갈등에서 자신의 충동을 조정 및 통제하는 과정에서 발달한다. 학령전기에는 초자아가 발달하여 부모의 훈육을 통해 도덕적 기준을 내면화하고 부모의 의견에 따라 옳고 그름을 판단하는 타율적 도덕성 수준을 보인다.

　사회에서 기대하는 남녀의 생활양식 및 규범을 이해하면서 성역할이 발달하고, 부모로부터의 사회화교육을 통해 사회적 행동의 기준이 되는 가치관을 학습해 나간다. 또래와의 집단놀이는 사회성 발달을 촉진하는데, 이로써 부모를 벗어나 점차 다양한 타인과의 교류가 이루어지며 성장한다. 걸음마기의 가상놀이에서 벗어나 학령전기에는 좀 더 구조화되는 놀이를 하게 되며, 계획을 세워 이를 달성하려는 주도성이 발달하기 시작한다.

(4) 아동기

　아동기는 만 7세에서 12세까지로 신체의 성장이 유아기에 비해 느려지지만 키가 커지면서 빠른 속도로 성장하며 체력과 운동기능이 발달하는 시기다. 운동능력이 왕성하고 유연성이 증가하면서 자율적인 활동이 확대된다. 심리적 측면 중 인지발달의 경우 사물의 분류와 보존 개념을 획득하며, 구체적인 사물과 행위에 대한 체계적인 사고능력이 발달한다. 상상력, 추리력, 판단력, 사고력이 발달하며 자신만의 세계관을 형성해 나간다. 자아의 성장이 가장 확실해지며 자아존중감이 발달한다. 의도성에 따라 옳고 그름을 판단하는 자율성과 도덕성이 나타나는 시기다.

사회적으로는 이성보다는 동성과의 관계를 통해 사회기술을 배우고 사회화된다. 학교를 통해 학습 능력과 기술 습득이 이루어지는 시기로, 학교는 아동의 자아개념 형성과 긍정적인 자부심 발달에 중요한 환경으로 작용한다. 학교에서 체계적인 교육을 받고 학업을 성취하는 과정에서 근면성이 발달한다. 학교에서 교사와의 관계를 맺고 또래집단과의 사회적 상호작용이 증가하면서 집단에 대한 소속감이 발달한다. 단체놀이를 통해 협동, 경쟁, 협상하는 능력을 학습하며 사회적 기술을 습득해 나간다. 그러나 학교생활에 부적응하거나, 부모에 대한 분리불안을 보이거나, 학습장애가 있는 경우 발달과제를 수행하는 데 어려움을 겪을 수 있다.

(5) 청소년기

청소년기는 법률마다 해당 연령을 다르게 규정하고 있으나, 보통 만 12세에서 19세까지로 볼 수 있다. 제2성장 급등기로 신체적 성장과 발달이 급격하게 진행되어 골격이 완성되며, 체형이 어른과 같이 변화하면서 성적 성숙이 이루어지는 시기다. 인지발달로는 추상적 사고가 가능해지며, 가설을 통한 연역적 사고와 논리적 추론을 할 수 있게 된다. 또한 청소년기는 자아의식이 발달하기 시작하여 자아정체감을 확립하는 시기다. 사회적 및 직업적 역할을 탐색하고 강화하려고 시도하면서 이상적 자아와 현실적 자아의 괴리로 갈등과 고민이 많아지기도 한다. 이러한 과정에서 정서 변화가 심하거나 불안정한 성향을 보이는 경우도 있다.

사회적으로는 그동안 사회적 역할을 수행하는 데 중요한 기준이 되었던 부모에게서 심리적으로 독립하고자 하면서 부모와의 갈등이 증폭되는 시기다. 이 시기를 심리사회적 유예 기간으로 본다. 반면에, 또래집단의 영향력이 가장 큰 시기로 친구와의 우정이 커지며 정서적 안정을 제공받는 시기다. 또래집단에 소속함으로써 자기정체성을 파악하려는 성향이 강하고, 또래집단을 통해 집단 내 지위경험, 타협 및 협동 등을 경험하기도 하지만 폭력, 음주, 흡연 등 일탈적 행동의 영향을 받기도 한다. 특히 또래관계에서 동성보다 이성으로 관심이 옮겨 가며 이성교제에 대한 관심이 증가하는 시기다.

(6) 청년기

청년기는 성인기에 진입하는 시기로 사회적인 역할을 준비하며 독립이 이루어진다. 신체적 발달에서는 신체적 성숙이 거의 완성되어 신체기능이 최고조에 달한다. 신체적 능력과 기술이 균형을 이루어 안정상태에 이른다. 청년기의 인지적 발달로는 청소년기부터 발달한 형식적 사고가 인지기능의 중심이 되며, 판단, 추론 등 지적 능력이 좀 더 복잡해진다. 정서는 청소년기보다 좀 더 안정되어 사회적 상황에 적절한 자기표현을 하며 균형 잡힌 정서상태를 보인다. 청소년기 자아정체감이 확립된 이후에는 이성과의 사랑을 통해 사회적 친밀감이 확대되고, 타인과 안정된 관계를 형성할 능력을 갖춘다.

청년기는 신체·인지·정서 발달에서의 과제보다는 사회적인 역할 기대가 증가하는 시기이며 부모로부터 정서적·경제적 독립이 이루어지는 과정에 있다. 청년들은 직업 준비 및 선택 과정을 거치면서 자신의 능력에 적합한 전문적 기술을 연마한다. 직장 내 사회관계에 적응하고 사회에서 요구하는 활동에 헌신하면서 자기실현을 꾀한다. 또한 청년기는 이성과의 친밀한 정서적 교류를 나누며 결혼상대자를 만나기 위한 탐색이 활발한 시기다. 결혼 이후에는 배우자와 정서적 친밀감을 확대시켜 나가며 새롭게 형성된 가족 내에서 부부로서의 역할에 적응하며 살아간다. 자녀를 출산하면 부부는 양육과정을 통해 유대를 지속적으로 강화시켜 나가며 부모로서의 역할과 책임을 수행한다.

(7) 중년기

중년기는 신체발달에서 전반적인 신진대사가 둔화되고 에너지 수준이 감소하는 시기다. 남녀의 성적 능력이 저하되고 갱년기를 경험하며, 고혈압, 당뇨 등의 성인병에 노출될 가능성이 높다. 심리적 발달 중 인지기능에서는 새로운 학습능력이 저하되지만 문제해결능력은 오히려 향상되고, 단기기억력은 약화되지만 장기기억력은 변화하지 않는다. 융은 중년기가 개성화가 이루어지는 시기로 '인생의 정오'라고 지칭하기도 하였다. 인생의 후반부에 접어들면 인생의 전반(오전)에 가졌던 이상과 가치관이 역전되고 그때까지와는 다른 가치관을 갖게 된다(小野寺敦子, 2010). 즉, 중년기는 자아에너지가 외적 및 물질적 차원에서 내적 및 정신적 차원으로 전환되는 시기로 본연의 자아로 돌아가고자 하는 성향을 보인다.

사회적으로는 가족, 직장, 이웃, 지역사회 등 다양한 사회체계 안에서 주체적인 역량을 발휘하고, 다음 세대를 양육하는 과업 등 생산적인 활동이 이루어진다. 가족 내에서 부부관계 유지 및 자녀 양육을 지속하면서 노년기 부모의 건강 약화로 부모를 부양하거나 보살펴야 하는 역할이 증가하는 시기로 이중책임감으로 인한 스트레스를 경험하기도 한다. 자녀가 성장하여 청소년기 또는 청년기에 이르게 되면 자녀들이 독립하고 부부만 남는 빈 둥지(empty nest) 시기에 접어들게 되면서 가족관계가 재조정된다. 직장에서는 경력이 축적됨에 따라 지위가 향상되고 책임과 결정권도 증가하는 등 사회생활의 중요한 축을 이룬다. 이 시기에 직업 스트레스가 가중되거나 실직 또는 직업전환이 이루어지게 되면 심리사회적으로 큰 어려움을 겪게 된다. 직장 이외에 이웃이나 지역사회에서 다른 사회 구성원들과의 교류가 확대되며, 여가 및 취미 개발 등을 통해 다양한 사회활동이 이루어진다.

(8) 노년기

노년기는 65세 이후부터 사망에 이르는 시기로 전기와 후기로 구분된다. 성인기 후반부터 시작되는 생물학적 노화는 노년기에 보다 분명하게 나타난다. 노년 전기는 건강하고 여전히 활동적인 경우가 많지만 후기로 갈수록 신체능력이 감퇴하면서 다양한 기능의 저하가 나타난다. 면역체계가 약화되어 전염병, 심장질환, 암, 관절염, 당뇨병 등 다양한 질환에 걸릴 위험이 증가한다. 중추신경계의 노화는 복잡한 사고와 활동에 영향을 미치며, 인지기능 약화 및 기억력 감퇴, 심각하면 치매까지 이를 수 있다.

노년기의 주요 발달과제는 자아통합이다. 노인들은 회상과정을 통해 자신이 걸어온 길과 성취들을 돌아보며 인생행로를 있는 그대로 받아들이는 과정을 겪는다. 자아통합을 이루지 못할 때에는 더 이상 자신에게 기회가 없다고 생각하여 절망감을 느끼게 되는데, 이러한 사람은 죽음이 가까이 있다는 사실을 받아들이기 힘들어한다. 사회적으로는 역할이 변화하고 사회관계망이 축소된다. 배우자와 사별하며 배우자로서의 역할과 정체성 상실을 경험하게 되고, 죽은 배우자와의 분리된 정체성을 재구성하여 자신의 삶을 재조직해야하는 과제가 남는다. 성인 자녀의 도움을 받는 경우가 증가하며, 손자녀와의 관계 등 다양한 역할 변화를 경험한다. 은퇴로 인해 개인의 정체감과 자아존중감의 핵심적인 부분을 차지해 오던 직업을 상실하게 된다. 은퇴가 반드시 개인의 적응문제를 야기하는 것은 아니지만 일부는 적응문제를 경험하게 된다. 은퇴 이후의 친구관계는 애정과 정서적 지원 교류의 중요한 부분이며, 적절한 여가활동 개발을 통해 노후를 준비할 수 있도록 도와야 한다. 여가활동의 참여는 신체 및 정신 건강, 낮은 사망률과 관련되어 있으며, 안녕감 증진에 기여한다.

표 1-2 인간의 발달단계

발달단계	신체발달	심리발달	사회발달	에릭슨의 심리사회적 발달과제
태아기	유전에 따라 기본적인 신체구조와 기관 형성	—	—	—
영아기	• 반사행동 • 감각기관 발달 • 운동기능 발달	• 감각을 통해 인지발달 • 대상영속성 • 급격한 언어발달 • 정서 분화	부모와의 애착 형성	신뢰감 대 불신감:희망
유아기	• 머리에서 신체 하부로 신체발달 • 근육 및 골격 발달 • 자유로운 보행 가능 • 운동능력 정교화	• 상상적 사고, 조작적 사고 • 언어발달 • 자율성 및 자기통제력 획득 • 초자아발달로 타율성 도덕성	• 성역할 정체감 형성 • 집단놀이	자율성 대 수치심, 회의:의지 주도성 대 죄의식:목적
아동기	• 점진적인 신체발달 • 체력과 운동기능의 급증 • 유연성 증가 • 운동기능 습득	• 구체적 사고 발달 • 자아존중감 발달 • 자율성과 도덕성	• 동성과의 관계 증진, 또래를 통해 사회기술 습득 및 집단 소속감 발달 • 학습능력 습득 • 학교생활 및 단체놀이	근면성 대 열등감:능력
청소년기	• 신체 및 체중의 급격 성장 • 성적 성숙	• 추상적 사고 등 형식적 사고 발달 • 자아정체감 형성 • 급격한 정서변화	• 심리사회적 유예 시기 • 또래집단의 영향력 우세 • 이성에 대한 관심 증가	자아정체감 대 자아정체감 혼란:성실

	신체적·인지적 특성	발달과업	심리사회적 위기
청년기	• 신체성숙의 완성 • 최고조의 신체적 기능 • 형식적 사고, 추론 등 • 지적 능력이 복잡해짐 • 자아정체감 발달	• 직업 준비 및 선택 • 친밀한 관계 형성 • 배우자 선택 및 결혼, 가정 형성 • 부모로부터 독립	친밀 대 고립:사랑
중년기	• 전반적인 신진대사가 기능 둔화 • 성적 능력 저하 및 갱년기 • 성인병 노출 위험 증가 • 문제해결능력 향상 • 새로운 학습능력 저하 • 개성화	• 가족생활 유지 • 직업성취 및 은퇴 준비 • 여가 및 취미생활 개발	생산성 대 침체:배려
노년기	• 생물학적 노화 • 감각기능의 쇠퇴로 민감성 감소 • 면역체계 약화로 질환 위험 증가 • 지적 능력 및 기억력 감퇴 • 조심성, 수동성, 내향성 증가 • 자아통합 • 삶의 수용 및 죽음 준비	• 배우자 사별, 은퇴 등으로 사회 관계망 및 사회 역할 축소 • 은퇴로 인한 수입 감소와 노년 기 여가시간 증가로 노후 준비	자아완성 대 절망:지혜

출처: 이인정, 최혜경(2008), 정옥분(2009), Havighurst (1972), Newman & Newman (2003)를 재정리함.

2. 생애주기와 사회환경

인간은 전 생애에 걸쳐 여러 발달단계를 거쳐 간다. 동일한 발달단계에 있다 하더라도 개인적 상황과 환경이 어떻게 결합하는가에 따라, 주변 체계와 어떻게 상호작용하느냐에 따라 발달경로는 다르게 나타날 수 있다. 개인적 측면에서는 유전적 기질이 작용하며, 환경적 측면에서는 가정, 학교, 이웃, 지역사회, 가치, 문화, 역사 등 다양한 맥락과 상황이 작용한다. 이러한 맥락과 상황은 각 개인의 발달단계별로 영향을 미치며, 개인의 생애과정에 독특성을 발현시킨다. 발트스(Baltes)는 "개인은 그들의 발달경로에 기회와 제한을 제공하는 환경 속에 존재한다."라고 말했다(Borestein & Lamb, 2009에서 재인용). 따라서 인간의 다양성을 이해하기 위해서는 생애주기와 함께 그들이 속해 있는 사회환경에 대한 이해가 필요하다.

일례로, 인간의 발달과정에서 언어발달이 급속히 이루어지는 시기는 영아기다. 인간이 말을 하기 위해서는 입, 귀 등의 신체적 기능, 구조와 언어를 뇌에 저장하여 재생시킬 수 있는 인지기능에 문제가 없는 상황에서 타인과의 상호작용이 이루어져야 한다. 신체 · 심리 · 사회적 발달이 동시에 이루어져야 언어를 사용하여 타인과 대화를 해 나갈 수 있다.

제니(Genie)의 사례는 인간에게 최소한의 환경이 필요하다는 것을 보여 준다. 제니는 두 번째 생일 즈음부터 방 안에 갇혀 혼자 지내게 되었다. 그 후 11년 동안 낮에는 변기에 쇠사슬로 묶여 있었고 밤에는 침낭 안에 두 팔을 묶인 채 있었는데, 이 시기에 제니는 실질적인 어떠한 정상적인 언어적 입력이 없었고, 최소한의 사회적 상호작용만이 있었을 뿐이었다. 13세의 나이에 끔찍한 상황에서 벗어나게 되었을 때, 그녀는 매우 수척하고 키도 작았다. 정상적으로 걸을 수 없었을 뿐만 아니라 소리도 내지 못하고 변기를 사용할 줄도 몰랐다. 비록 검사를 통해 공간분석능력이 뛰어난 것으로 나타났지만, 그녀는 끝내 언어를 습득하지 못했다. 몇 가지 어휘와 올바른 사회적 상호작용을 익히는 등의 치료적 개입이 있었음에도 불구하고, 그녀의 행동은 여전히 비정상적이었다. 그 이유가 언어습득의 결정적 시기를 넘겨 버린 탓인지, 아니면 그녀를 돌보는 올바른 환경을 조성하지 못한 탓인지에 대해서는 논쟁이 되어 왔다(Curtiss, 1977: Borestein & Lamb, 2009에서 재인용). 신체적 기능의 문제가 없었더라도 성장에 필요한 적절한 양육 등의 심리사회적 환경이 복합적으로 결핍된 상황은 그녀의 언어발달을 멈추게 했다.

　　인간에게 영향을 미치는 다양한 사회환경을 생태체계적 관점에서 분류한 학자는 브론펜브레너(Bronfenbrenner)다. 그는 1979년에 『인간발달의 생태학(The ecology of human development)』에서 인간발달에 있어 가정, 학교, 이웃, 직장 등 다양한 생태학적 환경이 영향을 미친다고 보았다. 처음에 그는 인간이 속해 있는 생태체계를 크게 미시체계, 중간체계, 외체계, 거시체계로 구분하여 제시하였다(최옥채, 박미은, 서미경, 전석균, 2008). 미시체계는 개인과 가장 가까이 인접한 환경으로 가족, 친구, 학교, 이웃 등이다. 일상생활에서 매일 상호작용하며 접촉이 이루어지는 환경이다. 이러한 친밀한 사람들과의 관계가 서로에게 영향을 미치며 관계의 질에 따라 영향을 받는다. 중간체계는 미시체계 간의 관계를 연결하는 체계다. 가정과 학교의 관계, 학교와 직장의 관계 등 개인을 둘러싸고 있는 두 가지 이상의 환경에서 일어나는 과정이다. 외체계는 개인이 직접 참여하고 있지 않지만, 그 개인의 발달에 영향을 주는 환경체계다. 예를 들어, 아버지의 실직은 자녀의 학업중단이나 영양실조 등의 문제와 연결되어 나타날 수 있다. 거시체계는 일반적인 문화, 정치, 사회, 경제, 교육 등 광범위하다. 개인의 삶에 직접적인 영향을 미치지는 않지만 사회구조적인 맥락에서 개인의 사고, 행동, 감정 등의 발달에 영향을 미칠 수 있다.

　　브론펜브레너와 모리스(Bronfenbrenner & Morris, 1998)는 기존의 체계 이외에도 인간발달에 영향을 미치는 체계로 시간체계를 추가한다. 그들은 인간은 생애 전반에 걸쳐 시간에 따른 변화와 연속성을 경험하며, 한 개인이 살았던 역사적 시간에 영향을 받는다고 보았다. 전쟁, 경제 대공황, 인터넷 기술발달 등 세대마다 경험하는 사회적 사건과 위험은 다르기 때문이다.

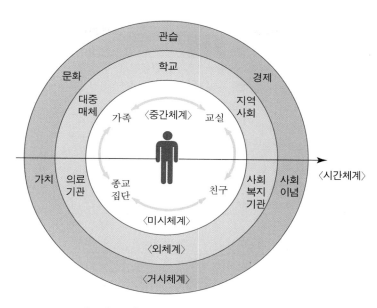

[그림 1-2] **인간발달의 생태체계**

출처: Bronfenbrenner & Morris (1998).

3. 생애주기적 접근과 사회복지

　　인간은 생애주기를 거쳐 가면서 연령별 또는 시기별로 다양한 위험과 문제를 경험한다. 예를 들어, 빈곤, 질병, 장애, 정신건강 문제 등은 생애주기와 관련 없이 모든 발달단계에서 위험이나 문제로 나타나며, 애착 형성 및 보육, 교육의 문제 등은 특정 발달단계와 관련되어 있다. 이러한 위험 및 문제는 발달을 저해하거나 안녕상태를 위협하는 요인으로 작용한다.

표 1-3	생애주기별 위험 및 문제와 사회복지	

발달단계	위험 및 문제		사회보장 및 사회복지서비스 분야
태아기	임산부의 신체 및 정신 건강 문제(유전적 질병, 흡연, 알코올 등의 약물 섭취, 바이러스 감염, 우울 및 불안 등), 낙태		여성복지
영유아기	불안정한 애착 불충분한 보육	가족체계 변화(이혼, 재혼, 다문화 등)로 인한 입양, 양육문제	아동복지
아동기	학교 부적응 학습장애 교육기회 불평등		아동복지, 학교사회복지
청소년기	학교 부적응 비행 및 범죄		청소년복지, 학교사회복지, 교정복지
청년기	군 부적응(남성), 취업기회 부족, 실업, 산업재해, 결혼 후 부부갈등 및 자녀양육의 어려움, 범죄		연금보험, 산재보험, 고용보험, 군사회복지, 산업복지, 여성복지, 교정복지
중년기	가족갈등(부부 및 부모자녀 등), 실업, 산업재해, 신체건강 약화, 범죄		연금보험, 산재보험, 고용보험, 산업복지, 여성복지, 교정복지
노년기	은퇴, 노인성 질환 및 치매, 배우자 및 중요한 타인의 죽음, 사회적 지지망 축소 및 정서적 고독, 범죄		연금보험, 노인장기요양보험, 노인복지, 여성복지, 교정복지
생애주기 전체	빈곤, 질병, 장애, 학대 및 폭력, 정신건강 문제, 주거 불안정, 다문화, 차별 등		공공부조(국민기초생활보장), 건강보험, 가족복지, 장애인복지, 정신보건 및 의료복지, 다문화복지

출처: 권중돈 외(2011: 43), 윤철수 외(2011: 22)를 재정리함.

사회복지는 전 생애주기에 걸쳐 나타날 수 있는 위험 및 문제를 파악하고 이와 관련된 사회보장 및 사회복지서비스를 통해 위험을 최소화하거나 문제를 해결한다. 사회복지의 실천영역은 대상자의 특성이나 발달단계를 고려하여 보다 세분화되고 전문화되고 있다. 아동복지, 청소년복지, 노인복지 등은 발달단계에서 사회적 위험 또는 문제가 더 취약하게 작용할 수 있는 대상층을 중심으로 관련 제도 및 서비스를 제공한다. 예를 들어, 노인복지의 경우 노년기의 신체질환 위험 증가에 따라 장기요양보험제도를 통한 의료 및 요양 서비스의 보장, 은퇴 이후의 소득 불안정 및 빈곤문제에 대해 공공부조, 공적연금 등을 통한 소득보장, 노인일자리사업 등의 고용촉진 프로그램 등을 제공하고 있다. 장애인복지, 정신보건사회복지, 가족복지 등은 전 생애주기를 고려한 사회보장 및 사회복지서비스를 강조하고 있다. 예를 들어, 장애인복지의 경우 학령 전 장애아동은 조기교육 및 보육 서비스, 학령기 장애 아동 및 청소년은 특수학교 또는 일반학교의 특수학급 등에서의 재활치료 및 방과후교실, 성인 장애인은 취업 알선 및 직업훈련 등의 재활서비스, 여성장애인은 임신 및 출산, 육아지원서비스, 장애노인은 노인성 질환과 관련하여 의료 및 요양보호 서비스 등이 필요하다(변용찬 외, 2006). 최근 우리나라 정부는 제1차 사회보장 기본계획안(2014)을 제시하였는데, 정책 목표 중 하나가 '생애주기별 맞춤형 사회안전망 구축'이다.

　이러한 생애주기적 접근은 사회복지정책 및 실천영역에서 다음과 같은 이점을 지닌다. 첫째, 생애주기적 접근은 인간이 태어나서 죽음에 이르기까지 각 발달단계별로 생리-심리-사회적 발달 특성과 욕구에 대한 이해를 넓혀 준다. 즉, 그들이 경험하는 현재의 욕구는 발달단계와 어떻게 맞물려 있는지, 왜 그러한 욕구가 발현되는지를 이해할 수 있도록 돕는다. 따라서 전 생애 동안 각 발달단계의 욕구를 고려한 복지정책을 수립하는 데 유용하다. 예를 들면, 태아기에는 임산부에 대한 적절한 의료서비스를 통해 건강한 출산을 도모하고, 영유아기에는 보육서비스, 아동기에는 적절한 교육, 청장년기에는 취업과 건강 유지, 노년기에는 의료와 노후생활 보장 등을 제공할 수 있다.

　둘째, 특정 단계의 문제는 이전 단계에서 발생한 사건과 관련이 있기 때문에 일시적이고 분절적인 시각에서 벗어나 연속선상에서 문제의 시작과 발달 과정을 이해할 수 있도록 한다. 따라서 이전 단계에 놓인 사람들을 대상으로 예방적인 정책과 서비스를 마련할 수 있다. 예를 들어, 중년기에서 노년기로의 이행은 은퇴, 사별, 건강 악화 등을 예상하게 해 주므로 관련 연금이나 식생활 개선, 죽음에 대한 심리적 준비 등을 해 나가도록 할 수 있다.

　셋째, 동일한 사회적 위험이더라도 발달단계에 따라 다른 영향을 미칠 수 있다는 점을 인식하여 생애주기별 정책을 수립할 수 있다. 예를 들어, 배미원 (2009)은 생애주기별 빈곤여부가 노동이동에 미치는 영향을 살펴보았다. 그 결과, 동거자녀 모두가 만 6세 미만인 가구에서 근로빈곤층이 근로비빈곤층에 비해 노동이동을 할 확률이 4.42배로 가장 차이가 컸으나, 동거자녀가 없는 60세 이상의 기혼가구에서 근로빈곤층이 근로비빈곤층에 비해 노동이동을 할 확률이 1.25배로 차이가 가장 적었다. 다시 말해, 동일한 근로빈곤층이라 하더라도 생애주기에 따라 노동이동으로 인한 고용 불안정성이 다를 수 있음을 말해 준다. 이러한 연구 결과는 생애주기별 특성을 반영한 노동시장정책의 필요성을 보여 준다.

넷째, 제한된 자원에 대해 선택적으로 자원을 배분해야 할 경우 발달단계에 따라 집중적으로 서비스를 제공해야 할 시점과 그렇지 않은 시점을 고려할 수 있다. 예를 들어, 교육자원의 경우 인지적 발달을 고려하여 성인 후기보다 아동기가 더 적절할 것이다.

생애주기별 사회복지는 인간이 생애를 살아가는 동안 각 단계에서 필요로 하는 욕구에 따라 사회복지 정책과 제도, 서비스를 제공함으로써 각 시기에 나타날 수 있는 위기를 적절히 대처해 나가도록 돕는다.

생각해 보기

1. 여러분은 어느 생애주기에 해당하며, 이 시기에 경험하는 신체-심리-사회적인 발달내용으로는 무엇이 있는지에 대해 토론해 보자.

2. 청소년기의 발달과제를 수행함에 있어 영향을 미친 사회환경으로는 무엇이 있는지에 대해 토론해 보자.

3. 우리 사회의 청년 실업률이 계속 증가함에 따라 청년층 빈곤 문제가 심각하게 제기되고 있다. 청년실업이 현재의 발달단계와 향후의 발달단계(중년기, 노년기)에서의 적응에 어떠한 영향을 미칠지에 대해 토론해 보자.

【 참고문헌 】

권중돈, 조학래, 윤경아, 이윤화, 이영미, 손의성, 오인근, 김동기(2011). 사회복지개론. 서울: 학지사.

김은정, 김지연, 이성림, 김태현, 조영태, 이지혜(2010). 평균수명 연장에 따른 자녀가치와 출산율 관계 연구. 서울: 한국보건사회연구원.

배미원(2009). 생애주기와 빈곤이 노동이동에 미치는 영향. 경기대학교 대학원 박사학위논문.

변용찬, 김성희, 윤상용, 권선진, 조흥식, 조성열, 강종건, 최승희(2006). 생애주기별 장애인의 복지 욕구 분석 연구. 서울: 한국보건사회연구원.

송명자(2010). 발달심리학. 서울: 학지사.

신학진(2012). 노년의 4대 교통이 심리적 요인을 매개로 자살생각에 이르는 경로모형. 노인복지연구, 57, 357-379.

오진호, 박승빈(2014). 기대여명을 활용한 장수리스크지수 산정과 비교. 통계개발원 2014년 상반기 연구보고서, 11, 1-17.

위키백과(2015. 4. 9.). https://ko.wikipedia.org/wiki/오카와_미사오.

윤철수, 노혁, 도종수, 김정진, 김미숙, 석말숙, 김혜경, 박창남, 성준모(2011). 사회복지개론(2판). 서울: 학지사.

이인정, 최해경(2008). 인간행동과 사회환경. 서울: 나남출판.

장영식(2012). 우리나라의 자살실태와 정책과제. 보건복지 이슈 앤 포커스, 165, 1-8.

정옥분(2009). 발달심리학: 전생애 인간발달. 서울: 학지사.

정환영(1999). 사람은 얼마나 오래 살 수 있는가? 노인병, 3(4), 1-10.

최영준(2011). 위험관리자로서의 복지국가: 사회적 위험에 대한 이론적 이해. 정부학연구, 17(2), 31-57.

최옥채, 박미은, 서미경, 전석균(2008). 인간행동과 사회환경. 경기: 양서원.

小野寺敦子 (2010). 간단 명쾌한 발달심리학(전경아 역). 서울: 시그마북스.

Berk, L. E. (2009). 생애발달 I, II (이옥경, 박영신, 이현진, 김혜리, 정윤경, 김민희 공역). 서울: 시그마프레스.

Bornstein, M. H., & Lamb, M. E. (2009). 발달과학(곽금주, 김민화, 신혜은, 김연수, 이새별, 이승진 공역). 서울: 학지사.

Breger, L. (1998). 인간발달의 통합적 이해: 본능에서 정체성의 발달(홍강의, 이영식 공역). 서울: 이화여자대학교 출판부.

Bronfenbrenner, U., & Morris, P. A. (1998). The ecology of developmental processes. In W. Damon (Series Ed.), *Handbook of child psychology: Vol 1. Theoretical models of human development* (pp. 993-1028). New York: Wiley.

Havighurst, R. (1972). *Developmental tasks and education* (3rd ed.). New York: David McKay.

Kail, R. V., & Cavanaugh, J. C. (2000). *Human development: A lifespan view* (2nd ed.). Belmont, CA: Wadsworth.

Newman, B. M., & Newman, P. R. (2003). *Development through life: A psychosocial approach* (8th ed.). Belmont, CA: Wadsworth.

O'Rand, A. M., & Krecker, M. L. (1990). Concepts of the life cycle: Their history, meaning, and uses in the social science. *Annual Review of Sociology, 16,* 241-262.

WHO. (2014). World Health Statistics 2014. http://www.who.int/mediacentre/news/releases/2014/world-health-statistics-2014/en

Zastrow, C., & Kirst-Ashman, K. K. (2007). *Understanding human behavior and the social environment* (7th ed.). Belmont, CA: Thomson Brooks/Cole.

제2장

욕구와 사회복지

인간의 욕구 충족은 생존과 결부되어 있다. 인간은 자신이 지닌 다양한 욕구를 사회적 관계 속에서 해결해 나간다. 그러나 인간에게 꼭 필요한 욕구가 결핍되거나 불만족스러울 때 인간은 고통을 경험할 수 있으며, 욕구를 왜곡된 방식으로 표출할 때 여러 사회문제가 발생할 수 있다. 사회복지는 욕구에 근거한 사회문제 해결과 예방을 통해 인간다운 삶을 보장하고 나아가 인간의 존엄성 회복을 목표로 한다. 욕구(need)는 '인간이 특정 상황에서 지니고 있는 목적의 달성에 필요한 어떤 조건이나 대상을 확보하지 못함으로써 야기된 결핍 상태'를 의미한다. 욕구는 여러 유형으로 분류할 수 있으나, 이 장에서는 매슬로(Maslow)의 욕구위계론에서 제시하는 욕구 유형과 도얄(Doyal)과 고프(Gough)의 인간욕구이론에서 제시하는 욕구 유형을 살펴본다. 사회복지에서 다루는 욕구는 모든 사람에게 공통적으로 존재하면서 필수 불가결한 욕구, 그리고 최소한의 수준으로 있어야 하는 기본 욕구에 초점을 둔다. 기본 욕구에서도 대다수의 사회 구성원이 충족하지 못한 사회적 욕구를 우선적으로 다룬다. 사회적 욕구에 대해 브래드쇼(Bradshaw)가 분류한 욕구 유형을 다룬다. 그러나 각 사회의 경제, 문화, 복지 여건에 따라 사회적 욕구가 동일하지 않기 때문에 욕구의 내용과 범위를 규정한다는 것은 여전히 쉽지 않다.

학·습·목·표

1. 인간다운 삶을 영위함에 있어 욕구의 중요성을 이해한다.
2. 욕구의 개념과 유형에 대해 이해한다.
3. 사회복지에서 다루는 기본 욕구 및 사회적 욕구에 대해 이해한다.

1. 욕구의 중요성

우리는 하루 동안 맛있는 음식을 먹고, 사람들과 대화를 나누고, 일 또는 공부를 하고, 잠을 자는 등 여러 활동을 하며 살아가고 있다. 일상적이고 자연스러운 활동이지만, 이를 통해 자신의 욕구를 충족해 가며 만족감과 행복을 느낀다. 그러나 이러한 욕구가 충족되지 않을 때는 슬픔, 분노, 좌절, 불행감 등을 느낀다. 2008년에 한국사회복지사협회에서는 사회복지사 회원을 대상으로 '언제 행복했나'를 조사하였다(우수명, 2010). 그 결과를 살펴보면 행복감은 대단한 그 무엇이 아니라 일상의 소소한 삶을 통해 경험하는 것임을 알 수 있다(〈표 2-1〉 참조).

표 2-1	'언제 행복했나'에 대한 사회복지사들의 응답
생존 욕구	잘 때, 먹을 때 또는 배부를 때 등
안전 욕구	돈이 생겼을 때, 집을 샀을 때 등
소속 욕구	사랑하는 사람과 함께할 때, 결혼했을 때, 가족이 함께할 때, 자녀가 태어났을 때나 잘됐을 때, 물불 안 가리는 사랑에 빠졌을 때, 마음 맞는 친구와 술 한잔했을 때 등
존중 욕구	상사로부터 칭찬받았을 때, 어르신들이 찾아와 덕분에 고맙다고 했을 때, 실력을 인정받았을 때 등
자아실현 욕구	원하던 것을 하게 되었을 때, 일을 성취하거나 잘 끝냈을 때, 입학/취업/합격을 했을 때, 졸업했을 때, 꼭 가고 싶었던 여행을 갔을 때, 좋아하는 음악이 흘러나올 때, 갖고 싶었던 것을 갖게 되었을 때 등

출처: 우수명(2010)에서 일부 발췌.

욕구는 매우 다양하다. 먹고 마시고 잠을 자는 것과 같은 생존에 필요한 욕구만이 아니라 타인과 소통하고 사랑받고 사랑을 주며 자신이 꿈꾸는 것을 성취하려고 하는 것 등 인간은 매우 다양한 욕구를 지닌 존재로 사회적 관계 속에서 욕구를 해결해 나간다.

인간이 살아가는 데 필요한 물품은 노동을 통해 생산되고, 인간은 노동의 결과물(돈)을 가지고 생존에 필요한 식량, 의복 등의 물질을 소비함으로써 욕구를 충족해 나간다. 근대사회 이후 산업이 발달하면서 생산수단이 더욱 정교화되고 자본의 축적은 이전보다 가속화되었다. 헤겔(Hegel)은 근대 시민사회를 "개인들의 욕구가 서로 얽혀 있는 하나의 체계"라고 보았다(김옥경, 2014). 인간의 욕구는 경제발전만으로는 모두 충족되지 않으며, 자본주의가 발전할수록 모든 사람이 동일한 부를 축적하는 것이 아니라 부가 한쪽으로 편중되고 노동을 통해서도 자신의 욕구를 충족할 수 없는 사람들이 나타나기 시작했다.

한 예로, 15세기 영국에서는 방직산업의 발달로 농사를 하는 것보다 방목을 통해 얻은 양털을 파는 것이 더 큰돈이 되면서, 영주들은 농노들을 쫓아냈고 아무 힘과 권력이 없는 노동자들은 먹고 살기 위해 도시로 들어가 공장노동자가 되거나 부랑인이 되어 도시 빈민으로 전락해 갔다. 노동자는 더 가난해지고, 임신한 여성 및 7~8세의 어린아이들은 하루에 12시간 이상 일을 해야만 먹고 살 수 있는 상황이 되면서 극심한 착취에 시달리기도 하였다. 이처럼 사회구조적인 변화에 따라 인간이 욕구를 충족해 나가는 방식이 변화되고, 그 과정에서 여러 구조적인 불평등이 야기됨에 따라 궁핍해지는 계층이 발생하게 된다. 개인적 또는 사회적 상황에 의해 빈곤으로 내몰린 사람들은 의식주만이 아니라 다양한 사회적 편의(예: 교육기회, 사법활동이나 보건위생 등)도 함께 박탈당하게 된다.

인간으로서 최소한의 삶을 살아가는 데 필요한 욕구가 결핍되거나 만족스럽지 않다면 인간은 어떻게 될까? 욕구를 해결하기 위해 그 욕구에 상응하는 행동(예: 배고픔을 느낄 때 배를 채울 만한 음식을 찾는 행동)을 하게 될 것이다. 그러나 욕구를 스스로 해결하지 못하게 된다면, 인간은 좌절감을 경험하거나 신체적 또는 정신적 고통을 느끼게 될 것이다. 더 나아가 적절히 욕구를 해결할 만한 수단이 존재하지 않거나 욕구를 채워 줄 누군가의 도움도 얻을 수 없다면 왜곡된 방식으로 이를 해결할 수 있다. 예를 들어, 개인은 자살(〈읽을거리 2-1〉 참조)하거나 범죄(〈읽을거리 2-2〉 참조)를 저지를 수 있다. 이러한 현상은 개인의 삶의 질을 저하시키는 것을 넘어 사회 전반에 부정적인 영향을 미친다. 따라서 욕구를 적절히 해결하도록 돕는 것은 인간으로서의 삶을 영위하도록 보장할 뿐만 아니라 사회 안정과 통합을 이룰 수 있다.

개인은 자원의 한계로 인해 욕구를 충족할 수 없을 경우 이를 사회에 요구하게 되는데, 그 요구는 욕구 해결에 대한 의무가 있는 사람들에게 전달된다(지은구, 2005). 즉, 과거에는 욕구 충족의 의무가 주로 개인을 포함한 가족, 이웃, 지역사회에 있었으나, 근대사회로 이행하면서 국가의 역할이 더 커졌다(김옥경, 2014).

읽을거리 2-1   송파구 세 모녀의 자살

지난 28일 송파구 등에 따르면 숨진 박 모(60) 씨 모녀는 질병 상태로 수입도 끊겼지만, 국가와 자치단체가 구축한 어떤 사회보장체계의 도움도 받지 못했다. 가족의 생계를 책임진 박 씨는 한 달 전 다쳐 일을 그만둬서 수입이 끊겼고, 30대인 두 딸은 신용불량 상태였으나 그 어느 곳에서도 도움의 손길을 내밀지 못했다. 무엇보다 세 모녀가 가장 기본적인 복지제도인 기초생활보장제도나 의료급여제도 대상에 들지 못했다는 점이 가장 안타깝다는 지적이다. 특히 큰딸은 고혈압과 당뇨로 건강이 좋지 않았지만, 병원비 부담으로 치료를 제대로 받지 못한 것으로 전해졌다. 송파구 복지정책과장은 "동주민센터에서 기초수급자 발굴을 하는데 박 씨 모녀가 직접 신청을 하지 않았고 주변에서 이들에게 지원이 필요하다는 요청이 한 차례도 들어온 적이 없다."고 말했다. 세 모녀는 장애인, 노인, 한부모가정 등 전형적인 취약계층으로도 분류되지 않았던 탓에 관련 복지 혜택을 못 받았고 이웃과 교류도 거의 없어 어려운 사정이 주변에 알려지지 않았다. 송파구 희망복지지원팀장은 "박 씨 모녀가 외부에 자신들의 처지를 전혀 알리지 않아 주변에서도 잘 몰랐던 것 같다."며 안타까움을 토로했으며, "이번 사건을 계기로 기초수급자 신청이나 긴급지원제도를 더 적극적으로 홍보하려고 한다."라고 말했다.

출처: 연합뉴스(2014. 2. 28.).

청소년 범죄

아이들은 본능적으로 소속감을 원한다. 대부분의 시간을 보내는 가정이나 학교에서 이를 충족하는 게 일반적이다. 그러면서 생각과 행동에 영향을 주는 사람과 만나게 된다. 이런 공동체가 교회나 학원인 아이도 있을 것이다. 하지만 학교를 다니지 않는 청소년들은 어떨까. 가정이 온전치 못해 제대로 돌봄을 받을 수 없는 경우가 태반이다. 어디든 소속되고 싶은 욕망은 비슷한 처지의 아이들을 끌어모은다. 최근 청소년 범죄의 온상으로 지목되는 '가출팸(모텔 등에서 집단 생활하는 가출 청소년 무리)'이 대표적인 예다.

지혜(가명·18·여)는 초등학교 2학년 때 어머니를 잃었다. 힘겨운 투병 중에도 지혜가 학교를 마치고 돌아오면 침상에서 일어나 따뜻하게 안아 주던 어머니였다. 장례가 끝나고 얼마 지나지 않아 아버지는 재혼했다. 아버지와 단둘이 살던 집에 새엄마와 이복동생들이 들어와 시끌벅적해졌지만 지혜의 공허함은 더욱 커졌다. 공부에 흥미를 잃고 학교에서도 멀어졌다. 공허함은 폭식으로 이어졌다. 먹는 것만 빼고 모든 게 귀찮아졌다. 중학생 때 지혜는 집을 나왔다. 거리에서 가출팸 아이들을 만났다. 키 169cm에 몸무게 98kg. 또래 여자아이들에 비해 덩치와 힘이 월등했다. 가출팸은 지혜를 앞세워 초·중생들에게서 돈을 빼앗았다. 집에선 '투명인간'이었지만 아이들 무리에선 리더였다. 어쩌다 경찰서에 붙들려가도 나이가 어려서 늘 훈방됐다. 의기양양해진 아이들은 절도와 성매매에까지 손을 댔다. 성 매수자를 협박해 돈을 뜯어낸 적도 있었다. 결국 소년원에 가게 됐다. 성 매수자를 협박했다가 재판에 넘겨져 보호관찰 처분을 받았는데 도주했다. 다시 가출팸 친구들과 금품 갈취를 하다 붙잡혔다. 경기도 소년원에 2년 입소 처분을 받았다. 자유로운 삶이 몸에 밴 지혜에게 규율로 가득한 소년원은 지옥 같아 자살을 생각하기도 했다.

출처: 국민일보(2014. 11. 17.).

산업사회 이후에는 인간에게 필요한 최소 수준의 혜택에 대해 각 사회의 합의에 근거한 사회복지제도가 발달하기 시작한다. 사회복지는 인간의 기본 욕구를 충족시키기 위한 사회구조적인 대응 방안 중 하나다. 사회복지를 통한 욕구 충족은 문제 해결과 예방으로 연결되며, 이는 인간다운 삶의 질을 보장하는 것은 물론 인간으로서의 존엄성 회복이라는 목표 달성과도 연결된다(우수명, 2010).

그러나 1900년대 사회복지가 발달하기 시작한 시점만 해도 욕구 개념은 명확히 정의되지 못했다. 욕구는 요구(requirements), 필수품(necessaries), 문제(problems), 권리(rights), 빈곤(poverty), 생활수준(standard of living), 최저생활임금(living wage), 구호(relief) 등 다양한 용어와 연관 또는 대체되어 사용되어 왔다(Dover & Joseph, 2008). 영국의 부스(Booth), 라운트리(Rowntree) 등의 빈곤조사 이후에야 인간의 기본 욕구에 대한 개념이 형성되기 시작했다(Bradshaw, 1972). 이 시기에는 욕구의 개념이 최소한의 욕구를 충족하지 못한 대상자에게만 해당되는 것이라고 인식되었다. 그러나 20세기 초중반에 모든 계층에 걸쳐 재난, 전염병이 발생하였고, 이에 따른 구호활동이 이루어지면서 인간의 보편적 욕구에 대한 인식은 확대되었다. 1950년대 이후부터는 국제적으로 인간의 욕구에 대해 관심을 가지기 시작하였다(예: 1954년 생활수준 측정에 관한 UN 보고서).

사회복지의 발전은 공공의 욕구가 확대해 온 역사라고 할 수 있다(송근원, 김태성, 1998). 공공의 욕구(public needs)는 집단적인 욕구이며 사회 전체로서의 욕구다. 과거에는 공공의 욕구로 인정되지 않던 것이 오늘날에는 인정되거나 확대되고 있다. 예를 들어, 과거에는 아동을 양육하고 가르치는 일은 주로 가정 내 여성의 역할이었다. 그러나 산업사회에서는 노동력의 필요성이 증대됨에 따라 여성들이 노동시장에 유입되었고, 양육의 기능이 가정에서 보육시설로 대체되고 있다. 그러나 모든 사회의 공공의 욕구는 동일하지 않다. 국가들의 정치적 · 사회적 · 경제적 · 문화적 환경에 따라 욕구의 내용과 범위가 상이하다. 그러나 인간이 인간다운 삶을 영위하기 위해서는 최소한의 욕구 해결이 보장되어야 하며, 인간 욕구에 근거하여 '누구에게 얼마나 이를 보장할 것인가'에 대한 지속적인 사회적 합의가 필요하다.

2. 욕구에 대한 이해

1) 욕구란 무엇인가

욕구는 인간에게 매우 보편적이고 자연적인 성향이며, 삶을 영위할 수 있는 힘으로 작동한다. 인간은 생존을 유지하는 데 필요한 에너지 또는 자원 등이 부족해지면 결핍된 부분을 채워 안정상태에 도달하려고 한다. 예를 들어, 어린아이는 배가 고프면 울음을 터트려 엄마의 젖을 찾듯이 자신의 생명을 유지하는 데 필요한 에너지원인 모유에 대한 필요를 구한다. 욕구는 자신이 해결할 수 없는 결핍에 대한 인식에서 출발하며, 생존을 위해 필수 불가결한 요소다.

욕구는 "인간이 특정 상황에서 지니고 있는 목적의 달성에 필요한 어떤 조건이나 대상을 확보하지 못함으로써 야기된 결핍상태"다(Plant, Lesser, & Taylor-Gooby, 1980). 그러므로 나에게 모자라거나 부족한 부분을 자연스럽게 원하고 구하는 것이 욕구(欲求)라고도 할 수 있다.

알트슐드(Altschuld)는 명사로서의 욕구와 동사로서의 욕구는 다른 의미를 지닌다고 보았다(Altschuld, 1995: 서인해, 공계순, 2004에서 재인용). 첫째, 명사로서의 욕구는 현재 상태와 바람직한 상태라는 두 조건 사이의 차이를 말한다. 이는 개인이 현실을 고려하여 당연히 가져야 하거나 필요하다고 기대하는 수준에서 이미 가지고 있는 것을 뺀 상태라고 할 수 있다. 예를 들어, 성인의 1일 평균 수분섭취량이 2L이나 실제로 A 씨가 흡수한 섭취량이 1L라고 한다면, 부족한 수분량(1L)으로 인해 느끼는 갈증 상태가 욕구라고 볼 수 있다.

둘째, 동사로서의 욕구는 현재 상태와 바람직한 상태의 차이를 채워 가기 위한 그 무엇을 의미하는 것으로 목적을 달성하기 위한 수단 또는 해결을 의미한다. 앞선 예에서 A 씨는 부족한 수분섭취량(1L)을 채우기 위해 그 수단인 물을 필요로 하게 된다. 갈증을 해소하기 위한 수단인 물이 욕구라고도 할 수 있다.

이와 같이 바람직한 상태와 현재 상태 간의 차이에서 인식되는 결핍이 지속되면 욕구가 충족되지 못한 상태에 있는 것이고, 이 둘 사이의 결핍 상태가 채워진다면 욕구가 충족되었다고 할 수 있다. 그러나 앞서 예를 든 것처럼 모든 욕구를 수치적으로 환산하기는 매우 어렵다. 욕구는 현재 상태에 대해 바람직한 상태의 관점에서 그 차이를 분석해야 알 수 있는 성질의 것이므로 추론적인 특징을 지닌다.

한편, 욕구는 몇 가지 요소로 구성된다. 플랜트, 레서, 그리고 테일러구비 (Plant, Lesser, & Taylor-Gooby, 1983)는 욕구를 지닌 주체(A), 욕구되는 대상(B), 욕구가 충족되는 목적 또는 기능(C)으로 제시하였다. 여기에 윌리(Weale)는 목적이 생기는 상황까지 포함하였다. 이는 목적이 생기는 상황(D)에 따라 욕구되는 대상 또는 사물이 달라질 수 있기 때문이다(조흥식, 1991에서 재인용).

> 'B 씨는 과제를 수행하기 위해 컴퓨터가 필요하다. 그러나 컴퓨터가 고장 나서 사용할 수 있는 상황이 아니기 때문에 펜이 필요하다.'
>
> • 욕구를 지닌 주체(A): B 씨
> • 욕구되는 대상 또는 사물(B): 펜
> • 욕구가 충족되는 목적, 기능(C): 과제 수행
> • 목적이 생기는 상황(D): 컴퓨터가 고장 난 상황

2) 욕구와 원함, 욕망의 차이

욕구는 일상생활에서 원함(wants), 욕망(desire) 등 유사 용어와 상호 교환되어 사용되고 있다. 여기에서는 개념 간의 차이를 비교함으로써 욕구의 의미를 이해하고자 한다.

(1) 욕구와 원함의 차이[1]

첫째, 원함은 인간이 갖기를 소망하는 것인 반면에, 욕구는 인간이 꼭 가지고 있어야만 하는 것으로 무언가로부터의 박탈 또는 결핍이나 문제로 표현되기도 한다. 무언가를 필요하다고 생각하거나 또는 느낀다는 점에서 두 개념이 유사할 수 있지만, 그것이 반드시 필요한 것인가 그리고 바람직한가(desirability)의 측면에서 볼 때 원함은 반드시 이에 해당한다고 볼 수 없다. 모든 욕구는 원함과 연관되어 있지만, 모든 원함이 욕구와 연관이 있는 것은 아니다. 다음 예시를 살펴보자. 배고픈 아이는 배고픔을 해결하기 위한 수단으로 과자를 먹고자한다. 이는 원함이다. 그러나 엄마는 배고픔에 대해 아이와 동일하게 인식하지만, 이를 해결하는 수단에 있어 아이와 다르다. 과자가 아이의 건강에 좋지 않기 때문에 과자를 주기보다는 아이에게 필요한 영양소가 들어 있는 야채죽을 주고자 한다. 욕구가 필요한 것이라고 판단한다면 이를 충족하는 수단에도 '바람직성'이라는 가치판단이 작용한다.

- 원함: 배고픈 아이가 과자를 먹고자 함
- 욕구: 아이가 아토피가 있어서 과자를 먹으면 건강의 문제가 발생하기 때문에 건강을 위해 다양한 영양소가 들어 있는 야채죽을 제공함

둘째, 원함은 개인에게 필요한 물품을 시장 내 자유경쟁을 통해 선택하고, 이 물품을 구매할 능력(예: 돈)을 가지고 소비함으로써 해결할 수 있다. 그러나 자유경쟁을 통해 자신이 원하는 물품을 선택할 수 있는 능력이 없는 일부 사람들(예: 노인, 장애인, 임시노동자 등)은 욕구를 충족시킬 수 있는 과정에서 배제될수 있다. 또한 누군가가 그 물품을 구매할 능력(예: 돈)이 없다면 그가 갖기 바

---

1) 지은구(2005)를 참고하였음.

라는 원함이 좌절되면서 박탈감을 경험할 수 있다. 따라서 욕구는 자유경쟁이라는 시장의 가치에 따라 결정된다고 보지 않으며, 사회에서 정한 기준(예: 최저생계비)에 따라 사회적 대응(예: 사회복지서비스)에 의해 충족되는 것이라고 가정한다. 즉, 욕구가 있는 사람을 구별하기 위해 사회에서 정한 측정기준에 따라 욕구를 평가한다. 이를 통해 욕구 충족이 필요하다고 판단되면 사회제도 또는 서비스를 통해 해결하려고 하며, 평등, 형평, 적절성 등에 근거해 분배적 정의를 실현하고자 한다. 따라서 사회복지는 원함이 아닌 욕구를 다룬다.

(2) 욕구와 욕망의 차이

욕구가 자신에게 반드시 필요한 그 무엇이 결핍된 상태라고 한다면, 욕망은 자기에게 부족한 것이 아니라 필요 이상으로 바라며 원하는 것을 말한다. 욕구에서의 욕(欲)이 '~을 하고자 하다, ~을 바라다'의 뜻이라면, 욕망에서의 욕(慾)은 마음 심(心)자가 추가되면서 '욕심, 탐내다'의 뜻을 지닌다. 이처럼 인간의 마음에 강하게 작동하는 끝없는 욕망을 '디드로(Diderot) 딜레마'로 표현하기도 한다. 18세기 프랑스 철학자인 디드로는 한 친구로부터 아름다운 침실 가운을 선물을 받는다. 새 옷을 입고 서재에 앉으니 책상이 초라해 보여 책상을 바꾸기로 한다. 새로운 책상이 들어와 이제는 책꽂이가 눈에 차지 않게 되자 책꽂이를 바꿨고, 책꽂이를 바꾸니 이제는 의자가 낡아 보였다. 이처럼 서재는 새로운 물건으로 계속해서 바뀌어 갔으나 디드로는 기쁘지 않았고, 채워지지 않는 욕망의 딜레마에 갇혀 버리고 만다. 이처럼 '소비는 소비를 부르고, 욕망의 추구가 만족 대신 또 다른 욕망을 낳는 이율배반적인 상황'을 디드로 딜레마라고 부른다(우수명, 2010). 욕망은 인간이 인간다운 삶을 살아가는 데 필요한 최소한의 그 무엇이 아니라 남들보다 또는 오늘보다 더 나은 삶을 살아가고자 최고의 수준을 지향하는 그 무엇이라고 볼 수 있다.

구딘(Goodin)은 욕구와 욕망의 차이를 몇 가지 요소로 비교하였다(송근원, 김태성, 1998에서 재인용). 첫째, 욕구는 상대적으로 긴급성을 가진다. 예를 들어, 어떤 한 사람이 배우의 꿈을 이루기 위해 연기연습을 하고 싶지만, 당장 오늘 먹을 빵이 없다. 배우로서의 꿈을 성취하기 위해서라도 빵을 살 수 있는 생계비가 긴급히 필요하다. 욕구는 자발적인 선택의 여지가 적으며 다른 것으로 대체하기가 쉽지 않다. 그러나 욕망은 긴급하지 않으며 다른 것으로 대체 가능하다.

둘째, 욕망이 개인의 주관적인 이득을 얻고자 하는 것이라면, 욕구는 사람들이 결핍으로 인한 해악을 줄이는 데 관심을 두며 사람들이 추구하는 바람직한 목표를 이루는 데 필요한 전제조건 또는 수단이다. 예를 들어, 빈곤가구에 최저생계비를 제공함으로써 보다 안정된 삶을 영위할 수 있는 토대를 제공하지만 부자들의 미술관 관람은 그들만의 제한된 자아실현의 욕구만을 이룰 뿐이다.

3) 욕구의 유형

욕구의 유형은 학자마다 다양하게 제시하고 있지만, 이 장에서는 사회복지학에서 주로 다루고 있는 매슬로의 욕구위계론과 인간의 사회적 참여와 관련된 욕구를 제시한 도얄과 고프의 인간욕구이론에 대해 살펴보고자 한다.

(1) 매슬로의 욕구위계론[2]

매슬로는 인간의 욕구를 자연적이고 본능적이며, 모든 인간에게 나타나는 보편적인 것으로 가정한다. 이러한 욕구는 사람들이 무언가를 성취하도록 하는 동기로 작동하며 사람들은 이에 따라 행동한다고 보았다. 욕구위계론에 따르면 욕구에는 생리적 욕구, 안전의 욕구, 소속과 애정의 욕구, 존중의 욕구, 자아실현의 욕구가 있다. 이러한 욕구는 그 중요성과 강도에 따라 충족되어야

---

2) 매슬로(1962)는 자기실현에 관한 후기 연구에서 종래의 욕구위계론의 한계를 발견하고 자기실현의 욕구가 인간의 최상의 욕구가 아니라, 이를 뛰어넘어 인지적 및 심미적 욕구, 자기초월 욕구가 존재한다고 주장하였다(고명규, 2003에서 재인용). 그러나 이 장에서는 인간의 기본적인 욕구를 이해하는 데 가장 많이 인용되어 왔던 초기 모델에 근거해서 설명하고자 한다.

할 순서대로 위계를 형성하고 있으며, 낮은 단계의 욕구가 어느 정도 충족되어야 더 높은 단계의 욕구를 의식하거나 그것을 충족하고자 하는 동기가 부여된다. 즉, 생리적 및 안전 욕구가 어느 정도 충족되면, 소속의 욕구를 의식하게된다는 것이다. 각 욕구를 살펴보면 다음과 같다.

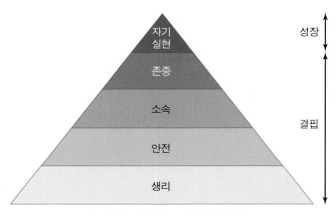

[그림 2-1] 매슬로의 욕구위계론

- 생리적 욕구(physiological needs): 인간의 가장 기초적인 욕구이며, 생명을 유지하고 종족이 번식하기 위해 필수 불가결한 것이다. 예를 들어, 음식, 물, 공기, 성욕, 수면 등이다. 이 욕구는 본능적으로 나타나는 것으로 결핍되었을 때 생존의 위협을 느끼며, 그 어떤 욕구보다 우선하며 강력하다.
- 안전 욕구(safety needs): 신체적인 위험이나 불안을 피하고 안전을 추구하려는 욕구다. 생명의 위험, 사고, 질병, 경제적 불안, 전쟁, 자연재해, 범죄, 공포를 일으키는 사건 및 사고로부터 벗어나 안전감을 누리고자 하는 것이다. 이를 위해 안전에 관한 법률을 제정하거나 안정적인 수입 또는 고용상태를 유지하려고 하고, 재산권 보호, 보험 가입 등의 행동을 보인다.
- 소속과 애정 욕구(belongness and love needs): 친밀한 교제를 통해 자신이 소속한 집단(예: 가족, 동호회)의 구성원(예: 부모, 친구, 이웃 등)으로부터 사랑을 받고자 한다. 인간은 자신에게 영향력을 미치는 '의미 있는 타자'와

의 관계를 통해 신체적 및 정신적 친밀감을 경험하고자 한다.

- 존중 욕구(esteem needs): 사회에서 다른 사람 또는 자기 자신으로부터 인정과 존중을 받고자 하는 욕구를 말한다. 첫째는 자기를 중심으로 하는 강인함, 성취감, 자신감, 독립성과 자율성 등에 대한 열망이다. 둘째는 다른 사람들로부터 얻게 되는 명성, 권위, 영광, 지배욕, 인정, 주목, 찬사 등에 대한 열망이다. 사람들은 존중의 욕구에 의해 무언가를 성취하기 위해 끊임없이 노력하며, 그 노력 또는 성취의 결과로 자신감을 획득하거나 다른 사람으로부터 인정과 존중을 받고자 한다.
- 자아실현의 욕구(self-actualization needs): 가장 높은 단계의 욕구로서 개인의 잠재력을 극대화하고 자기의 가능성을 실현하고자 하는 욕구다. 이는 자기완성에 대한 열망이며 잠재적으로 실현될 수 있는 것들을 실제로 실현할 수 있게 만들고자 하는 경향을 말한다. 좋은 음악을 만들기 위해 고뇌하는 음악가, 좋은 글을 쓰고자 밤낮없이 고뇌하는 소설가를 예로 들 수 있다.

이러한 욕구는 크게 결핍욕구와 성장욕구로 분류할 수 있다. 결핍욕구는 식욕처럼 외부의 자원을 받아들여 자신의 욕구를 충족하려는 것으로, 이것이 충분히 충족되지 못하면 영양실조, 고독 등의 문제가 발생하고, 극단적인 경우에는 죽음에 이를 수 있다. 이와 달리, 성장욕구는 이미 결핍욕구를 충분히 충족한 유기체가 그 충족한 자원이나 에너지를 외부로 방출하여 타인을 사랑한다든가, 도움을 제공한다든가, 혹은 무엇인가 사회적으로 가치 있는 것을 생산하고 창조하려는 욕구다.

매슬로의 욕구위계론은 인간이 지닌 욕구의 특성과 다양한 욕구에 대한 이해를 높였다는 점에서 의미가 크다. 그러나 낮은 단계의 욕구는 실체적이지만 상위의 욕구들은 그 실체를 파악하기가 쉽지 않다는 점에서 사회복지적 개입을 위한 합의를 도출해 내기 어렵다는 한계가 있다(김영종, 2013).

(2) 도얄과 고프의 인간욕구이론

도얄과 고프는 인간이 다른 사람들과 함께 생활하며 삶을 영위해 간다는 점을 주목한다. 그들은 인간의 욕구를 해석함에 있어 '사회적 참여'를 강조하였고, 인간은 사회적 삶에 참여하기 위해 보편적이고 기본적인 욕구가 있다고 보았다. 인간욕구이론에서는 인간의 보편적이고 기본적인 욕구를 기본욕구(basic need)와 중간욕구(intermediate need)로 구분한다(지은구, 2005에서 재인용).

기본욕구는 개인이 인간으로서 살아가기 위해 가장 기본이 되는 욕구다. 기본욕구는 신체적 건강(physical health)과 개인적 자율성(personal autonomy)이다. 신체적 건강은 인간의 생존과 밀접한 것으로 건강했을 때에 사회참여를 할 수 있다. 또한 자율성이란 자율성을 지닌다는 것은 무엇인지, 어떻게 그것을 이룰 것인지에 대해 알려진 선택들을 결정할 수 있는 능력이다. 이 두 가지가 모두 보장될 때 인간은 사회참여를 통해 진정한 인간해방의 길로 나아갈 수 있다. 예를 들어, 신체적으로 건강하다고 해서 사회적 참여가 성공적으로 이루어지는 것은 아니다. 만약 우울증, 조현병 등으로 정신건강이 좋지 않거나 지적장애 또는 치매 등으로 인지능력이 부족하게 되면, 사회적 기능 수행이 어렵기 때문에 사회적 참여를 할 기회가 제한될 수 있다. 따라서 신체적 건강과 자율성은 인간이 보편적으로 누구나 가지고 있어야 하며 충족되어야 하는 가장 기본적 욕구라고 보았다.

중간욕구는 개인의 복지를 위해 필요한 핵심적인 욕구로 총 11개가 있다. 모든 사람에게 필요한 욕구로 '충분한 영양분이 있는 음식과 물, 충분하고 보호적인 주거, 위험하지 않은 근로환경, 위험하지 않은 물리적 환경, 적절한 의료 보호, 지지집단, 신체 안정성, 경제적 안전성, 기본적인 교육'이 있다. 이 외에도 특정 대상에게 필요한 욕구가 있다. 아동의 경우 '아동기 보장', 여성의 경우 '안전한 임신/출산과 자녀양육'이 필요하다고 제시하였다. 중간욕구가 충족되어야만 기본욕구를 구성하는 신체적 건강 및 개인적 자율성을 보장할 수 있고, 비로소 인간의 사회적 참여가 가능하다.

도얄과 고프의 이론은 인간의 욕구를 사회적 참여와 결부시킴으로써 개인

표 2-2	도알과 고프의 인간욕구이론		
분류	**내용**		**대상**
기본욕구	• 신체건강 • 개인적 자율성		모두
중간욕구	• 충분한 영양분이 있는 음식과 물 • 충분하고 보호적인 주거 • 위험하지 않은 근로환경 • 위험하지 않은 물리적 환경 • 적절한 의료 보호 • 지지집단 • 신체 안정성 • 경제적 안전성 • 기본적인 교육		모두
	• 아동기 보장 • 안전한 임신/출산과 자녀양육		아동 여성

적 욕구 충족에서 사회적 욕구 충족으로 범위를 확대했다. 또한 기본욕구와 중간욕구를 구별하고 중간욕구가 사람 또는 집단에 따라 다양한 방식으로 충족될 수 있음을 인정하여 욕구의 상대성을 강조하였다. 이는 사람들이 처한 상황에 따라 욕구가 다르다는 점을 고려하여 이에 상응하는 사회서비스 제공의 필요성을 부각시켜 준다.

3. 사회복지에서 다루는 욕구

사회복지사는 하루에 수십 번씩 욕구라는 용어를 사용한다. 사회복지사는 개인, 가족, 집단, 지역사회 등의 욕구를 파악하고, 다양한 서비스, 프로그램 및 정책을 통해 욕구가 적절히 충족될 수 있도록 인간과 환경, 인간과 환경 간의 관계에서 안녕이라는 목표를 지향하는 활동을 한다(김기덕, 2009). 사회복지사는 '클라이언트가 호소하는 문제가 그들의 욕구와 어떤 관련성을 지니며,

그 욕구를 해결하기 위해 무엇을 수행할 것인지, 어떤 형태의 서비스를 제공할 것인지, 그러한 실천 활동이 클라이언트의 욕구를 바람직한 방향과 결과로 이어질 것인지' 등을 고려하며 전문지식과 기술을 활용하여 욕구에 대해 개입한다(Ife, 2007). 그러나 실제 현장에서의 문제는 인간에게 무엇이 꼭 필요하고, 무엇이 필요하지 않은지 규정하기가 쉽지 않다. 사회복지는 모든 사람의 모든 욕구를 대상으로 하지 않고, 특정한 사람들의 특정한 욕구를 대상으로 하는 경향이 더 크다. 그렇다 보니 욕구와 관련한 주요 논쟁 중 하나가 '반드시 충족해야 할 욕구는 무엇이며, 그 수준과 내용은 어떻게 정할 것인가?'다. 이와 관련하여 사회복지에서 다루는 욕구는 무엇인지 살펴보자.

1) 기본욕구

사회복지는 인간의 욕구 중 기본욕구에 1차적인 초점을 둔다(Richard & Thomson, 1984: 현외성, 최무열, 정재욱, 정인영, 김현주, 2011에서 재인용). 첫째, 기본욕구는 모든 사람에게 공통적으로 존재하는 욕구다. 인종, 종교, 성별, 연령, 교육수준과 사회경제적 지위에 관계없이 한 인간으로서 동일하게 지니는 욕구로 의식주를 포함하여 건강, 가족, 직업 등이 포함된다.

둘째, 기본욕구는 모든 사람에게 필수 불가결한 욕구다. 만약 기본욕구가 충족되지 않는다면 인간다운 생활이 보장될 수 없다.

셋째, 기본욕구는 모든 사람에게 최소한의 수준으로 있어야 하는 욕구다. 이는 사회적 가치가 반영된 것으로 기본욕구로 채택되기 위해서는 그 사회에서 인간다운 생활을 할 수 있는 수준이면서 동시에 최소한에 그쳐야 한다는 것이다. 여기서 중요한 것은 기본욕구로 지정하는 사회기준이다. 따라서 기본욕구는 고정되거나 개인의 자발적인 의사가 반영된 것이 아니라 시대와 장소, 한 사회의 사회경제적 수준에 따라 달라질 수 있다. 예를 들어, 의식주를 영위할 수 있는 최소한의 수준으로 채택할 수도 있고, 이 외에도 건강보험, 교육, 보육 등 다양한 인구집단의 욕구를 반영하여 채택할 수도 있다.

2) 사회적 욕구

기본욕구는 개인적 수준의 욕구와 사회적 수준의 욕구로 분류될 수 있다. 그러나 사회복지에서 모든 사람의 개인적 욕구를 모두 충족시킬 수는 없다. 개인이나 가족 등의 비공식적 지원체계의 노력에도 불구하고 욕구를 충족시키지 못한 사회 구성원이 다수에 이르고, 이러한 상태의 개선과 회복이 필요하다고 사회적으로 인정될 때 그 욕구는 사회적 욕구로 전환된다(권중돈 외, 2011). 즉, 인간이 가지고 있는 기본욕구가 개인적 차원에서가 아니라 사회적 차원에서 발생 가능하다는 인식이 이루어졌을 때 사회적 욕구가 될 수 있다.

사회적 욕구를 충족시키는 것을 위임받은 복지국가에서는 사회서비스를 지원받아야 할 사람을 수혜자로 규정한다. 사회적 욕구의 충족은 자원의 재분배를 통해서 이루어지기 때문에 욕구를 중심으로 수혜자를 선별하게 된다. 따라서 사회적 욕구는 가치평가의 문제이면서 그 사회의 경제, 사회, 복지와 관련된 여건과 밀접하게 연관된다. 이와 관련해서 브래드쇼는 "사회서비스가 직면한 가장 심각한 문제 중 하나는 사회적 욕구를 어떻게 규명하느냐의 문제"라고 말했다. 그는 욕구를 규정하는 주체에 따라 사회적 욕구를 다음의 네 가지로 분류하였다.

- 규범적 욕구(normative need): 전문가의 지식과 판단에 따라 '바람직한 수준'에 관한 기준을 정한 후 현재 수준과 비교해서 그 차이가 있을 때를 말

표 2-3 사회적 욕구의 유형

욕구의 유형	기준	규정의 주체
규범적 욕구	전문가 표준	전문가
느껴진 욕구	대상자 의식	대상자
표현된 욕구	대상자 행동	대상자
비교적 욕구	외부 비교집단	일반 사회

출처: Bradshaw (1972).

한다. 예를 들어, 특정 연령의 어린이가 섭취해야 할 1일 칼로리가 의학적으로 제시되고, 바람직한 칼로리 수준에 도달하지 못한다면 욕구가 있는 경우로 규정한다. 규범적 욕구는 객관적으로 바람직한 수준에 대한 측정이 가능할 때 욕구 유무와 그 정도를 수량화할 수 있다면 가장 이상적일 것이다. 그러나 전문가가 바람직하다고 정한 수준이나 기준은 사회적 규범적 가치와 정의를 반영할 가능성이 높고, 각 사회의 가치 또는 전문가 집단에 따라 그 기준이 달라질 수 있다는 점에서 한계가 있다. 또한 규범적 욕구가 대상자의 욕구를 반영하여 유연하게 변화하지 못할 경우 대상자의 실제적인 욕구와 동떨어질 수 있으며, 획일적인 기준을 적용하기 때문에 각 개인의 개별성을 존중하지 못할 수 있다.

• 느껴진 또는 감지된 욕구(felt need): 원함 개념과 유사한 것으로 스스로 욕구라고 느끼는 것을 기준으로 한다. 느껴진 욕구는 '특정 서비스가 필요하다고 느끼고 있는지' 여부에 대해 설문지, 면접, 인터뷰 등의 다양한 조사방법을 활용하여 찾아낼 수 있으며, 이를 기준으로 필요한 욕구가 무엇인지 밝힐 수 있다. 이는 욕구 주체 스스로가 욕구를 규정한다는 점에서 이용자 중심의 접근 방식이라고 볼 수 있다. 그러나 욕구 주체의 주관적 지각에 초점을 맞추기 때문에 욕구를 느낀 주체마다 다르게 나타나거나 수시로 변화할 수 있다는 점에서 일관된 욕구 측정이 어렵고 적절한 기준을 정하기가 쉽지 않다. 이 외에도 대부분의 개인은 마땅히 자신이 지녀야 하는 수준에 대해 판단할 수 있는 능력을 가지고 있다고 가정한다. 그러나 다양한 조사방법을 사용하더라도 인지적 장애가 있거나 자신의 욕구를 정확히 느끼지 못한 사람, 정치 · 경제적으로 약자의 위치에 있는 사람들의 경우 평가과정에서 배제될 수 있다(김영종, 2013). 또한 응답자별로 욕구를 인지하거나 표현하는 수준이 다르기 때문에 적절한 기준을 정하기가 어렵다.

• 표현된 욕구(expressed need): 사람들이 어떤 서비스가 필요하다고 느끼면서 욕구가 충족되기를 요청하거나 요구할 때 나타나는 욕구다. 대상자가

욕구를 적극적으로 표현했을 때에 욕구라고 인정하는 것이다. 따라서 대상자가 직접 욕구를 충족하기 위해 어떠한 구체적인 행위를 실제적으로 해야만 한다. 예를 들어, 노인복지관의 한글교실에 참여하고 싶다면 담당자에게 프로그램 참여를 요청하거나 서비스를 받기 위해 대기 명단에 이름을 올리게 될 것이다. 표현된 욕구는 서비스를 요청한 사람의 수 또는 서비스 대기 명단으로 측정할 수 있다. 표현된 욕구는 욕구를 파악할 때 구체적인 욕구 정도를 알아낼 수 있어 적절한 개입이 가능하다는 장점이 있다. 그러나 지적장애 또는 치매 등의 인지기능의 문제로 자신의 욕구를 적극적으로 표현할 수 없는 경우 욕구평가에서 배제될 수 있다.

- 비교적 욕구(comparative need): 욕구를 지닌 주체와 유사한 인구집단 또는 타 지역과 비교하여 서비스를 받고 있지 않다면 이를 욕구로 본다. 그러나 A라는 지역이 실제로 충족되어야 할 욕구가 있음에도 불구하고 그 기준을 다른 지역과 비교하여 욕구 여부를 결정하게 되므로 실제적 욕구가 반영되지 못할 수 있다.

〈읽을거리 2-3〉의 사례를 살펴보면 클라이언트는 자신이 느낀 욕구를 사회복지사에게 표현한다. 이에 대해 사회복지사는 전문지식과 판단에 따라 클라이언트의 욕구해결을 위한 서비스가 필요하다는 것을 인정하게 된다. 이 사례를 통해 느껴진 욕구, 표현된 욕구, 전문가 욕구가 일치됨에 따라 욕구해결에 필요한 서비스(도우미 파견, 간병인 연계)에 대한 합의가 이루어졌다는 것을 알 수 있다. 만약 앞서 제시한 네 가지의 모든 욕구 규정이 일치할 경우 욕구해결 가능성이 높을 수 있지만, 문제는 주체 간의 욕구 규정이 일치하지 않는 경우가 더 많다는 것이다. 클라이언트가 느낀 욕구(felt need)는 원함에 가까우며, 클라이언트가 느끼거나 표현한 욕구라고 하더라도 전문가 또는 타 지역과 비교해서 필요한 욕구라고 평가되지 않는다면 관련 사회서비스가 제공될 가능성은 낮다. 따라서 공공의 욕구에 대한 정책과 서비스 수준을 결정할 때 욕구에 대한 다양한 가치관의 충돌이 있으며, 사회적 합의를 통해 욕구가 결정된

욕구

41세 남성은 9년 전 이혼하고 보호자가 부재한 상황이다. 영구임대아파트에 거주하고 있으며, 지체장애인으로 거동의 어려움을 호소하고 있고, 일상생활을 스스로 해 나가는 데 있어 도움을 호소하고 있다.

- 클라이언트가 느끼고, 사회복지사에게 표현한 욕구: "보시다시피 저는 하반신과 두 손에 장애를 가지고 있어 움직임이 자유롭지 못합니다. 예전에는 친구가 함께 살면서 청소와 빨래, 목욕 등을 도와주곤 했는데, 이제는 점점 상태도 안 좋아지고 기간도 오래되고 도와줄 만한 사람이 없네요."

- 사회복지사와 합의한 욕구
  ① 청소 및 세탁 등 가사활동을 위한 도우미 파견
  ② 물리치료, 마사지, 목욕 등을 위한 전문 간병인 정기적 연계(자활후견기관)

출처: 권진숙 편저(2007: 217-218)에서 일부 발췌.

다(송근원, 김태성, 1998). 사회복지에서는 서비스 대상자가 최소한의 인간다운 삶을 살아갈 수 있게 하기 위해 다양한 주체의 욕구가 표현되고 규정될 수 있도록 노력해야 한다.

생각해 보기

1. 종이 한 장을 반으로 접은 후, 왼쪽에는 '지금 나에게 무엇이 있으면 행복할까?'를, 오른쪽에는 행복 목록 중 '반드시 필요한 것'이 무엇인지를 적어 보자.

2. 도얄과 고프는 기본욕구(생존과 자율), 중간욕구(열한 가지 욕구)를 제시하였는데, 여러분은 인간에게 기본적이고 사회적인 욕구가 무엇이라고 생각하는지 토론해 보자.

【 참고문헌 】

고명규(2003). 건강한 인간의 욕구의 구조적 특성에 관한 연구. 학생생활연구, 24(1), 1-38.

권중돈, 조학래, 윤경아, 이윤화, 이영미, 손의성, 오인근, 김동기(2011). 사회복지개론. 서울: 학지사.

권진숙 편저(2007). 사례관리 이론과 실제: 등촌4종합사회복지관 사례를 중심으로. 서울: 공동체.

김기덕(2009). 사회복지적 행복론에 대한 탐색적 연구. 한국 사회학회/한국문화관광연구원 공동 학술심포지엄 9월 자료, 293-305.

김영종(2013). 사회복지프로그램 개발과 평가. 서울: 학지사.

김옥경(2014). 근대적 개인에서 탈근대적 개인으로서의 이행. 철학논집, 37, 177-202.

서인해, 공계순(2004). 욕구조사의 이론과 실제. 서울: 나남출판.

송근원, 김태성(1998). 사회복지정책론. 서울: 나남출판.

우수명(2010). 사회복지 욕구 다시보기. 서울: 인간과 복지.

정미라(2008). '인륜성'의 해체와 완성으로서 '욕구의 체계'. 철학논총, 53(3), 263-280.

조흥식(1991). 도시빈곤가족의 사회복지사업욕구와 프로그램 개발에 관한 연구: 청주시 2개지역 사례를 중심으로. 사회복지연구, 3(1), 69-108.

지은구(2005). 사회복지프로그램 개발과 평가. 서울: 학지사.

현외성, 최무열, 정재욱, 정인영, 김현주(2011). 사회복지학의 이해. 서울: 양서원.

Bradshow, J. (1972). Chapter 1: A toxonomy of social need. In R. Cookson, R. Sainsbury, & C. Glendinning (2013) (Eds.), *Jonathan Bradshaw on social policy* (Selected Writings 1972-2011).

Dean, H. (2010). *Understanding human need: Social issue, policy and practice*. Bristol: Policy Press.

Dough, L., & Gough. L. (1979). *A theory of human need*. New York: The Guilford Press.

Dover, M. A., & Joseph, B. H. (2008). *Human needs: Overview. Encyclopedia of social work*. Online Publication Date: Jun 2013.

Ife, J. (2007). 인권과 사회복지실천(김형식, 여지영 공역). 서울: 인간과 복지. (원저는 2001년에 출판).

Plant, R., Lesser, H., & Taylor-Gooby, P. (1980). *Political philosophy and social welfare*. London: Routledge.

국민일보(2014. 11. 17.). 청소년 범죄.
연합뉴스(2014. 2. 28.). 송파구 세 모녀의 자살.

제**3**장

사회적 위험과 사회복지

사회복지에서는 노년, 사망, 실업 등의 위험을 사회적 위험이라 명명하는데, 이러한 사회적 위험의 발생은 궁극적으로 빈곤으로 이어질 수 있고 빈곤문제는 다시 다양한 사회문제를 야기할 수 있다는 점에서 사회적 위험에 대한 관리는 매우 중요하다. 전통적으로 사회적 위험에 대한 해결기제는 가족이었으나, 도시화와 핵가족화 등이 일어나면서 가족의 역할이 변화하였으며, 산업화 등으로 사회적 위험의 범위가 커지면서 국가의 역할이 점점 중요하게 되었다. 복지국가라는 아이디어 역시 사회적 위험에 대비하고자 하는 일종의 '사회적 위험 관리 전략'이라고 볼 수 있다. 사회복지정책은 사회적 위험으로 발생하는 빈곤을 예방하거나 해소하기 위한 방법들을 다루는데, 그러한 사회복지정책은 크게 사회보험, 공공부조, 사회(복지)서비스 등 세 가지로 나뉜다. 사회적 위험은 고정되어 있는 것이 아니며, 노동시장 환경의 변화, 가족 기능의 변화 등에 따라서 새로운 사회적 위험이 대두되고 있다. 사회복지정책은 이러한 새로운 위험까지 다루어야 하는 과제를 가지고 있다.

학·습·목·표

1. 사회적 위험에 대한 개념을 이해한다.
2. 사회적 위험의 범위와 영향에 대해 알아본다.
3. 사회적 위험과 관련된 사회복지정책이 무엇인지 이해한다.
4. 새롭게 등장하고 있는 사회적 위험을 고찰해야 하는 이유는 무엇인지 이해한다.

1. 사회적 위험의 정의 및 범위

우리는 살아가면서 수많은 위험에 직면하기 마련이다. 굳이 일부러 위험한 행위를 선택해야만 위험을 겪게 되는 것은 아니며, 우연이나 사고에 의해 예기치 않게 위험을 경험하게 된다. 어떤 때에는 이러한 위험이 위험으로 인식되지 못한 채 해결되기도 하지만, 다른 때에는 그것을 이겨 내기가 매우 고통스러운 경우도 있다. 우리가 사회의 발전을 이야기할 때 단순히 경제적인 풍요만을 기준으로 할 수도 있으나, 그 사회에 위험 자체가 발생하지 않는다든지 위험이 발생한다 하여도 그것이 일반 국민에게 큰 영향을 끼치지 않는 것을 기준으로 이야기할 수도 있을 것이다.

인간의 기본적인 욕구 가운데 하나는 안전에 대한 것, 다시 말해서 위험으로부터 배제되는 것이다. 인간은 본능적으로 안전을 갈구한다는 점에서 안전을 추구하는 것은 보편적인 현상이라고 볼 수 있다. 우리가 가장 먼저 생각하는 안전은 외부에서의 침입이나 공격으로부터의 안전일 것이다. 그래서 모든 국가는 군대와 경찰을 두어 전쟁이나 강도와 같은 외적 위험으로부터 국민을 보호한다.

군대나 경찰에 의해서 외부로부터의 안전이 어느 정도 해결되었다고 해서 우리가 살아가는 세상에서의 다양한 위험으로부터 완전히 벗어났다고 생각하는 사람은 없을 것이다. 굳이 나를 의도적으로 죽이거나 상해를 가하는 것 이외에도, 우리는 수시로 우리의 삶을 위협하는 다양한 위험에 노출되어 있다. 예기치 않은 자연재해나 교통사고, 실업, 질병 등의 위험으로부터 완전히 벗어나 있는 사람은 아무도 없다. 그리고 그러한 위험 가운데 일부는 개인의 잘못이나 책임으로 돌릴 수도 있으나 그렇지 않은 문제들, 다시 말해서 국가나 사회의 책임으로 돌려야 하는 문제들도 많은 것이 사실이다. 경우에 따라서는 하나의 현상을 두고도 개인의 책임으로 돌리기도 하고 국가의 책임으로 돌리기도 한다. 예를 들어, 실업은 개인의 역량 부족의 결과라고 볼 수도 있으나,

자본주의 사회에서 충분한 일자리를 만들어 내지 못해서 경제활동인구 가운
데 일정 부분이 실업일 수밖에 없는 구조라면 그 실업은 더 이상 개인적 문제
가 아니며 사회가 해결해야 하는 문제가 된다.

우리가 살아가면서 직면하게 되는 위험의 범위는 대단히 넓다. 〈표 3-1〉에
서 볼 수 있듯이 우리가 직면하는 위험은 매우 다양한데, 어떤 위험은 흔히 발
생할 수 있는 것들인 반면, 어떤 위험은 우리 사회에서 좀처럼 발생하기 어려
운 것들이다. 또한 어떤 위험은 인간이 스스로의 노력을 통해서 해결할 수 있
지만, 어떤 위험은 인간의 현재 능력과 노력으로 해결이 불가능하다. 예를 들
어, 범죄 발생의 경우에는 (정도의 차이는 있지만) 국가마다 이를 해결하기 위한
수단들을 마련하고 있지만, 지진과 같이 (충격을 다소 줄일 수는 있으나) 아직까
지 인간의 힘으로 통제하지 못하는 위험들도 있다.

중범위 이상의 위험은 그 영향이 개인적인 차원을 넘어서 국가 전체 혹은
전 세계에까지 미친다. 그러나 이러한 위험에 대해서는 현재까지 인간의 능력
으로 대처할 명확한 방법이 나와 있다고 볼 수 없다. 그렇다고 해서 이러한 위
험에 대해서 아무런 노력을 하지 않는다는 의미는 아니다. 각국의 정상들은 수
시로 만나서 지구 온난화를 막기 위한 다양한 방안을 논의하기도 하며, 경제

표 3-1	주요한 위험 구분		
범주	**미시적**	**중범위**	**거시적**
자연		산사태, 화산 분출	지진, 홍수, 가뭄
건강	질병, 부상, 장애		전염병
생애주기	출생, 노년, 사망		
사회적	범죄, 폭력, 중독	테러, 갱	내전, 전쟁, 사회변혁
경제적	실업, 흉작	실업	금융/환율 위기
행정적/ 정치적	인종차별	인종갈등, 폭동, (행정 력으로 인한) 사고	(정치력으로 인한) 역할 불능
환경적		오염, 산림 훼손	지구 온난화

출처: Holzmann & Jorgensen (2001).

위기가 발생하면 국제적인 공조를 통해서 이를 해결하기 위한 다각적인 노력을 하기도 한다.

반면, 미시적 차원의 위험은 부정적 영향이 주로 개인적 차원으로 발생하는 것이다. 이러한 위험은 사회적 위험(social risk)으로 간주되어 왔다. 우리가 노년, 사망, 실업 등의 위험을 사회적 위험으로 명명하고 그에 대한 국가 차원의 대책을 고민하는 것은 이러한 사회적 위험의 발생이 그저 위험의 발생으로 끝나는 것이 아니라 궁극적으로 빈곤(poverty)으로 이어질 수 있기 때문이다. 빈곤의 발생은 또한 다양한 사회문제를 발생시킬 수 있다는 점에서 인간의 빈곤에 대한 고민은 사회적 위험에 대한 대비로 이어지게 된 것이다.

물론 사회적 위험의 정의나 범위는 관점에 따라서 매우 다양하다. 그 가운데에서 전통적인 사회적 위험의 규정은 베버리지(Beveridge)가 제시한 것이 가장 유명하다. 영국의 학자인 베버리지는 1942년에 복지국가의 청사진을 제시한 베버리지 보고서를 썼는데, 그 보고서에서는 나태(idleness), 무지(ignorance), 결핍(want), 불결(squalor) 그리고 질병(disease)을 5대 사회악(five giants)이라고 하여 대표적인 사회적 위험으로 규정하였다.

국제노동기구(International Labour Organization: ILO)에서는 아홉 가지 사회적 위험으로 의료, 질병(수당), 실업, 노령, 산업재해, 자녀양육, 직업능력 상실, 임신과 분만, 부양자의 사망을 제시하였다. 다시 말해서, 예기치 않게 소득의 감소나 비용 발생을 야기하는 위험을 사회적 위험으로 규정한 것이다.

이 외에도 다양한 구분이 있을 수 있다. 노령, 장애, 사망 등의 사회적 위험은 한번 발생하면 당사자나 그 가족에 대한 매우 장기적인 보호가 필요한 반면, 실업이나 출산 등의 사회적 위험은 취업이나 일정 기간 요양이 이루어지면 해결되는 단기적인 성격을 가진다는 차이가 있다. 에스핑앤더슨(Esping-Andersen, 1999)은 사회적 위험을 계급 위험, 생애주기 위험, 세대 간 위험으로 분류하였다. 또한 빈곤의 경우에는 많은 학자가 사회적 위험으로 간주하기도 하지만, 실제로는 사회적 위험 자체라기보다는 사회적 위험에 따른 결과로 볼 수도 있다.

인간은 오래전부터 모든 종류의 위험에 대해서 해결하고자 노력해 왔다. 가뭄과 같은 자연재해에 대해서도 지난날 인간은 기우제를 드리고 동물을 재물로 바치는 등 이를 해결하고자 나름대로의 규범들을 만들어 놓았다. 사회적 위험 역시 마찬가지다. 갑작스럽게 가장이 사망하거나 장애를 입게 되는 상황에 대비해서 우리 조상들은 나름대로의 대처방법을 가지고 있었으며, 이는 주로 가족끼리의 상호 원조(혹은 지역사회의 지원)를 통해서 해결하고자 하였다. 산업화 이전 사회에서는 (완벽하지는 않지만) 확대가족(extended family)을 중심으로 하여 교회 등 자발적인 지역사회조직을 통해서 사회적 위험을 해결하려고 노력하여 왔다.

그러나 산업화가 시작되면서 사회적 위험의 규모가 훨씬 더 커져 가족이나 지역사회를 통해서 해결할 수 있는 수준을 넘어서게 된다. 산업화 이전에는 그 이후보다 사회적 위험이 적었다고 할 수 있는데, 산업화 이전 농업사회에서는 퇴직 개념 자체가 존재하지 않았으며, 실업 역시 마찬가지였다. 또한 질병도 과거에는 의료기술이 미비하여 치료가 불가능한 경우가 많았기 때문에 사회적 위험으로서의 질병의 범위는 넓지 않았던 것이 사실이다.

그러나 산업화가 일어나고 이에 따른 도시화가 이루어지면서 사회적 위험이 대규모로 발생하기 시작하였으며, 산업화와 도시화는 위험관리 차원에서 큰 변화를 야기하였다(Holzmann & Jorgensen 2001). 첫째, 전통적인 위험대처 방식이 붕괴되었다. 산업화에 따른 사회적 위험 규모의 증가와 도시화에 따른 가족 형태의 변화(예: 핵가족화)는 가족과 자발적인 지역사회로는 사회적 위험에 효과적으로 대처하기 어렵게 만들었다. 둘째, 근대적 고용과 관련된 위험들이 나타나게 되었다. 실업, 퇴직, 산업재해 등은 산업화 이전에는 보편적으로 존재하는 사회적 위험이 아니었다. 그러나 산업화에 따른 재해의 발생이나 고용관계의 체결은 고용 관련 위험들을 증가시키게 되었다.

사회적 위험의 규모와 범위가 커지고 그에 대처하는 기존의 전통적인 위험 해결방식이 붕괴되면서, 사회적 위험에 대처하기 위한 국가의 역할이 점차 증가하게 되었으며, 국가는 앞서 제시한 사회적 위험에 대해서 체계적으로 접근하기 시작하였다. 우리가 이야기하는 복지국가라는 아이디어 역시 이러한 사회적 위험에 대비하고자 하는 일종의 '사회적 위험 관리 전략(social risk management strategy)'이라고 볼 수 있다.

국가의 사회적 위험 관리 전략은 다양하다(Heitzmenn, Canagarajah, & Siegel, 2002; Holzmann & Jorgensen, 2001).

첫째, 위험예방전략은 위험에 빠질 확률을 줄이기 위한 것으로 위험 발생 이전에 도입되는 것이다. 소득부족 위험이 일어나는 것을 미리 막기 위한 전략은 거시경제안정화정책, 공공건강 프로그램 그리고 교육과 훈련으로 간주되는 정책을 포함한다. 그 외에도 산업재해를 막기 위한 산업안전정책이나 근로자의 최저임금정책도 이에 포함될 수 있다.

둘째, 위험완화전략은 위험에 빠질 가능성을 줄이고자 하는 예방전략과 달리, 위험이 일어날 경우 잠재적 영향을 줄이기 위한 것이다. 대표적인 방법은 공식적 보험기제를 활용하는 것이다. 이 보험기제는 개인의 위험을 분산하는 것으로 특징지어진다. 사회보험제도는 국가가 운영되는 보험체계로서 복지국가의 핵심 요소다. 그 외에도 국가가 규제(regulation)하면서 민간이 관리 운영하는 기업연금과 같은 공식적 보험기제 역시 위험완화전략으로 분류될 수 있다.

셋째, 위험극복전략은 일단 위험이 발생했을 때 위험의 영향에서 벗어나게 하는 것이다. 극복의 주요 형태는 현금, 현물로서의 직접적 공공부조와 직접적인 소득이전, 공공사업 등이 해당된다. 그 외에도 공공자금을 통한 NGOs 서비스도 위험극복전략에 포함될 수 있을 것이다.

그렇다고 해서 사회적 위험 관리 전략이 국가 차원에서만 가능한 것은 아니다. 개인 차원에서도 질병에 걸렸을 때의 추가적인 보호를 위해서 실손보험 등 민영보험에 가입하기도 하고, 노후소득의 부족에 대비하기 위해서 개인연금에 가입하기도 한다. 가족의 역할 역시 줄어들기는 하지만 없어진 것은 아니다. 예를 들어, 여전히 상당수의 맞벌이 부부가 경제활동을 위해서 그들의 어린 자녀를 조부모에게 맡기고 있다. 또한 기업 차원에서도 근로자들을 위한 다양한 위험 관리 방안들을 제시하기도 한다. 이러한 노력들, 다시 말해서 민간 시장을 통해서 사회적 위험에 대비하려는 노력들 역시 사회적 위험 관리 전략 으로 간주할 수 있을 것이다.

그러나 앞서 언급했듯이 현대사회에서는 이러한 사회적 위험에 대해서 개인 이 알아서 처리하라고 하지는 않는 것이 일반적인데, 이는 사회적 위험이 개인 의 책임이 아니라 사회문제에 기인하고 있기 때문이다. 따라서 선진국일수록 사회적 위험에 대해서 국가 차원의 사회적 위험 관리 노력이 체계화되고 있는 데, 이러한 노력이 구체적으로는 사회복지(정책)를 통해서 이루어지게 된다.

2. 사회적 위험과 사회복지정책

사회적 위험에 따른 피해가 발생했다고 해서 모두 사회복지정책의 대상이 되는 것은 아니다. 예를 들어, 질병으로 인해서 예기치 않은 큰 지출이 발생하 거나 직장을 잃어서 당사자와 그 가족에게 소득 중단이 발생하는 경우는 사회 복지정책을 통해서 인간다운 삶을 유지하도록 도움을 제공한다. 그러나 예기 치 않은 화재로 주택이 붕괴되어 재산상의 손해가 발생하는 경우도 광의의 개 념에서는 사회적 위험이지만 재산상의 손해에 대해서는 빈곤으로 추락하지 않는 한 사회복지정책에서 다루어지지 않는다.

그렇다면 사회복지정책에서 다루는 사회적 위험은 무엇이고, 왜 그러한 사 회적 위험을 다루는가? 이에 대해서도 다양한 기준이 존재하지만, 기본적으로 사회복지정책은 사회적 위험으로 발생하는 빈곤을 예방하거나 해소하기 위한 방법들을 다룬다. 다시 말해서, 사회복지정책은 사회적 위험이 야기하는 소득 손실과 비용 발생에 대한 해결을 주요 대상으로 한다. 사회복지정책에서는 화 재나 자연재해로 인해서 발생하는 재산상의 손실까지는 보호의 대상에 포함 하지 않는데, 이는 재산상의 손실 역시 우리 삶의 위협요소이지만, 재산상의 손실이 빈곤의 위험으로 직결되지는 않는다고 보기 때문이다. 따라서 재산상

의 손실이 아니라 소득 손실이나 비용 발생이 복지정책의 주요한 보호 대상이
되는 것이다.

　사회적 위험으로 인한 소득 손실과 비용 발생은 어떤 사회적 위험이냐에 따
라서 그 영향이 다를 수 있다. 예기치 않은 질병이나 사망의 경우에는 사전에
예방하는 것이 사실상 불가능할 뿐 아니라 한번 발생하면 빈곤으로 이어질 가
능성이 대단히 높다. 예를 들어, 가족 구성원 가운데 한 명이 혈우병에 걸려서
이를 위한 치료비용을 모두 본인이 부담한다고 하면 1년에 최대 수억 원씩의
비용을 직접 부담해야 하므로, 빈곤으로 이어지는 것은 시간문제가 된다. 반
면, 노령과 같은 사회적 위험은 개인이 어느 정도까지는 충분히 예측하면서
준비할 수 있는 것이라는 점에서 국가는 빈곤 경감을 위한 최소한의 보장 수준
에 한정하고, 그 수준 이상은 개인이나 기업을 통해서 문제를 해결하도록 유
도할 수 있다. 다시 말해서, 사회적 위험의 성격에 따라서 국가가 책임져야 하
는 사회적 위험의 범위는 상이하다.

　사회복지 분야에서 사회적 위험을 해결하기 위한 방법은 크게 사회보험, 공
공부조, 사회(복지)서비스 등의 세 가지로 나뉜다.

1) 사회보험

　사회보험이란 국민의 생활상에 발생할 수 있는 질병, 노령, 실업, 사망과 신
체상의 장애 등이 활동능력을 상실케 하거나 소득의 중단이나 감소를 가져올
때 보험방식으로 생활상의 위험에 대비하여 보장하는 제도다(이준영, 김제선,
2015). 다시 말해서, 사회적 위험에 대해 보험방식으로 대비하도록 하여 소득
을 보장하며 국민 삶의 질을 높이려는 제도라 할 수 있다.

　그렇다면 사회보험제도는 사회적 위험을 어떠한 방식으로 해결하는 것인
가? 여러 원리가 있으나, 가장 핵심적인 것은 보험을 통한 위험분산(pooling of
risks)의 원리를 사용한다는 것이다. 보험 원리는 예기치 않은 위험에 대비하여
집단적 대응을 통해서 위험을 해결하고자 하는 것으로서, 각 개인이 위험 발

생 이전에 정기적으로 보험료를 부담하다가 사회적 위험이 발생했을 때 보장을 받도록 하는 것이다.

물론 위험에 대비하는 방법 가운데에서 보험방식을 사용하지 않고 저축을 하는 방법도 가능하다. 그러나 저축은 미래에 발생할 위험의 크기와 시점을 알지 못하는 상황에서 큰 위험이 발생하는 경우 효과적으로 대응할 수 없다. 예를 들어, 갑작스럽게 주 부양자가 사망하는 경우를 대비해서 부양가족들이 수십 년 동안 살아갈 만한 돈을 미리 저축해 놓는다는 것은 상상하기 어렵다. 또한 만약 예상했던 위험이 평생 한 번도 발생하지 않거나 아주 사소한 위험들만 발생할 경우 사회적 위험에 대비하여 지속적으로 저축했던 금액은 비효율적인 것이 된다.

반면, 보험의 원리는 발생확률은 낮으나 발생하였을 때 큰 피해가 예상되는 경우 많은 사람을 가입시키되 상대적으로 적은 보험료만으로도 피해가 발생한 사람들을 적절하게 보호할 수 있게 하는 장점이 있다. 결국 보험의 원리는 사회적 위험에 대해서 집단적 대처방법을 사용함으로써 결과적으로 불확실성을 감소시키고 개인이 직면할 수 있는 위험을 분산시키는 것이다.

같은 보험방식을 사용한다고 해도 대부분의 국가들은 민간보험이 아니라 사회보험 방식을 사용한다. 물론 사회보험과 민간보험은 위험에 대비하기 위한 광범위한 합동자산에 근거하고 있다는 점, 급여의 적정성과 계산에 대해 수학적 계산이 요구된다는 점, 드러난 필요에 근거하지 않고 예정된 급여를 제공한다는 점 등에서 유사점이 있다(이달휴, 2000).

그러나 사회보험과 민간보험은 분명한 차이점도 있는데, 여기에서는 여러 차이점 가운데에서 두 가지만 언급하기로 한다. 첫째, 가입의 강제성 유무다. 국가가 관리·운영의 책임을 지는 사회보험은 가입이 강제되어 있는 반면, 기업이 운영하는 민간보험은 가입이 자발적으로 이루어진다. 사회적 위험은 기본적으로 인생에서 발생할 수 있는 부정적인 사건에 대한 것으로서, 인간은 누구나 자신에게 부정적인 사건이 발생할 가능성을 과소평가하는 경향이 있다. 예를 들어, 어떤 노동자도 자신이 업무상 재해를 당할 것으로 예상하면서 일하는 경우는 거의 없을 것이다. 그러나 우리나라에서는 매년 9만 건 이상의 산업재해가 발생하고 있다. 따라서 개인에게 자발적으로 사회적 위험에 대비하라고 하면 이에 대해서 적극적으로 대비하지 않을 가능성이 매우 높다. 이러한 문제는 강제가입을 통해서 스스로 위험이 낮다고 생각하는 사람까지 참여하도록 함으로써 일정 부분 해결할 수 있다. 그런데 가입을 강제할 수 있는 건 국가만이 가능하기 때문에, 대부분의 국가에서는 민영보험 대신 사회보험제도를 핵심적인 복지정책으로 사용하고 있다.

둘째, 보험료 납부의 기준이다. 민간보험은 엄격한 보험수리원리에 기초하기 때문에 개인별 사회적 위험의 발생 가능성에 따라서 보험료를 부과하는 반면, 사회보험은 (경제적) 능력에 따라서 보험료를 부과한다. 개인적 위험에 따라 보험료를 부과하는 민간보험 방식이 합리적으로 보일 수도 있으나, 예를 들어 만성질환의 가족력을 가진 사람의 경우 향후 질병으로 고통받을 가능성이 높음에도 불구하고 자신의 경제력으로는 감당할 수 없는 보험료 납부를 요구받게 되는 문제가 생길 수 있다. 반면, 사회보험의 경우에는 사회적 연대를 통해서 위험을 분산시키기 때문에 받게 될 혜택과 상관없이 각자의 소득수준에 따라 보험료 부담액이 달라지게 된다. 이러한 사회적 연대에 의한 보험료 부과가 이윤을 추구하는 민간보험에서는 불가능한 방식이라는 점에서 사회보험방식이 보편적으로 사용되고 있는 것이다.

그리고 사회보험방식은 이미 빈곤한 사람들을 대상으로 하는 것이 아니라 전 국민을 대상으로 하는 것으로서, 사회적 위험으로부터 빈곤을 예방하기 위해서 실시하는 제도라는 특징이 있다. 빈곤에 빠지기를 기다렸다가 빈곤에 빠진 이후에 보호를 하는 방식보다는 빈곤에 처하기 전에 이를 예방하는 방식이 효과적이라는 사실에는 이의가 없을 것이다. 따라서 대부분의 국가는 빈곤계층에게 도움을 주는 정책보다는 빈곤에 빠지지 않도록 예방하는 사회보험제도를 그 국가의 핵심적인 복지정책으로 사용하여 왔다.

우리나라에서도 사회적 위험에 대한 체계적 보호를 위해서 사회보험제도를 운영하고 있으며, 이에 대한 간략한 설명은 다음과 같다. 첫째, 국민연금제도는 노령(퇴직), 장애, 사망이라는 사회적 위험으로 인한 소득 손실을 보장하기 위해 운영하고 있는 제도다. 둘째, 국민건강보험제도는 질병이나 사고, 출산이라는 사회적 위험으로 인한 예기치 않은 비용 발생에 대비하기 위해서 운영하고 있는 제도다. 셋째, 산업재해보상보험은 업무상 재해(사고 혹은 질병)라는 사회적 위험으로 인한 소득 손실이나 비용 발생에 대비하기 위해 운영하고 있는 제도다. 넷째, 고용보험제도는 실업이라는 사회적 위험으로 인한 소득 손실에 대비하기 위한 제도다. 다섯째, 노인장기요양보험제도는 노인의 요보호라는 사회적 위험으로 인한 비용 발생에 대비하기 위해서 운영되고 있다.

이러한 사회보험제도는 대부분의 선진국에서 전체 복지지출 가운데 가장 큰 비중을 차지하는 제도다. 우리나라 역시 사회보험의 비중이 전체 복지지출에서 가장 커서 2/3에 이르고 있으며, 그 비중은 앞으로도 계속 증가할 것으로 예상된다.

2) 공공부조

공공부조(public assistance)는 빈곤층을 대상으로 최저생활을 보장하고 자립을 지원하여 인간다운 생활을 하도록 하기 위한 제도다. 공공부조는 자선과 같은 사적부조(private assistance)와 대비되는 용어로서, 국가나 지방자치단체가 조세를 사용하여 경제적으로 어려운 사람들을 도와주는 것이다. 사회보험제도가 빈곤으로 추락하는 것을 방지하기 위한 예방적 성격의 접근인 데 반해, 공공부조제도는 사회적 위험이 발생하여 빈곤으로 추락한 사람을 사후적으로 지원해 주는 것이다.

그렇다면, 자본주의 사회에서 빈곤층을 세금으로 지원해 주는 것이 어떻게 정당화될 수 있을까? 빈곤하게 사는 것은 당사자가 자본주의 시장에서 낙오한 결과인데, 이를 국가에서 굳이 지원해야 하는가라는 의문이 들 수 있다. 공공부조가 국가의 책임이라는 인식은 빈곤의 발생이 단순히 개인적인 문제라기보다는 자본주의 사회의 모순에서 오는 사회적 위험이라고 간주되기 때문이

84

다. 국가에 따라서 빈곤을 개인의 책임으로 보다 강조하는 국가들도 있고 사회의 책임으로 규정하는 국가들도 있다. 이에 대한 논란의 핵심은 과연 노동능력이 있는 빈곤층을 공공부조에서 보장하는 것이 타당하냐에 대한 것이다. 미국과 같이 개인의 책임을 강조하는 국가에서는 근로능력이 없는 빈곤층만을 공공부조제도를 통해서 지원하는 반면, 국가 책임을 강조하는 유럽 국가들은 거의 예외 없이 근로능력 유무에 관계없이 빈곤층에게 공공부조제도를 실시하고 있다. 이는 빈곤의 원인에 대해서 국가마다 시각이 다를 수 있다는 것을 보여 주는 것이다.

공공부조 역시 사회보험과 마찬가지로 몇 가지 원칙이 있다. 첫째, 보충성(subsidiary)의 원칙이다. 빈곤층에 경제적 지원을 해 주게 되면 그들은 경제활동을 통해서 얻는 소득보다 국가가 제공하는 지원이 더 많은 경우 소득활동을 포기할 가능성이 있다. 이를 빈곤의 덫(poverty trap)이라 한다. 빈곤의 덫이 존재하면 공공부조급여를 수급하는 빈곤층이 적극적으로 노동에 참여하려고 하지 않는 도덕적 해이가 발생할 수 있다. 따라서 공공부조에서는 도덕적 해이를 방지하기 위한 조치가 필요하다. 여기에서 보충성의 원칙이 적용되는데, 이는 국가의 부조가 우선 자신의 노력을 포함하여 가능한 모든 수단을 최대로 사용한 후에 비로소 실시되어야 한다는 것이다.

둘째, 자산조사의 원칙이다. 공공부조는 빈곤한 사람이 과연 도움을 받을 필요가 있는지에 대한 것과 아울러 자산 유무에 대해서도 정확한 조사가 이루어져야 한다. 공공부조는 빈곤계층으로 인정되는 사람들을 선별하여 지원해 주는 제도이기 때문에 빈곤층인지 아닌지에 대한 정확한 기준이 필수적이다. 그러한 기준이 명확하지 않으면 공정성에서 커다란 문제가 생기게 된다. 예를 들어, 명확하지 않은 자산조사 때문에 욕구가 더 큰 사람이 배제되고 욕구가 더 적은 사람이 급여를 수급하게 된다면 공공부조제도에 대한 신뢰는 크게 하락할 수밖에 없게 된다.

셋째, 열등처우의 원칙이다. 이 원칙은 영국에서 1830년대에 「신구빈법」이 제정되면서 이 법을 주도적으로 만든 채드윅(Chadwick)이 만든 원칙이다. 이

것은 빈곤층에 대한 국가의 보조가 일반 근로자들이 스스로 노동을 통해 벌어들이는 최저임금소득보다 많지 않아야 한다는 것이다. 일반 노동자들의 노동의욕을 저해하지 않으려는 취지로, 빈곤계층이 국가의 지원에만 의존하지 않고 스스로 노동을 통하여 국가의 지원보다 높은 소득을 얻도록 유인을 제공하기 위한 것이다.

공공부조제도는 가장 소득이 낮은 계층에게 집중적으로 지원하기 때문에 투입비용에 비해서 빈곤해소 효과가 높다는 장점이 있다. 그러나 자산조사를 위해 막대한 행정비용이 필요하고, 수급권자들의 근로의욕을 저하시키며 낙인(stigma)을 유발할 수 있다는 단점이 있다. 국가에 따라서 공공부조제도의 비중이 큰 나라도 있고 그렇지 않은 나라도 있는데, 미국과 영국 같은 국가에서는 상대적으로 공공부조제도의 비중이 높은 반면, 스웨덴 같은 국가들은 대부분의 사회적 위험을 사회보험이나 복지서비스를 통해서 빈곤 발생 이전에 해결하도록 하기 때문에 공공부조의 비중이 낮다.

우리나라에서는 오래전부터 「생활보호법」이라는 이름으로 노동불능 빈민(노인, 장애인 여성, 아동 등)에 대한 공공부조제도를 운영하였다. 우리나라에서는 1960년대 이후 높은 경제성장과 낮은 실업률로 인해서 빈곤이 나태한 결과로 받아들여졌고, 따라서 빈곤층에 대한 지원은 근로능력이 없는 빈민에 한정되어 있었다. 그러다가 1997년 외환 위기를 겪으면서 빈곤이 더 이상 개인의 책임이 아니라 사회적 위험이며 국가의 책임이라는 인식의 전환이 이루어지면서 2000년에 노동능력 유무에 관계없이 소득수준에 따라 지원하는 「국민기초생활보장법」으로 바뀌게 되었다. 「국민기초생활보장법」을 통해서 빈곤층에 대한 생계, 주거, 의료 등에 대한 지원을 하고 있다.

3) 사회(복지)서비스

사회(복지)서비스는 사회적으로 취약한 위치에 있는 아동, 노인, 여성, 장애인 등을 대상으로 전문적인 지식과 방법을 활용하여 비금전적 개입을 통해 이들의 제반문제를 해결하여 정상적인 사회인으로 복귀시키는 것을 목적으로 한다.

사회서비스는 원조의 원리에 기초한다. 원조의 원리란 생활상의 장애를 제거하기 위해 주로 치료, 상담, 생활지도 등 비금전적인 전문 서비스를 제공하여 문제를 가진 사람들의 자립심을 손상시키지 않고 정상적인 사회생활 능력을 향상시키는 원리다. 즉, 욕구를 충족할 수 있는 수단을 직접 제공하기보다는 그것을 획득할 수 있는 능력을 회복할 수 있도록 간접적으로 도와주는 방식이다.

사실 사회서비스는 최근에 나타난 개념이다. 사회서비스는 각 사회의 역사와 사회적 맥락에 따라 상이한 명칭과 내용으로 정의된다. 사회서비스는 사회복지서비스, 대인사회서비스 등 다양한 용어로 사용되기도 한다. 광의로는 공공행정, 국방, 의료서비스, 교육서비스를 포함하는 개념이며, 협의로는 지역사회에 거주하는 장애, 질병 또는 취약성을 가진 사람에 대한 원조를 의미한다.

우리나라에서 사회서비스라는 용어는 2012년 「사회보장기본법」에서 사회복지서비스를 대체하는 용어로 사용하게 되면서 보편적으로 사용되었다. 개정 「사회보장기본법」에서는 사회서비스를 국가/지방자치단체 및 민간 부문의 도움이 필요한 모든 국민에게 복지, 보건의료, 교육, 고용, 주거, 문화, 환경 등의 분야에서 인간다운 생활을 보장하고 상담, 재활, 돌봄, 정보의 제공, 관련 시설의 이용, 역량 개발, 사회참여 지원 등을 통하여 국민의 삶의 질이 향상되도록 지원하는 제도로 정의하고 있다.

이상으로 사회적 위험에 대한 사회복지 차원의 해결방안들, 사회보험, 공공부조 그리고 사회서비스가 무엇인지를 살펴보았다. 다른 각도에서도 사회적 위험에 대처하는 방법들이 있는데, 이는 사회적 위험의 발생 이전과 발생 이후에 따라서 상이한 접근을 하는 것이다.

우리는 보통 사회적 위험이 발생한 이후 어떻게 소득 손실이나 비용 발생에 대처하느냐에 대해서만 초점을 맞추는 경향이 있다. 그러나 사회적 위험 자체의 발생 가능성을 줄이거나, 사회적 위험 발생 이후 그저 경제적(의료적) 지원만이 아니라 재활을 하는 과정도 사회적 위험을 대처하는 방법일 수 있다. 예를 들어, 근로 현장에서 안전교육을 늘리고 안전장치들을 강화하면(예방) 산업재해 자체의 발생을 줄임으로써 경제적 보상 자체를 크게 줄일 수 있다. 또한 산업재해를 당한 근로자들에게 그저 치료와 현금보상만 제공할 것이 아니라, 그들이 (가능하다면) 적극적 재활훈련을 통해서 원직장에 복귀할 수 있도록 한다면 경제적으로는 물론 심리적·정서적으로도 안정될 수 있을 것이다. 따라서 사회적 위험에 대한 접근은 보상에만 집중할 것이 아니라, 예방-보상-재활을 하나의 세트로 보고 종합적으로 접근할 필요가 있다. 산업재해를 예로 들었다고 해서 이러한 접근이 산업재해에만 한정되는 것이 아니다. 의료보험에서도 건강검진을 강화하면 질병 발생 자체를 줄일 수 있으며, 실업보험에서도 직장 내 교육 등을 강화하면 실업 발생 자체를 줄일 수 있다. 따라서 우리는 보상 중심의 근시안적 시각을 탈피할 필요가 있다.

우리는 늘 사회나 국가의 발전을 원한다. 그리고 이전보다 풍요롭기를 희망하고 안정된 삶을 바란다. 그러나 우리는 우리의 삶에서 일어나는 우연한 사고의 지배를 받지 않기를 바라는데, 우연이 우리의 삶을 지배하지 않고 그러한 우연한 사고가 발생해도 우리의 삶이 크게 동요되지 않는 국가를 복지국가라고 한다. 우리는 복지국가라고 하면 굉장히 먼 나라의 이야기로만 알고 있는 경향이 있다. 복지국가는 그저 복지에 많은 돈을 지출하는 국가가 아니라, 사회적 위험에 체계적으로 접근하여 궁극적으로 그것으로부터 국민을 체계적으로 보호하는 국가다. 일차적으로는 사회적 위험의 발생 자체를 줄이도록 노력하고 그다음으로는 불가피하게 발생하는 사회적 위험으로부터 국민들을 체계적으로 보호하는 국가가 복지국가인 것이다.

결국 복지국가의 아이디어는 인생에서의 우연적인 과정, 즉 사회적 위험의 발생 여부에 따라서 인생의 방향이 좌지우지되지 않는 사회를 뜻한다. 복지국가는 그저 돈 많은 사람들로부터 가난한 사람들로 소득을 이전하는 것을 목표로 하는 국가가 아니라, 국민들로 하여금 보다 발전된 사회에 살고 있다는 생각을 할 수 있도록 시스템이 구축되어 있는 국가다. 따라서 우리가 국가나 사회의 발전을 이야기할 때는 경제적인 풍요뿐만 아니라 체계적인 사회적 위험 관리체계 역시 반드시 고려해야 할 것이다.

3. 새로운 사회적 위험의 출현

우리는 앞에서 사회적 위험이 무엇인지를 다루었고, 사회보험이나 공공부조를 통해서 그러한 사회적 위험에 체계적으로 대처해 오고 있음을 설명하였다. 그렇다면 사회적 위험에 대처하는 개인과 국가의 임무는 끝난 것인가? 그렇지 않다. 왜냐하면 사회적 위험이라는 것은 시대와 장소를 불문한 고정불변의 것이 아니라 사회경제적 배경의 변화에 따라서 끊임없이 변화하는 것이기 때문이다. 지금으로부터 130여 년 전 독일에서는 그 당시에 새로운 위험으로 떠오른 위험들, 예를 들어 실업, 퇴직, 산업재해 등 사회적 위험에 대한 대처방법으로 사회보험제도를 만든 것이다. 그때 만들어졌던 사회보험제도나 그 이전부터 존재하여 왔던 공공부조제도는 오늘날까지도 여전히 효과적인 위험 대처방법으로 사용되고 있다.

그러나 기존의 사회복지정책, 즉 사회보험과 공공부조를 중심으로 운영되던 복지국가들은 기존의 복지정책으로는 한계에 직면하고 있다. 여러 이유가 있으나, 그 가운데 하나는 과거의 사회적 위험과는 다른 새로운 사회적 위험이 출현하면서 기존의 복지정책으로는 그러한 사회적 위험에 효과적으로 대처하는 데 한계가 있기 때문이다. 이러한 새로운 사회적 위험은 기존의 사회적 위험과 분리되는 것이 아니라 중첩되어 나타나는 것이다. 다시 말해서, 기존 복지정책의 폐기를 요청하는 것이 아니라 거기에 추가적으로 새로운 사회적 위험에 대한 체계적인 대처를 필요로 한다는 것이다. 결과적으로, 21세기의 사회적 위험은 복합적인 사회적 위험으로서 복지국가의 재설계를 요청하고 있다.

최근 나타나고 있는 주요한 사회적 위험은 다음과 같다.

첫째, 고용 불안정성을 높이는 고용 패턴의 변화에 따른 노동시장의 위험이 크게 확대되고 있다. 평생직장의 개념은 급격하게 사라지고 있으며, 이직이나 해고는 더 이상 사건이 아닌 일상적인 과정이 되고 기업의 도산이나 폐업 역시 빈번해지고 있다. 이러한 노동시장의 유연화는 장기적 실업, 시간제 노동이라는 새로운 불안정한 고용관계를 증가시키고 있다. 1980년대 이래 전 세계적으로 노동시장이 유연화되고 있는데, 실업과 저소득 위험은 특히 젊은 세대에게 집중되고 있다. 특히 주목할 것은 제조업에서의 일자리 감소로서 지난 20~30여 년간 지속되었으며, 앞으로도 계속될 것으로 예상되는 제조업 비중의 감소는 사실상 18세기 산업혁명 이전의 탈농업화에 필적하는 수준이라고 볼 수 있다(Esping-Andersen, 1999). 제조업의 감소는 서비스업, 즉 3차 산업의 일자리로 이전되고 있는데, 3차 산업의 확대 자체가 사회적 위험으로 직결된다. 서비스직은 고생산성 일자리ㅡ변호사, 의사 등ㅡ도 있으나 대부분은 저숙련 일자리인 것이 사실이다. 예를 들어, 제조업 기술은 기술이 발전하면서 높은 부가가치를 산출할 수 있는 반면, 미용사의 이발 기술 같은 것은 수십 년 전이나 지금이나 부가가치 측면에서 차이가 거의 없다. 따라서 서비스 부문에서의 일자리 창출은 임금 상승을 기대하기 어렵고 청년이나 저숙련 노동자들이 노동시장에 진입할 때 좋은 보수를 제공할 가능성 역시 낮다.

이러한 문제는 이른바 근로빈곤(working poor)이라는 새로운 위험을 생산하고 있다. 과거에는 근로와 빈곤이 양립하는 용어가 아니었다. 다시 말해서, 과거에는 근로에 종사하면 빈곤에서 벗어난다는 것을 의미하였다. 그러나 최근에는 근로에 종사하는데도 빈곤으로 추락하거나 빈곤에서 벗어나지 못하는 사람들이 생기고 있는데, 이러한 사람들을 근로빈곤계층이라고 부른다. 결과적으로 확대된 3차 산업하에서 많은 사람(특히 청년층)이 저숙련 일자리에서 일하면서 빈곤한 삶을 벗어나지 못하고 있다. 이들 가운데는 또한 상당수가 이른바 비정규직으로서 사회보험 수급 자격을 갖지 못하고 있다. 결과적으로 기

존의 복지제도로는 이들에 대한 체계적인 보호가 제대로 이루어지지 못하고
있는 실정이다.

둘째, 가족의 불안정과 직업과 가정 간 양립의 딜레마로 인해 가족 위험이
크게 증가하고 있다. 사실 가족제도는 다양한 사회적 위험에 대한 필수적인 방
어기제였으며, 복지국가라고 해서 가족의 역할을 모두 국가가 대체하는 것은
아니었다. 그러나 최근에는 이러한 가족의 형태나 역할이 크게 변화하고 있다.
우선, 혼인의 불안정성이 크게 증가하고 있다. 베버리지는 처음 복지국가를
구상했을 때 남성 부양의무자(male breadwinner)와 가정주부 그리고 아이들로
구성된 전형적인 가정을 염두에 두고 복지정책을 설계하였다. 부연하자면, 여
성은 결혼 후에 경제활동을 하지 않고 남성의 복지수급권에 의존하여 혜택을
받는 것으로 가정하였다. 그러나 최근 들어서, 특히 선진국을 중심으로 해서
혼인이 더 이상 보편적인 인생의 과정으로 간주될 수 없게 되었다. 다시 말해
서, 이혼이나 별거 혹은 비혼 등이 매우 일상화되고 있다. 이러한 변화는 기존
의 복지정책 설계의 변화를 요청하고 있다.

그리고 여성의 노동시장 참여가 증가하고 있다. 그동안 기혼여성은 가정에
서 노인과 아동을 보살피는 책임을 지고 있었으나, 가족구조의 변화와 여성의
노동시장 참여는 이들에 대한 보살핌이 더 이상 가족 차원에서 해결할 수 없는
새로운 사회적 위험의 범주로 부상하게 하였다. 그러나 여전히 보살핌에 대한
일차적 책임을 여성에게 두고 있어 여성들은 노동시장에의 접근 가능성이 낮
아지며 노동시장에 참여한다고 해도 시간제/임시직에 종사할 가능성이 높은
것이 사실이다.

셋째, 고령화 등에 따른 생애주기 위험 역시 새로운 위험으로 등장하고 있
다. 의학기술의 발전에 따른 수명의 점진적 연장은 지난 수십 년간 지속되었다
는 점에서 전혀 새롭지 않을 수 있으나, 앞에서 언급한 노동시장의 변화 등으
로 인해서 위험은 복잡해지고 있다. 산업사회 시기에는 교육이 핵심이 되는 아
동기와 전일제 근로가 핵심인 성인기 그리고 은퇴 후 근로가 없는 노령기로 생
애주기가 비교적 명확하게 구분되었다. 그러나 최근에는 이러한 노동 중심의

생애주기 모델이 유용성을 잃어 가고 있으며, 교육, 노동 그리고 퇴직이 개인에 따라 다양하게 나타나고 있다.

생애주기 위험은 다양한 위험을 야기하지만, 특히 기존의 연금제도의 존립 자체를 위협하고 있다. 100여 년 전 공적연금제도를 설계할 당시에는, '30~40년을 일하고(보험료를 내고) 퇴직 후 사망할 때까지 5~10년 동안 연금을 받는 것'을 가정하였다. 그러나 교육 기간이 늘어나고 노동 기간이 짧아지는 대신 퇴직 후의 기간은 크게 증가하고 있다. 그리하여 기존의 공적연금 모델로는 현재의 생애주기 변화에 따른 퇴직 기간 증가를 감당할 수 없게 된 것이다.

지금까지 새로운 위험의 양상에 대해서 설명하였다. 아직까지 새로운 위험에 대한 명확한 해결책이 제시된 것은 아니지만, 다양한 논의가 이어지고 있다. 후버와 스티븐스(Huber & Stephens, 2006)는 복지정책의 성격 변화를 이야기하고 있다. 그들은 기존 복지정책이 노령, 실업, 질병 그리고 장애로 인한 소득 손실의 위험으로부터 보호해 주기 때문에 현금 이전(cash transfer) 중심으로 운영되어 왔으나, 새로운 복지정책은 교육, 직업훈련이나 재훈련 그리고 일과 가족의 양립을 가능하게 하는 돌봄의 사회화를 통해서 개인이 소득을 가질 수 있는 능력을 키워 주는 것을 목표로 하여 현금 중심보다는 서비스 중심으로 운영되어야 한다고 주장한다. 테일러구비(Taylor-Gooby, 2005) 역시 유사한 주장을 하고 있다. 그는 전통적인 사회적 위험으로부터 보호해 주려고 했던 대상은 고용관계에 있는 남성 부양자였으며, 이들이 앞서 언급한 위험에 노출되었을 때 현금 이전을 통해 해결하려는 경향이 강했기 때문에 전통적인 사회적 위험 대처의 핵심적인 사회적 집단은 전통적 육체노동자 등이었지만, 새로운 사회적 위험 시기에는 청년, 실업자, 저숙련 노동자, 여성 그리고 비정규직 노동자가 복지국가의 정책집단으로 부상한다고 하였다. 이들을 대상으로 하는 새로운 위험에 대한 정책들은 현금 이전보다는 이들이 유급노동을 통해서 자립할수 있도록 돕는 것을 목표로 해야 한다고 주장하고 있다.

결국, 새로운 사회적 위험의 등장은 기존의 현금 제공 중심의 복지정책으로부터의 전환 가능성을 제시하고 있다. 중요한 것은 사회적 위험은 결코 고정되어 있지 않다는 것이다. 특히 벡(Beck, 1999, 2006)이 주장하는 것처럼 현대사회는 위험사회(risk society)로 변화하고 있으며, 위험사회의 특징 가운데 하나는 '불확실성의 일상화'다. 5년 후, 10년 후를 예측하기가 점점 어려워지고 불안정성이 광범위해지고 있다. 복지정책은 이러한 변화에 민첩하게 대응해야 한다. 그러나 이러한 위험사회에서 국가가 모든 위험을 관리한다는 것은 점점 더 어려워지고 있다. 따라서 개인과 시장도 다양한 방법으로, 다양한 차원에서 위험관리자로서의 역할을 수행하여야 한다. 그렇지만 역설적이게도 위험이 점차 복잡해지고, 위험의 정도를 예측하는 것이 어려워지게 되면서 무기력해지거나 근시안이 되어 가는 개인과 시장에게 책임을 전가해서는 곤란하며, 여전히 사회적 위험에 대한 관리자로서 국가의 역할은 중요하게 남아 있다.

생각해 보기

1. 사회복지정책이 제 기능을 발휘하지 못할 때 사회적 위험이 우리 삶에 미칠 영향은 무엇인지 토론해 보자.

2. 앞으로 우리 삶을 위협할 수 있는 사회적 위험에 관련하여 교과서에서 거론되지 않은 것에 대해서 토론해 보자.

3. 복지국가가 무엇인지를 사회적 위험 관점에서 토론해 보자.

【 참고문헌 】

이달휴(2000). 사회보험의 원리. 복지행정론집, 10.
이준영, 김제선, 박양숙(2015). 사회보장론: 원리와 실제(3판). 서울: 학지사.

Beck, U. (1999). *World risk society*. Cambridge: Polity Press.
Beck, U. (2006). Living in the world risk society. *Economy and Society, 35*(3), 32–345.
Esping-Andersen, G. (1999). *Social foundations of postindustrial economies*. Oxford: Oxford University Press.
Heitzmann, K., Canagarajah, R. S., & Siegel, P. B. (2002). Guidelines for assessing the sources of risk and vulnerability. *Social protection discussion paper* 0218. Washington, DC: World Bank.
Holzmann, R., & Jorgensen, S. (2001). Social risk management: A new conceptual framework for social protection and beyond. *International Tax and Public Finance, 8*(4), 529–556.
Huber, E., & Stephens, J. (2006). Combating old and new social risks. Prepared for presentation at the 14th International conference of Europeanis. March 11–13, 2004. Lugano.
Taylor-Gooby, P. (2005). New risks and social change. In P. Taylor-Gooby (Ed.). *New risks, new welfare: The transformation of European welfare state* (pp. 1–27). Oxford: Oxford University Press.

제**4**장

사회복지사를 직업으로 선택한다는 것

사회복지사를 직업으로 선택한다는 것, 이 행위에는 이 직업의 맥락과 속성을 충분히 알고 준비해야 한다는 의미가 포함되어 있다. 사회복지사의 맥락을 설명하기 위하여, 이 장에서는 원조직 가운데 존재하는 사회복지사라는 직업을 고찰한다. 원조직의 가장 큰 특징은 서비스의 거래적 특성이 존재한다는 것으로, 서비스 사용자가 서비스 구매를 중단하거나 거절할 경우 서비스 제공자와 서비스 사용자의 관계 역시 종료된다. 반면, 사회복지사는 서비스의 거래적 특성을 넘어서고 있다. 서비스 사용에 있어 비자발적 강제적 특성이 강하며, 때로는 서비스 제공자나 제공기관 측에서 서비스 사용자를 제한하기도 한다. 이러한 특징은 사회복지사의 가치와 윤리, 철학 등과 밀접한 관련성을 가지게 만든다.

또한 사회복지사의 속성을 설명하기 위하여 이 장에서는 사회복지사에게 요구되는 자질을 재분배, 공감, 개입의 형성과 재구성, 정책환경의 숙지로 정리한다. 오랫동안 재분배는 사회복지현장에서 요구되는 사회복지사의 자질로 언급되기보다는 사회복지정책의 목표로 설정되는 경우가 많았음을 주목해야 한다. 그러나 우리 사회에서 재분배의 결여는 클라이언트의 발생과 관련이 있으며, 마찬가지로 현장에서 이루어지는 재분배의 실현이 클라이언트의 문제해결과 직결된다는 인식을 강조할 필요가 있었다. 이는 일반적인 원조직과는 구별되는 사회복지사의 특징으로 서비스 사용자를 취약인구로 제한한 것과 같은 이유다.

직업으로서 사회복지사가 가지는 현주소와 빛과 어두움, 사회복지사로서 살아가기 위한 전략을 제시한다. 본문에서는 여러 번 사회복지사가 쉽지 않은 직업임을 강조하고 있고 사회복지사의 어두운 측면도 드러내고 있다. 또한 사회복지사라는 직업이 가질 수 있는 좋은 점, 직업인으로서 누릴 수 있는 가치와 매력에 대해서도 정리한다. 마지막으로 빛과 어두움을 동시에 갖고 있는 사회복지사라는 직업에서 낭만이 아닌 현실의 삶을 영위하기 위한 몇 가지 전략도 제시하였다.

학·습·목·표 ....

1. 현대사회에서 원조직의 발생배경을 이해한다.
2. 원조직 중 사회복지사라는 직업의 특징을 파악한다.
3. 직업으로서 사회복지사의 특성과 현실을 충분히 이해한다.
4. 사회복지교육과정을 파악하고 학습전략을 세운다.

고등학생에게 진로는 자신이 정하는 것이 아니었다. 대부분 환경과 주변인에 의해 결정될 때가 많았고, 이로 인해 자유로움은 없었으나 책임감도 적었다. 지금부터 대학생인 여러분에게는 자유로움이 주어졌고 막강한 책임감도 주어졌다. 어른이라는 존재의 속성 중 하나는 주체적으로 고민하고 선택하며 책임진다는 것이다. 그중 대학생으로서 가장 먼저 고민해야 하는 분야는 단언컨대 진로일 것이다.

이 장은 대학생으로서 사회복지학과를 선택한 1학년 학생들을 주 독자로 겨냥하여 작성되었다. 다만 우리의 독자들이 사회복지학과를 선택하였기 때문에, 당연히 사회복지사가 될 것이라고 전제하지 않는 데서 출발하고자 한다. 디자이너가 되고 싶었으나 부모님의 권유로 사회복지학과를 온 학생, 안정적인 직업을 가지면 좋을 것 같아 사회복지학과를 온 학생, 옆집 독거노인이 많은 도움을 받는 것을 본 후로 참 착한 직업이라고 생각해서 사회복지학과를 온 학생 등 우리는 불완전하면서도 저마다의 사연으로 사회복지학과를 선택하였다. 그리고 지금부터 막막할 수 있다. 아…… 이제는 어디로 가지? 어떻게 가지?

이 장은 사회복지학과를 선택하였으나 여전히 진로를 고민하고 있는 여러분을 위해서 대학생으로서 자기이해를 하는 이유와 방법, 자기이해를 토대로 결정해야 하는 진로, 구체적인 진로에 의해 안내될 삶의 계단 중 하나인 사회복지사의 삶, 사회복지사가 되기 위해 현실적으로 필요한 자격증 등의 내용을 담고 있다.

사회복지학과를 선택하였다고 해서 모두가 사회복지사가 될 필요는 없다. 동시에 사회복지사가 되려고 마음먹은 학생들은 모두 행복한 사회복지사가 되기를 바란다. 그 누구든 사회복지학을 바탕으로 자기 삶의 완전한 주인이 될 수 있기 때문이다.

흔히 해 아래 새것은 없다 하지만, 고정불변의 것도 없다. 직업의 생겨남과 사라짐, 특정 직업에 대한 가치 역시 마찬가지로 변화무쌍하다. 사회가 변하기 때문이다. 우리나라를 포함하여 세계적으로 원조직은 증가 추세에 있다. 고전적인 원조직으로는 의사, 간호사, 교사 등이 있으며, 새롭게 생겨나는 다양한 분야의 치료사나 상담가 등도 원조직에 포함되고 있다. 여기서는 원조직의 전체 맥락에서 사회복지사의 위치를 파악하고 여타 원조직과의 차이점을 정리하였다.

1. 원조직으로서 사회복지사에 대한 고찰

1) 원조직과 사회복지사의 차이

우리 사회에 다양하게 존재하는 원조직의 특성은 기본적으로 서비스를 팔고 사는 거래적 속성이 강하다는 것이다. 서비스를 받고자 하는 개인은 언제나 자발적이며, 저항적일 필요가 없다. 사회복지서비스는 이러한 측면에서 일반적인 원조직과는 구분되는 몇 가지의 차이점을 근본적으로 가지고 있다. 우리는 일반적인 원조직에서 제공하는 서비스와 사회복지사가 제공하는 서비스의 차이를 살펴봄으로써 사회복지사가 어떠한 직업인지 한 걸음 더 다가갈 수 있다.

첫째, 사회복지의 고전적인 대상자는 저소득층이다. 고전적 대상자라고 표현한 이유는 우리나라에서 사회사업의 시발이 빈곤문제에서 비롯되었다는 점을 포함하여, 종합사회복지관을 포함한 다양한 사회복지기관의 대상자가 저소득층을 초점으로 일반인들을 아우르고 있기 때문이다. 반면, 일반 원조직의 서비스는 소득수준과는 크게 상관없이 설계되어 있다. 예를 들어, 최근 등장하는 사회적 돌봄정책의 경우, 저소득층을 포함하여 전국가구 평균소득 150% 이하 또는 소득수준과는 상관없이 돌봄서비스를 제공받을 수 있다(황보람, 2012). 그 외 다양한 원조직에서 실시하는 서비스는 더욱 소득수준과 상관없이 이루어지고 있다.

둘째, 일반적인 원조서비스는 활동보조인 및 가사·간병·산모·신생아·도우미에서 요양보호사, 의사, 간호사, 간호조무사, 재활·물리·놀이·미술·음악·언어 치료사에 이르기까지 분야별 전문, 준전문, 비전문 돌봄 인력이 돌봄서비스를 제공하는 경향성이 큰 반면(황보람, 2012), 사회복지서비스는 사회복지 전문 기술과 지식 그리고 가치를 지닌 전문직으로서의 사회복지사가 주 서비스 제공자인 특징이 있다. 게다가 사회복지사의 역할 영역은 더욱 확장되어 직접적인 서비스 제공부터 시작하여 서비스 제공의 여건을 형성하는 업무까지 아우른다고 볼 수 있다.

구체적으로, 김현정과 김혜진(2014)이 언급한 다음의 세 가지 유형의 사회복지사가 서비스 제공의 여건을 형성하는 역할을 담당한다고 볼 수 있다. 첫째, 사회구조적 모순 때문에 클라이언트에게 결핍된 권리와 자원을 제도 및 문화 등 사회환경의 변화를 통해 되찾아 주고 사회정의를 구현하고자 하는 지역정치가형 사회복지사, 둘째, 삶의 통제권이 박탈된 사회적 약자인 클라이언트를 위해 탁상공론에서 벗어나 클라이언트의 삶의 현장에 들어가서 그들의 경험을 자신도 느끼면서 문제해결에 앞장서는 지역운동가형 사회복지사, 셋째, 클라이언트의 문제는 자원의 결핍에 있으므로 자원만 풍부하다면 클라이언트의 문제는 해결될 것이라고 믿고 새로운 자원을 개발하는 데 몰입하는 자원개발가형 사회복지사다. 이 세 가지 유형의 사회복지사가 사회복지 대상자에게 직접적인 서비스를 제공하는 것 외의 역할을 담당하는 사회복지사의 역할을 포함한다고 볼 수 있다.

셋째, 돌봄서비스를 포함하여 대부분의 원조서비스의 경우, 서비스 이용자가 지불하는 이용료에 비례하여 정해진 서비스의 양을 제공받을 수 있고 이용료는 돌봄 제공자의 임금의 일부가 되는 특성이 있다. 그리하여 돌봄 수급자와 돌봄 제공자는 서비스 가격을 둘러싸고 긴장관계에 있을 수 있다(황보람, 2012). 또한 사회복지서비스 외의 원조서비스 분야에서는 자원봉사활동이 아직 활성화되어 있지 않다. 반면, 사회복지서비스는 사회복지기관이나 시설에 대한 국가의 재정 지원을 바탕으로 해당 서비스가 이루어지기 때문에 대상자는 가격 접근성이나 서비스 가격의 긴장과는 상관없이 서비스를 비교적 제한 없이 받을 수 있다. 또한 사회복지기관에서는 자원봉사 인력을 활용하여 캠페인을 포함한 다양한 복지활동을 추구하기도 한다.

마지막으로, 대부분의 원조서비스는 대상자의 저항성이나 비자발성을 고민하지 않는다. 서비스를 거절하고 싶을 경우 이용하지 않으면 서비스 제공과 서비스 이용의 관계는 종료되는 것이 일반적이다. 그러나 사회복지서비스는 서비스의 성격에 따라 대상자의 저항성이나 비자발성을 극복하며 개입을 유지해야 할 필요가 있다. 노인보호전문기관이나 아동보호전문기관의 경우 학대 상황을 조사하고 학대자를 규정하며 학대 피해자를 보호해야 하는 업무목표에 따라 서비스 이용자의 엄청난 저항성과 비자발성을 무릅쓰고 개입활동을 지속해야 하는 경향이 뚜렷하다.

이상과 같이 다양한 원조직 서비스와 사회복지서비스의 특징을 구분하여 살펴보았다. 이러한 구분을 통하여 사회복지사가 가지는 대략적인 특징을 파악할 수 있으며, 사회복지사에게 요구되는 자질이 무엇인지를 추측할 수 있다. 사회복지사는 서비스 이용자에게 기능적이며 서비스를 제공하는 전문가에만 그치는 것이 아니다. 사회복지사는 궁극적으로 사회 공정성을 목적으로 재분배를 실현하는 과정에서 사회복지 대상자의 적응력을 제고하는 경향이 있으며, 이러한 가치를 내재화한 직업이라고 볼 수 있다.

2) 사회복지사에게 요구되는 자질

(1) 개입의 궁극적 목표를 겨냥할 것: 재분배

사회복지 개입의 궁극적 목표로서 재분배란 물질적 공정성만을 의미하지 않는다. 박탈당한 삶의 기회와 불평등한 삶의 질에 대한 재분배를 포함하는 적극적이며 진보적 의미라고 볼 수 있다. 앞서 살펴본 바와 같이 일반적인 원조직과는 달리 사회복지사는 좀 더 가치 지향적인 특징이 직업 발생 초기부터 내재되어 있다고 볼 수 있다.

사회복지사들이 사회복지현장에서 만나는 대상자들은 기능적인 약점이나 병리만을 가진 경우는 드물다. 그들은 오랜 시간 빈곤했고, 저학력·저소득이고, 손상된 가족구조를 경험했으며, 가족병리를 지속적으로 경험한 사례가 많다. 사회복지사 개인의 개입활동으로 서비스 이용자들의 삶의 모든 측면을 변화시킬 수는 없지만, 개입의 지향점이 재분배라는 것을 감안할 때 개입활동에 대한 사회복지사의 분석과 계획은 보다 적극적이며 전략적으로 변모할 수 있을 것이다. 무엇보다, 무엇을 하지 않아도 되는가라는 실천에서의 방어적인 자세가 아니라 사회복지사로서 어떠한 역할이 우수하며 적절한가에 대한 능동적인 자세를 견지할 수 있도록 만드는 원동력 역시 재분배를 고려할 때 가능할 것이다.

(2) 대상자의 입장에서 생각할 것: 공감

공감(empathy)이란 다른 사람의 감정을 정확히 지각하는 능력, 다른 사람의 입장에 스스로를 놓는 능력, 다른 사람의 정서적 경험을 이해하는 기술 등으로 다양하게 정의된다(엄명용 외, 2016). 인간은 대뇌피질에 특별한 신경세포가 있어서 타인의 고통이나 기쁨에 감응하게 되는데, 과학자들은 여기에 거울뉴런(mirror neuron)이라는 이름을 붙였다(유시민, 2013). 유시민(2013)은 그것을 '공감뉴런'이라고 부르고 싶어 했다. 이 거울뉴런 혹은 공감뉴런은 생물학적 기적을 일으킨다고 한다. 동물과 다른 이타행동을 하며 유전적 근친성이 없거나 전혀 알지도 못하는 타인을 위해 극단적이게는 목숨까지 버릴 수 있는 것의 신경생물학적 단서는 이 거울뉴런 때문이라고 한다.

그러나 생물학적으로 모든 사람이 거울뉴런을 가지고 있는데, 그들이 동일하게 타인을 공감하지 않는다는 것을 우리는 잘 알고 있다. 왜 차이가 있을까? 유시민(2013)은 진화적으로 새롭고 생물학적으로 덜 자연스러운 인간의 특징으로 공감을 지적하고 있다. 즉, 신체·생물학적으로는 모두에게 주어졌으나, 거울뉴런을 좀 더 관리하고 확장하여 개선시킨 인간의 능력 중 하나가 공감이라고 할 수 있다. 이 공감으로 인하여 태어날 때부터 장애가 있거나 빈곤한 영유아가 좀 더 공정한 생애 출발선에 설 수 있도록 사회를 조정하며, 독거노인의 신체수행활동을 지원하고자 하며, 한부모 혹은 조손가족 내 자기보호아동의 학업성취도를 향상시키고 사회적인 성취를 경험하도록 한다(김현옥, 강대선, 김경호, 2015).

사회복지사 한 명의 공감이 우리 사회 취약계층의 모든 문제를 해결할 수 있는 충분조건은 아니지만, 문제를 해결하기 위한 실천적 원조를 시작하게 만드는 필요조건인 것은 분명하다. 공감은 감정적인 연민이나 동정이 아닌 타인의 입장에 대한 지적인 이해와 분석이라 할 수 있다(김현옥 외, 2015). 핑커(Pinker, 2014) 역시 공감은 감정전염, 모방, 대리감정 등을 뜻하는 감정이입과도 다르다고 보았다. 왜냐하면 감정이입은 반드시 우리가 바라는 종류의 감정이입을 일으킨다는 보장이 없기 때문이다. 즉, 언제나 타인의 안녕을 염려하는 공감적 관심만을 일으킨다는 보장이 없다는 것이다. 공감은 내생적 반응으로, 사람들의 관계 양식을 만들어 내는 원인이라기보다는 그 결과다. 따라서 우리가 그 관계를 어떻게 인식하느냐에 따라 상대의 고통에 대한 반응은 감정이입일 수도 있고 중립일 수도 있으며 심지어 역감정이입일 수도 있다. 즉, 공감일 때에만 상대의 어려운 입장을 정확히 파악하여 악의적으로 활용하지 않을 수 있다는 것이다. 또한 공감이 수반되어야 보다 실질적인 원조를 제공할 수 있을 것이다. 원조전문직으로서 대상자의 입장과 고통에 대해 공감하는 것은 사회복지사의 가장 기본적인 자세이며, 이후 다양한 개입을 형성할 수 있는 심리적 여건이라고 할 수 있다.

(3) 개입을 형성하고 재구성할 것

개입은 '자신과 직접적인 관계가 없는 일에 끼어듦'이라는 사전적 의미를 지닌다. 남의 일에 끼어드는 것을 좋아하는 사람도 드물고 남의 일에 끼어드는 사람을 좋아하는 사람도 드물다. 우리가 가족 외의 다른 사람의 일에 나서는 것을 주저할 수밖에 없고, 내 일에 불쑥 끼어드는 사람 역시 용납하기 쉽지 않은 것은 당연한 일이다.

사회복지현장에서 이루어지는 개입이란 직업적인 개입활동, 공적인 개입활동을 의미한다. 그러나 공적 영역에서 이루어지는 개입활동이라 하더라도 어렵고 어색한 일인 것은 분명하다. 개입을 위한 매뉴얼 가이드가 존재하더라도 사회복지사 본인이 가장 좋은 실천도구로서 자신의 역량과 전문성 및 직관에 따른 판단으로 개입하는 경우가 흔하다. 타인의 욕구를 분석하고 공감하며, 그 욕구를 충족하고 문제를 해결하기 위하여 자신의 역할을 찾아내는 것은 개입활동의 본질에 해당된다. 무엇보다 개입의 기준은 사회복지사로부터 비롯되는 것이 아니라 사회복지 대상자로부터 비롯된다는 점 역시 중요하다. 따라서 모든 개입활동은 상이할 수 있으며 상이한 모든 개입활동을 실시하는 주체는 동일한 사회복지사라는 난맥이 존재한다. 대상자에게 개입한다는 것은 아주 어려운 것은 아니지만 인간에 대한 각성된 민감성을 요구하며 늘 재구성되어야 하는 어려운 과제다.

(4) 정책환경을 숙지할 것

사회복지 실천현장에 다양한 서비스를 존재하게 하는 맥락으로서 제도와 정책을 충분히 숙지하는 것은 사회복지사와 사회복지 대상자가 처한 입장의 전후관계를 인식하는 것을 포함한다. 사회복지서비스를 전달하고 사회복지 대상자와 만나 가야 하는 사회복지사의 입장으로서 제도와 정책의 맥락을 숙지하는 것의 의미는 다음과 같다. 첫째, 복지서비스의 현실적 한계와 그 대응방안을 검토하게 만든다. 둘째, 사회복지서비스의 한계를 사회복지사 개인의 자질과 능력 탓으로 귀속하지 않게 하는 데 도움이 된다. 셋째, 사회복지서비스를 계획할 때부터 일정 범위 내에서 틀을 잡을 수 있게 한다. 되는 것과 되지 않는 것을 분별하고 되는 것의 범위를 확장하는 것이 일선 현장의 사회복지사로서는 현실적인 최선일 수 있다. 무엇보다 사회복지현장을 담아내는 큰 군함이 무엇을 향해 가는지 그 직업 상황에 대한 안정적인 예측을 할 수 있게 된다.

우리는 지금까지 원조직과 사회복지사의 차이를 살펴보았다. 사회복지사가 더욱 우월하다거나 더욱 우월해져야 함을 주장한다는 것은 무모하다. 우리는 우리의 도움을 요구하는 대상자와 함께 이 사회를 헤쳐 나가는 것일 뿐이다. 직업적 우월성을 견주고 우월성 입증에 목숨을 거는 행위는 시간 낭비다. 다만 다양한 원조직 중에 사회복지사가 가지는 차이는 분명히 인지해야 한다. 왜냐하면 사회복지의 제도와 서비스를 필요로 하는 대상이 다르기 때문이다. 앞으로도 사회복지서비스를 필요로 하는 대상자는 점차 증가할 추세이기 때문에 여러분은 원조직과 사회복지사의 기능과 역할을 구분하여 받아들여야 한다.

사회복지사를 직업으로 선택하기 위해서는 일반적인 원조직과 사회복지사의 차이점을 더욱더 인식하고 있어야 한다. 직업현장에서 사회복지사로서 자신에게 요구되는 역할이 무엇인지를 오해하면 정말 곤란하기 때문이다. "이 서비스가 싫으면 우리 기관에 오지 않으시면 됩니다."라고 말할 아동보호전문기관 사회복지사를 생각해 보라. 정말 극단적인 예이기는 하지만, 사회복지사는 비자발적이며 저항적이고 빈곤한 대상자들을 늘 염두에 두는 직업이라는 점을 강조하고 싶다. 다음은 직업으로서 선택해야 하는 사회복지사에 대한 이야기다. 원조직과 다르다는 것을 넘어서서 사회복지사라는 직업에 좀 더 가까이 다가가 보자.

2. 사회복지사를 직업으로 선택한다는 것

모든 직업에 명암이 있듯이 사회복지사 역시 마찬가지다. 사회복지사를 직업으로 선택한다는 것의 의미 중 으뜸은 사람의 삶에 역동적으로 다가갈 수 있다는 것이다. 또한 타인의 삶을 들여다봄으로써 비로소 나를 알게 되는 직업적 경험은 충분한 매력을 갖고 있다. 그럼에도 불구하고 지치고 힘들고 반복적인 소진을 경험할 수 있는 위험을 외면할 수는 없다. 많이 나아지고 있다고, 앞으로 더욱 좋아질 것이라고 하나, 적어도 현재 사회복지사의 현실은 녹록지 않다. 그런데 그 현실을 알지 못하고 낭만과 열정만으로 덤비는 예비 사회복지사들의 현실은 더욱 녹록지 않을 수 있다. 우리 책은 사회복지사의 현실을 전혀 달콤하지 않게 기술하였다. 그러나 여러분이 우리 책을 읽고 사회복지사가 되기를 포기할 필요는 없다. 왜냐하면 모든 직업에는 이 정도의 고난이 따르고 있기 때문이다. 사회복지라는 직업현장을 미리 탐색하고 자신의 강점을 강화하고 약점을 직면할 수 있는 기준으로서 사회복지사를 직업으로 선택한다는 것의 의미를 개별화해야 할 것이다.

1) 사회복지사의 현실

(1) 사회복지사 노동환경의 특성

타인을 원조하고 보호하는 사회복지사들의 노동현장은 국가나 사회로부터 정당한 보호를 받고 있을까? 성직자처럼 거룩하고 열사처럼 헌신하는 근로자 혹은 노동자로서 사회복지사 개인이 언제든지 용도 폐기될 수 있다고 여겨진다면, 그곳은 더 이상 직업현장이라고 볼 수 없다. 노동시장은 근본적으로 계약적 속성을 지니고, 갑과 을이 존재하며, 노사 간 합의에 따라 노동이 착수되고 종결된다. 이러한 노동시장은 기본적으로 「근로기준법」의 적용을 받아야 하며, 사회복지사의 근로현장 역시 예외가 아니다.

이주환(2014)에 의하면 사회복지기관은 「근로기준법」이 강제하는 최저기준에 못 미치는 다음과 같은 내용을 포함한다. 첫째, 연장근로와 관련하여 초과근무에 대한 적절한 보상이 없거나, 주당 근무시간 및 연장근무 등에 대해 사용자가 자의적인 통제를 하는 경향이 두드러진다. 실제로 이는 법령 위반 사항이므로 당장 시정되어야 할 부분이다. 이와 같은 비민주적 사회복지기관의 운영은 의사소통 구조도 부재하게 만들어 사회복지사들로 하여금 자신의 권리를 내세우지 못하게 하고 있다(김수정, 2015). 김종해 등(2013)도 사회복지시설 내 기관장의 자의적이고 독단적인 운영에서 비롯된 문제, 사회복지시설의 인사승진 문제, 사회복지시설 평가 및 운영의 부조리한 관행과 위법적인 행정운영 문제 등을 제기했다.

둘째, 사회복지기관 취업규칙은 근로조건 등의 결정에 있어 근로자인 사회복지사가 참여할 수 있는 여지를 상대적으로 협소하게 보장하고 있다. 예를 들어, 사회복지기관 취업규칙 중 인사위원회에 근로자의 참여를 규정하는 경우가 극히 드물다(이주환, 2014). 또한 사회복지사 자신 역시 인사위원회 참여와 같은 노동권을 지닌 노동자라는 인식이 희박하다고 여겨진다. 이에 대해 김수정(2015)은 사회복지사 자격취득교육과 보수교육 등에서 사회복지사가 그들의 노동권을 비롯한 사회복지사의 권리에 대한 교육을 받아 본 적이 없는 문제점을 지적하고 있다. 이로 인해 노동권을 인식할 수 없는 상황이었는데, 이것은 그동안 전문가 양성에만 치중해 온 사회복지교육의 문제이기도 할 것이다. 그런데 노동자인 사회복지사만 교육하는 것으로 이 문제를 해결할 수 있을까? 운영자들을 대상으로 한 교육에 이 내용이 먼저 반영되어야 하고 사회복지기관에 대한 관리감독 역시 근로감독의 내용을 갖추어야 한다.

또한 대부분의 사회복지기관은 종사자들의 수가 적기 때문에 운영은 시설장의 복지 마인드, 전문성, 관리능력에 좌우되는 경향이 강하며, 시설장이 운영에 미치는 영향 역시 절대적이라 할 수 있다. 여전히 수많은 사회복지기관은 법인 이사장의 친인척을, 그리고 종교기관 소속 법인은 종교인을 시설장으로 임명하는 경우가 많다. 이렇게 임명된 시설장들은 사회복지시설 근무경험이 없는 사람이 많으며, 복지철학이나 전문성을 가지고 시설을 운영하기보다 이사장이 원하는 방향이나 종교적 신념에 따라 시설을 운영하는 경우가 많다. 가끔 시설 운영의 비리가 밝혀져 국민들로 하여금 사회복지시설에 대해 좋지 않은 편견을 갖게 하는 것도 이러한 조직 구성에 원인이 있다.

한편, 사회복지기관 취업규칙은 근로자의 집단행동과 정치행위를 상대적으로 매우 강하게 금지하고 있다. 이러한 규범은 사회복지사업 내 집단적 노사관계나 사회복지사들의 집단적 정치행위가 거의 존재하지 않는 현실 상황과 거리가 있다. 즉, 현실적으로도 시도되지 않은 사회복지사의 집단적 정치행위를 법과 규범으로 금지함으로써 집단적 정치행위는 절대로 시도될 수 없다는 것을 강하게 규정하는 것이라고 여겨진다. 나아가 노동환경의 실질적인 개선은 건전한 노사관계의 형성과 근로자들의 정치적 대표성 강화를 전제로 하는바, 이를 과도하게 금지하는 것은 근본적으로 바람직하지 않다(이주환, 2014).

사회복지사의 임금수준을 공무원 수준으로 상승시켜야 한다는 주장은 수차

례 제기되어 왔다. 물론 여전히 요원하지만, 임금수준을 공무원 수준으로 상
승시켜야 한다는 것의 의미는 현금을 통한 근로보상의 의미에서 시작하여, 사
회복지사 근로여건의 체계성과 공식성을 보장하고 소수의 법인 이사장과 시
설장 중심에서 결정되는 사적 운영을 자제해야 한다는 보다 포괄적 의미까지
아우른다고 볼 수 있다.

　앞서 언급한 바와 같이 사회복지사의 임금수준이 공무원 수준으로 상승되
는 것은 여전히 요원한데, 사회복지사에게 요구되는 정치적 중립과 집단행동
금지는 공무원 수준을 이미 웃돌고 있다는 것이 현실이다. 이러한 성향으로 인
해 사회복지사협회와 같은 전문가조직이 생겨났지만, 근로자로서 사회복지사
의 노동과 임금, 근무조건 등의 개선을 추구하는 사회복지사 노동조합은 우리
에게는 아주 생소하다.

　지금까지 살펴본 사회복지사 노동환경의 구조적 문제는 이직의 빈도를 높
이고, 직무몰입을 현격히 저해하며, 궁극적으로는 서비스의 질적 저하를 수반
하는 요인으로 지목되어 왔다. 앞서 언급하였듯이, 전문가 양성에만 치우친
사회복지교육 역시 오늘날 사회복지사의 노동자로서의 권리의식을 위축시키
는 데 한몫을 했다고 여겨진다. 즉, 사회복지 대상자의 복지에 대해서는 헌신
해야 한다고 배웠으나, 사회복지사 자신의 복지에 대해서는 어떠한 대응력을
갖추어야 하는지 우리는 알지 못한다. 따라서 전문가로서 대접받는다는 것은
차치하고서라도 근로자로서 정당한 대우를 받도록 해야 한다.

　사회복지사는 사회복지 대상자에게 협상의 목적과 기술을 요구하기 전에
그 자신이 협상을 익혀야 한다. 협상능력은 자신이 처한 현실의 표면과 이면을
능동적으로 파악하고, 상대방과의 힘의 차이를 있는 그대로 인정하되 자신이
원하는 것을 읽어 낼 수 있는 능력이 있을 때 비로소 발휘될 수 있다. 사회복지
사라는 착한 직업이 우리나라에서 생겨난 이후 사회복지사에게 협상능력을
요구했던 시대는 없었지만 협상능력은 늘 필요하였다. 사회복지사의 노동환
경을 긍정적으로 변화시키기 위하여 앞으로는 더욱 필요할 것이다. 임금과 적
절한 보상과 최선의 이익을 수반하는 이직과 근로조건의 합리화를 위하여 사

회복지사 개인의 노력 역시 간과될 수 없다. 무엇보다, 운영자과 종사자를 포괄하는 보수교육과 대학의 사회복지교육에서부터 사회복지사의 정당한 노동권에 대한 논의가 확장되어야 할 것이다.

아울러 사회복지교육의 내용 역시 대상자의 개별적인 변화만을 추구했던 전문가 양성에 두었던 초점을 보다 확장하여, 전문가로서 사회복지사의 인권과 정당한 노동권 확보에 초점을 두는 노력이 있어야 한다. 사회복지서비스 요청의 증대로 인하여 사회복지사의 노동시장은 보다 확장될 수 있으나, 이러한 양적 팽창이 사회복지사 노동환경의 개선이라는 질적 변화를 수반해야 한다. 사회복지사는 그 자신이 실천도구이며 엔진이기 때문에 사회복지사를 합리적으로 대우하는 사회복지현장이 사회복지 대상자를 효과적으로 원조할 수 있다.

(2) 사회복지사의 빛과 어두움

사회복지사를 직업으로 선택하는 것의 즐거움은 큰 보람에 있다. 사회복지사로서 내가 개입하는 모든 사례는 비슷한 듯 다르며, 내가 배운 모든 이론과 모형과 기술은 나를 통해 사회복지 대상자들에게 구현된다. 사회복지현장의 가장 궁극적인 실천도구는 사회복지사 자신이라는 셰퍼(Sheafor)와 호레이시(Horejsi)가 남긴 유명한 말이 무슨 뜻인지 현실에서, 현장에서, 실천에서 알게 되는 기쁨은 한 개인이 느낄 수 있는 고유하고 영원한 기쁨일 수 있다. 모든 직업은 생산과 변화의 보람을 포함하고 있다. 특히 사회복지사라는 직업은 사람의 변화와 밀접한 관련성이 있기 때문에 그 매력이 더욱 크다고 할 수 있다. 우리가 접한 모든 학문과 기술의 궁극은 언제나 사람이었다는 점을 감안할 때, 사람을 겨냥하고 원조하는 사회복지사의 매력은 적지 않다. 약간 유식하게 말하자면, 조직과 조직 구성원 사이의 심리적 애착을 의미하는 조직 몰입이 사회복지사라는 직종에서는 더욱 증가할 가능성이 높다고 볼 수 있다.

예를 들어, 취약하고 부적응적이며 대응력을 갖추지 못한 가정폭력 피해여성이 자신의 심리사회적 약점과 상황적 특성을 통찰한 후 자원을 효율적으로 이용하여 가정폭력을 중지시키고, 자신의 트라우마를 다루며, 가해자와의 공동의존을 극복하고, 자기 삶을 한 걸음씩 떼는 과정을 함께한 일선 사회복지사의 기쁨은 TV 토론에 등장하는 여성학자의 지성과 긍지의 기쁨과 크게 다르지 않을 것이다. 책을 뚫고 나온 실천은 확장된 지식의 힘만큼 강력하기 때문이다.

양육자로부터 학대피해를 경험하여 방어적이고 붕괴된 아동이 차츰 성인이나 또래집단과 긍정적인 관계를 쌓아 가며 학업성취도를 높이고 비행행동을 근절해 가는 기나긴 과정을 함께한 사회복지사의 경험적 가치는 아동학 분야 교수가 가지고 있는 백인중심 성격발달의 해박함을 압도할 수 있다. 백인중심 성격발달이론은 우리나라에서 적용되기에 현실적인 한계가 있음이 누차 지적되어 왔지만, 아직 우리나라의 실천현장에 적용될 수 있는 성격발달과 인간행동에 대한 적합한 이론적 대안은 없다. 이론을 적용하는 것이 현장이기도 하나, 이론을 이끌어 가고 있는 것이 현장이기도 하다. 그 현장의 중심에 사회복지사가 존재한다. 사회복지학계는 사회복지현장에 많은 빚을 지고 있는 셈이다.

그런데 이와 같은 논의를 뒤집어 보면, 사회복지기관을 존립시키고 사회복지현장이 존재하게 하기 위하여 사회복지사 개인에게 요구되는 역량이 지나치게 부담스러울 수 있다는 느낌을 가지게 된다. 특히 우리나라와 같이 재정지원이 빈약하고 인력 확보가 충분하지 않은 사회복지의 현실에서는 더욱 그러하다. 사회복지사도 저녁이 있는 삶을 살고 싶고, 자신의 자녀들에게 사교육을 제공하고 싶으며, 때가 되면 승진도 하고 싶은 당연한 욕망이 있다. 사회복지사라는 직업이 가지는 매력이 적지 않음에도 여전히 이직률이 높고 강도 높은 감정노동과 직무 스트레스가 존재하는 직종으로 분류되는 이유가 무엇일까?

소진(burnout)은 사회복지사와 같은 원조전문직(helping profession)의 부정적 인식과 태도를 연구하는 데 있어 주목을 받고 있는 개념이다. 소진이란 사람들과 관계를 유지하는 과정에서 발생하는 반복적이며 지속적인 정서적 부담의 결과로서, 조직 구성원의 절망감, 비인격화, 정서적 탈진 등 직무에 대한 부정적인 태도를 불러일으키는 현상을 말한다. 사회복지사의 소진 역시 현장 사회복지사의 전문성에 손상을 가져와 서비스의 질을 저하시킬 수 있다. 특히 소진은 최근 발생한 사회복지사의 자살 사건처럼 사회복지사의 삶에 부정적인 영향을 미칠 수 있다(강제상, 고대유, 2013).

특히 소진으로 인한 사회복지사의 이직 현상은 서비스의 단절, 신규 사회복지사의 채용, 교육 및 훈련 등의 비용을 야기하여 사회복지기관의 기능 및 효율성에 부정적인 영향을 미치게 된다. 사회복지사의 직무수행과정에서 발생하는 소진은 사회복지기관의 조직 성과에 부정적인 영향을 미친다. 이와 같은 사회복지사의 어두움은 비단 사회복지사만의 문제라기보다는 우리가 앞에서 살펴본 모든 원조전문직의 공통적인 문제로 여겨진다. 이는 낮은 보수와 보상, 열악한 근무환경 등과 같은 사회복지사를 포함한 원조전문직에 대한 우리 사회의 인식이 반영된 것이라고 보인다.

앞으로는 어떨까? 이 책을 공부하는 여러분이 취업을 해야 하는 몇 년 후에는 좀 더 나아질 수 있을까? 아마 여러분은 이 점에 대해 관심이 가장 많을 것이다. 대답부터 하자면 좀 더 나아질 것이라고 여겨진다. 왜냐하면 현재까지 조금씩 개선되어 왔고, 운영자 1인이 독단적인 태도로 사회복지현장을 운영해도 되었던 세대는 이미 저물었기 때문이다. 물론 대폭 향상되지는 않았으며 아주 조금씩 나아지고 있는 터라 아주 만족스럽다고 할 수는 없다. 그러나 사회복지사의 직업현장에 대한 문제의식이 확산되어 널리 인정받고 있으며, 체계적인 관리감독 등으로 조금씩 그 열악함을 극복하고 있다. 여러분이 쉽게 포기하지 않아야 하는 이유 중 하나는 사회복지현장이 느리지만 조금씩 개선되고 있다는 것이다.

2) 사회복지사로 살아가기 위한 전략

(1) 전문성과 언어능력을 갖출 것

전문성이란 높은 학문적 지식체계와 전문적 기술을 보유함으로써 상당한 사회적 권한과 사회적 지위를 누릴 수 있는 직업적 특성을 의미한다. 사회복지사의 전문성은 특정 분야의 지식이나 기술, 문화나 역할을 소유하고 활용하며, 사회복지직의 가치와 윤리를 따라 실천함으로써 확립될 수 있다. 이러한 전문성으로 인하여 사회복지사는 다른 직업과 구분되기도 하며, 전문가라는 자부심을 가지게 되기도 한다. 문영주(2007)에 의하면 사회복지사가 전문성을 갖추게 될 때 역할갈등이나 역할모호성을 극복할 수 있으며, 소진과 직무 스트레스를 조절할 수 있다.

중요한 것은 어떠한 방법으로 자신의 전문성을 제고할 것인가다. 어떠한 방법이 있을까? 우리는 앞에서 진로포부 발달이론을 배웠다. 여기서 중요한 것은 '발달'이다. 진로포부가 단 한 번에 이루어지는 것이 아니라 생애발달처럼 점차 이루어져 간다는 것이다. 전문성을 향상시키는 것도 진로포부 발달의 관점에서 그 방법을 찾아야 한다. 대학원을 진학하는 방법, 전문도서를 꾸준히 정독하는 방법, 유학과 해외연수를 시도하는 방법 등 다양한 도전으로 자신의 전문성을 제고할 수 있다.

언어능력 역시 사회복지사의 중요한 자질로 여겨진다. 우리는 기본적으로 사람을 만나고 고통을 담아내는 역할을 한다. 전문성은 문제해결을 위한 중요한 기능과 자질이 되지만, 누군가의 역경을 담아내는 그 과정은 전문성만으로 견딜 수 없을 때가 있다. 충분한 독서를 하고 자기 언어를 익히며 그 언어를 통한 깊은 사유를 습관적으로 반복하는 생활은 사회복지사라는 직업인으로서도 중요하며, 현재의 경험을 보다 값진 것으로 간직하도록 만드는 원동력이 된다. 특히 정확하고 논리적인 언어의 사용은 사회복지사의 교양의 핵심이라고 할 수 있다. '말을 잘 한다.'는 의미는 단순히 '포장을 잘 한다.' '임기응변이 능하다.' 정도로 평가될 수 없다. 자신의 생각을 정리하여 명료하게 표현하고, 의사소통을 정확하게 하여 쌍방의 오해를 줄이는 능력은 매우 중요하다. 솔로몬(Solomon, 2014)은 세계적인 피아니스트 예프게니 키신(Evgeny Kissin)의 제1언어는 피아노라고 말한다. 솔로몬이 소개한 키신은 흥미로운 사람이다. 그는 달변가가 말하는 것처럼 유창하게 피아노를 연주하지만, 피아노를 모르는 사람이 어색하게 건반을 칠 때처럼 어눌하게 말한다. 키신의 말은 수시로 끊어지고 단어와 단어가 전혀 유기적으로 연결되지 않는다. 피아노가 키신의 제1언어가 맞는 셈이다. 이 천재 피아니스트도 연주회를 앞두고 훨씬 더 긴장하고 엄청난 연습에 몰두한다. 이미 경지에 도달한 자신만의 언어를 연습하고 훈련하여 연마한다는 것이다. 천재마저도.

사회복지사의 제1언어는 언어다. '우리가 말하는 것이 우리다.' 라는 말은 무슨 뜻일까? 사회복지사는 자신의 언어를 자각해야 한다. 내가 개떡같이 말해도 찰떡같이 알아주기를 바라서는 안 된다. 오히려 현실은 그 반대다. 찰떡같이 말해도 개떡같이 전달되기 십상이다. 또한 언어는 매뉴얼 가이드가 없다. 뒤늦게 '내가 한 말이 이 뜻이다, 저 뜻이다'라고 해 봐야 상황은 종료된 이후다. 그러므로 사회복지사의 열정과 헌신이 있는 그대로 전달되고 평가받을 수 있도록 정확히 표현하고 소통하는 언어습관을 익혀야 한다.

(2) 이성적인 경력관리

경력관리는 개인이 경력목표를 설정하고, 이를 달성하기 위해 경력계획을 수립하고, 조직의 욕구와 자신의 욕구가 합치될 수 있도록 개인의 경력을 개발하는 활동들을 의미한다. 경력계획은 조직에서 요구하는 인적자원과 구성원이 희망하는 목표를 통합시킴으로써 구성원의 경력경로를 체계적으로 계획하고 조정하는 인사관리과정을 말한다(Briscoe & Hall, 2006). 즉, 개인은 경력목표를 세분화하고 그에 따르는 행동계획을 마련함으로써 자신의 경력경로에 대한 전반적인 청사진을 마련할 수 있게 된다. 사회복지사의 경력관리는 직업생활을 통제할 수 있도록 하며, 지속적인 경력단계를 통해 개인 성장을 원활하게 해 준다는 점에서 중요하다. 무엇보다 경력관리는 긴 안목으로 자신의 직업생활을 통찰할 수 있도록 하므로, 사회복지사의 소진과 조직 몰입에서 균형을 잡도록 하며 열악한 근로환경을 견디도록 만드는 내적인 힘을 제공할 수 있을 것이다.

사회복지사로 근무하는 동안 이직의 순간은 찾아온다. 그 이직의 순간이 욱

하며 때려치우는 순간이기보다는, 할 만큼 했고 더 좋은 곳으로 가기 위하여 고려하는 순간이기를 바란다. 이 과정 역시 진로포부 발달이론과 관련된다. 직업생활 첫걸음부터 내 마음에 완전히 흡족한 완벽한 직장을 얻기란 쉽지 않다. 조금씩 경력을 쌓아 가며 좀 더 좋은 곳, 좀 더 만족스러운 곳으로 옮겨 가는 것은 당연한 선택이다. 이 경력관리에 왜 '이성적인'이라는 수식어를 앞세웠는지 생각해야 한다. 두 가지 측면을 고려해야 한다. 먼저, 감정적으로 이직을 생각하는 것은 바람직하지 않다. 출근할 때마다 마주쳐야 하는 마음에 들지 않는 직원이나 상사가 있고, 끝이 없는 일은 나를 마모시킨다. 누구에게든 이러한 때는 반드시 찾아온다. 그럴 때마다 돌파구가 될 수 있는 그다음 단계가 있다면 좀 더 담담히 그 괴로움과 마주할 수 있다.

우리는 이직의 순간을 대비하기 위해서라도 마음 깊은 계획을 가져야 한다. 마음 깊은 계획을 가지고 언젠가는 보다 좋은 곳으로 도약할 생각을 한다는 것은 감정적인 차원이 아닌 이성적인 차원에서 장기적인 안목을 가져야 하는 자기관리의 영역이다. 일을 시작할 때부터 그만둘 생각을 해야 한다는 말로 들리지 않기를 바란다. 내가 이 괴로운 직장에 갇혀 버린 사람이 아니라는 것, 이곳도 직업인으로서 내 삶의 한 단계이며 거쳐 가는 과정이라는 것을 생각해야 한다. 오히려 언젠가 그만둘 때를 대비해서 이다음 내가 일하고 싶은 곳, 좀 더 누적된 내 역량으로 도전하고 싶은 곳을 마음속에 정해 두어야 한다는 의미다.

목표로서 새로운 직장을 가지고, 그 직장이 원하는 인물이 되기 위하여 날마다 자신을 연마해 가고, 자신의 경력을 보다 향상시켜 가며 진로포부를 발달시켜야 한다. 대학을 갓 졸업했을 때의 진로장벽을 기억하고 그 장벽을 하나씩 제거해 가며 그다음 단계로 나아가는 것은 직장인으로서 사회복지사가 현실화할 수 있는 진로포부 발달이라 여겨진다. 한번 직장이 영원한 직장은 아니다. 얼마든지 변화·발전할 수 있다. 우직하게 갈망하고 계속해서 전진하는 한.

(3) 지역사회의 평가를 고려할 것

부산의 사회복지사가 서울로 이직을 할 가능성은 적다. 또한 큰 사회복지법인에서 순환근무 발령을 하지 않는 한 제주도의 사회복지사가 경기도에서 근무할 가능성은 희박하다. 대부분의 경우 사회복지사는 지역사회 내에서 이직을 하기 마련이라는 것이다. 이는 지역사회 환경과 자원에 충분히 익숙하고 그것을 이용할 수 있어야 하는 사회복지사의 업무 특성과도 관련되어 사회복지사가 아주 멀고 낯선 지역으로 옮겨 가는 경우는 드물다. 사회복지사에게 지역사회란 거주환경이기도 하며, 사회복지자원과 관련된 업무환경으로서도 의미가 있다. 따라서 내가 근무하는 지역사회가 나를 어떻게 평가하고 있는가는 중요하다.

지역사회에서 사회복지사에 대한 평판은 이직과 승진에 일정한 영향을 미치기 마련이다. 인정하든 인정하지 않든 현실적으로 그러하다. '알고 보면 괜찮은 사람' 혹은 '알고 보면 좋은 사람이다.' 라는 말은 한 번쯤은 다 들어 봤을 것이다. 그런데 생각해 보면, 웬만한 사람들은 다 알고 보면 괜찮거나 좋은 사람들이다. 알고 보니 정말 괜찮지 않다거나, 알고 보면 정말 안 좋은 사람은 극소수에 불과하다. 사회복지사가 알고 보니 정말 괜찮지 않은 사람이라거나, 알고 보면 정말 안 좋은 사람이라는 평가를 받는다면, 그야말로 골치 아픈 일이다. 그러므로 여러분이 누군가로부터 알고 보니 괜찮은 사회복지사라는 말을 들었다고 해서 너무 좋아할 필요는 없다. 야박하게 들리겠지만 그건 중간 정도 된다는 의미일 수 있기 때문이다.

사회적 관계에서 우리는 타인을 깊이 알지 못한다. 우리가 사회인으로서 특정인에게 내리는 평가는 충분히 헤아려 숙려하기보다는 단정적이고 단호한 경향이 있다. 효율적으로 빨리 평가하여 보다 적합하고 기능적이며 좋은 사람을 선택하고자 하는 현실 때문이기도 하다. 이럴 때는 사회복지기관장의 안목으로 나 자신을 평가해 보는 방법도 제법 유용하다. 깊은 자기중심성으로부터 약간은 벗어날 수 있는 순간이기 때문이다.

사실 평가를 받는다는 것은 나를 어색하고 위축되게 만든다. 특히 지역사회가 나를 평가한다고 생각하면 행동반경이 축소되고 사회복지사로서 자신감이 상실되기도 한다. 특히 평판만을 중요하게 생각할 경우, 비자발적이거나 저항적인 사회복지 대상자에 대한 기본적인 대응조차 제대로 할 수 없을 정도의 무기력을 경험하게 된다. 그러나 그럴 필요는 없다. 평가를 고려하되 평가에 갇혀서는 안 된다.

우리가 다른 사회복지사를 관찰하고 평가하는 정도의 안목으로 나를 바라보는 습관을 가지면 된다. 또한 내가 나를 평가하는 정도의 평가가 나를 향할 수 있다는 것을 의식하면 된다. 나는 어떠한 유형의 사회복지사를 좋아할까? 긍정적이지만 대책 없이 낙관적이지 않고, 성격적 안정성이 있고, 실력이 있으나 오만하지 않고, 기관의 서비스에 대한 정확한 설명과 계획을 밝히고, 가능한 활동과 불가능한 요구를 구분해 주는 사회복지사를 좋아한다. 평가를 의식해서 전혀 거절하지 못하는 사회복지사 역시 그다지 선호되지 못할 수 있다. 그러니까 평가는 고려하되 평가의 틀에 갇혀서는 안 된다는 것이다.

그렇다면 지역사회는 사회복지사를 어떠한 잣대로 평가할까? 우리 지역사회는 사회복지사로서 나를 깊이 헤아리려 하기보다는 효율적으로 빨리 평가하고 어느 정도의 능력을 지녔는지, 소진을 어떻게 극복하였는지, 대인관계를 무난하게 하였는지, 무엇보다 신뢰할 수 있는지 등을 본다. 그러니까 지역사회는 사회복지사를 상식적인 차원에서 평가한다는 것이다.

따라서 지역사회의 평가를 제고하기 위한 방법 역시 유별나지 않다. 상식적인 차원에서 지역사회의 평가를 제고하기 위한 방법을 일상화하면 된다. 쉽게 타인을 이용하려 시도하지 않아야 한다는 것, 미안한 일과 고마운 일을 정확히 표현할 것, 무엇보다 자신에 대해 방어적이거나 타인에 대해 의존적인 자세는 거부감을 줄 수 있다는 것, 자신을 지나치게 설명하려 하기보다는 적절한 시기에 보여 주는 것이 차라리 좋다는 것 등이 전략이 될 수 있다. 어떻게 보면 지역사회의 평가를 고려한다는 것은 경력관리의 확장된 의미일 수 있다. 경력관리가 자기 입장에서 자기 미래를 보는 것이라면, 지역사회의 평가는 타인의 입장에서 자기 미래를 가늠해 볼 수 있는 것이기도 하다.

(4) 인간관계의 균형

아들러(Adler)가 남긴 유명한 말 중 하나는 인간의 고민은 모두 관계의 고민이라는 것이다. 그만큼 인간관계는 고민의 핵심이라고 할 수 있다. 사회복지사 역시 마찬가지다. 특히 복잡하게 얽힌 관계로 고생을 한 경험이 있다면, 인간관계야말로 균형을 잡아 가기 힘든 태산 같은 과업이 될 수 있다. 특히 사회복지사들은 다양한 관계를 고민한다. 이 직업의 어떠한 특성이 인간관계를 더욱 고민하도록 이끄는 것일까? 여러 가지 이유가 있겠지만 기본적으로 사회복지사가 타인을 원조해야 하는 직업이기 때문에 기본적인 태세가 대등한 관계, 합리적인 관계이기보다는 헌신적인 관계, 싫어도 제공해야 하는 관계에 익숙해졌기 때문일 수 있다. 사회복지사는 원칙과 윤리, 가치와 철학의 직업이기는 하나, 사회복지사가 도그마에 묶여서는 곤란하다. 우리는 직업인이지 사제가 아니다.

인간관계에서 발생하는 고민은 다양하지만, 너무 어려워하지 말고 몇 가지 원칙을 세우고 상기하는 방법을 직장생활의 기본으로 익힐 필요가 있다. 첫째, 완벽하지 않다는 이유로 타인을 비난하지 말아야 한다. 우리는 몇 가지 지표를 통해 타인을 유형화하고 그 틀에 자신과 남을 가둬 버리는 특성이 있다. 이는 과연 사회복지사로서 윤리적인 행동인가? 이 부분은 중요하다. 내가 지금 헌신적인 사회복지사이며 내가 근무하는 기관에 최선을 다한다는 이유로 비헌신적이며 최선을 다하지 않은 내 동료를 비난하는 태도를 가져서는 안 된다. 무엇보다 그 동료를 상대로 나의 우월함을 입증하려는 자세가 있을 때 관계는 더욱 꼬여 갈 수 있다. 내 마음의 소리를 들어야 한다. 나는 그냥 나의 일을 해야 하고, 동료의 태만함으로 인하여 내가 부당한 불리를 겪을 때, 딱 그 부분에 대해서만 언급해야 한다. 그 이상을 기대하는 것은 내 영역이 아닐 수 있다.

둘째, 직장 내 동료의 의존을 받아 주는 것도, 동료에게 의존하는 것도 삼가야 한다. 동료의 의존을 허락하는 나의 의도가 정말 선량한 것인지, 거래적인 것인지 스스로 의심해 봐야 한다. 동료의 의존을 알면서 내가 그것을 허용하는 것은 대부분 연대나 협동이 아니라 거래적 속성이 강하다. 시간이 지나면 의존을 허용한 나로부터 문제를 찾으려는 생각보다 나에게 의존했으면서 내가 원하는 대가를 주지 않는 내 동료를 비난할 때가 더욱 많다. 그리고 자신은 무능한 동료를 도와준 선량한 사회복지사로 또 다른 누군가로부터 위로받고 인정받기를 바랄 때가 있다. 이쯤 되면 기만이다. 이것을 중단해야 한다. 인간관계는 여기서 꼬인다. 만약 이 책을 읽는 독자가 이러한 문제를 경험하고 있다면, 자신의 가족관계를 숙려해 볼 필요가 있다. 이러한 관계패턴은 생각보다 그 뿌리가 깊어서 유아기 혹은 아동기까지 닿아 있을 때가 있기 때문이다. '아, 뭐야. 도와주고도 내가 이상한 사람이 되는 거야?' 아니, 도와주었기 때문에 나의 아동기를 되돌아볼 수 있는 기회를 얻은 것이다. 도움을 받은 동료보다 도움을 주고도 허탈해진 내가 아동기를 되돌아볼 가능성이 높다. 자기통찰의 기회를 소중하게 생각하자. 사회복지사로서 아동기를 성찰한다는 것은 값진 경험이다. 그러니까 도와주었다고 크게 손해 보는 것이 아닌 셈이다.

한편, 사회복지사가 약하고 무지한 모습을 드러내며 타인에게 의존하려는 것 역시 자신에게 과연 유익한 것인지 재고해야 한다. 나도 얼마든지 할 수 있으면서 왜 의존하려고 할까? 아마도 의존해서 차마 거절을 하지 못하는 동료의 도움을 받는 것이 도움이 되고, 내가 이익을 봤다고 생각하기 때문일 것이다. 그런데 앞서 언급한 지역사회 평판이나 이성적인 경력관리를 생각해 보자. 지금 당장은 내가 의존적인 자세를 취해서 약간의 이익을 볼 수 있지만 지역사회의 평판은 나를 의존적이며 능력 없는 사람으로 규정할 수 있다. 이것이 과연 나에게 진짜 이익이 되는가? 나는 이런 삶을 살고 싶은가? 타인에게 의존하는 것, 이것이 나의 직업세계에서 욕망의 전부인가? 의존은 나를 손해 보게 만드는 가장 궁극의 방법이다. 우리는 사회복지사로서 의존적인 관계가 아닌, 각각 독립적이면서도 연대하고 협동할 수 있는 보다 긍정적인 관계를 경험해야 한다.

셋째, 듣는 것이 웬만한 관계전략을 압도하는 병법임을 알아야 한다. 물론 내가 듣는다고 해서 찬성하거나 지지하는 것은 아니라는 점을 상대방이 인지하도록 해야 할 필요는 있다. 누군가의 고충이나 생각을 듣고 헤아려 본다는 것은 이미 좋은 관계를 쌓아 가고 있다는 의미다. 사회복지사로서 듣는 훈련은 중요하다. 상대방이 선택한 단어의 의미를 되새기고 확인해 가면서 그가 정말로 하고 싶은 말이 무엇인가를 완전히 파악하기 위해 안내하며 들어 보는 것은 매우 중요한 자세다. 잘 들어 주는 사람을 미워하는 사람은 없다.

마지막으로, 명확한 의사소통을 해야 하고, 상대방에게도 명확한 의사소통을 정중히 요구해야 한다. 인간관계에서 듣는 것의 중요성만큼 말하는 것 역시 중요하다. 공식적 의사소통과 비공식적 의사소통은 다르다. 앞서 언급한 것처럼 사회복지사에게 언어는 단순한 말이 아닌 실천의 중요 도구다. 또한 내가 말한 것이 정확히 전달되었는지를 확인해 보는 것도 좋다. 인간관계의 많은 곤경은 애매한 의사소통에서 비롯되는 경우가 많다. 수많은 사람이 오개념, 오기억을 근거로 수많은 말을 쏟아낸다. 우리가 정확한 소통을 하기 위해서는 자신이 알고 있는 개념과 기억이 정확한지 확인해 보는 인지습관을 가지는 것도 도움이 된다. 또한 침묵 역시 언어가 된다는 것, 의사표현의 수단이 된다는 것도 기억해 두어야 한다. 정말로 대답할 수 없는 것 혹은 정말로 말할 수 없는 것에 대해서는 침묵할 권리도 있다. 모든 질문에 항상 대답해야 할 의무는 없다. 강박적으로 설명하려는 태도, 이 역시 사회복지사의 인간관계를 해칠 수 있다.

여기서 우리는 지금까지 사회복지사라는 직업의 민낯에 대하여 살펴보았다. 사회복지사라는 직업을 낭만적으로 포장하지 않았다는 점에서, 그러나 지나치게 비관적으로만 기술하지 않았다는 점에서 민낯이라는 표현을 하였다. 모든 직업에는 명암이 있다. 우리가 앞서 살펴본 것처럼 사회복지사라는 직업 역시 빛과 어두움이 분명하다. 어떤 사람은 사회복지학과 사회복지사라는 직업에서 묘한 구원감을 느끼기도 한다. 이 전공을 통해 마주치게 되는 다양한 이론과 지식, 개입활동으로부터 바로 자기 자신을 마주하게 될 때, 클라이언트를 원조하듯 자신을 객관화시켜 자신을 원조할 수 있는 방법을 찾을 수 있기 때문일 것이다. 또 어떤 사람은 사회복지학문과 사회복지사라는 직업에서 묘한 좌절감을 느끼기도 한다. 좀 더 권력을 갖추거나 돈을 벌어야 하는데 사회복지사라는 직업으로는 권력과 부를 손에 쥐기가 쉽지 않기 때문이다. 물론 부와 권력은 전혀 나쁜 것이 아니다. 충분히 직업활동의 목표가 될 수 있다. 지금 우리는 개인차에 대해 이야기할 뿐이다. 자신의 직업선택동기가 부와 권력이라면 사회복지사를 겨냥하는 것은 적합하지 않다.

많은 준비를 하고, 교수나 선배로부터 능동적인 조언을 이끌어 내며, 자원봉사활동이나 실습활동에서도 그리고 취업현장에서도 나의 역할을 찾아내려는 자세를 가지고 도전할 때 사회복지사는 그다지 힘들지 않은 직업이 된다. 이러한 사람으로 인하여 사회복지현장도 덩달아 행복해진다. 동시에 별로 준비를 하지 않고, 교수나 선배에게 로또에 가까운 의존을 하며, 제발 힘들지 않기만을 바라는 마음으로 취업을 하게 되면 사회복지사는 정말 무섭거나 하기 싫은 직업이 된다. 동시에 그 사람으로 인하여 사회복지현장도 정말 불행해진다.

이 책을 읽는 사회복지학과 학생 중 일부는 교수가 되고자 마음먹고 사회복지사로서의 경험을 소홀하게 생각한다면 위험하다. 유능한 사회복지사가 유능한 교수가 될 확률이 높으며, 언제나 그러하듯 미완의 과제는 두고두고 나를 따라다니기 때문이다. 내가 사회복지현장에서 의존적이고 미숙한 사회복지사였다면 사회복지학 교수가 되더라도 그다지 행복할 수 없음을 기억해야 한다. 그래서 최선을 다해야 한다.

또 일부 독자는 사회복지직 공무원이 목표이므로 자원봉사활동이나 실습활동을 소홀하게 생각할 수 있다. 이 역시 위험하다. 사회복지직 공무원 역시 사회복지사다. 사회복지직 공무원이라 하더라도 그들의 업무의 본질은 사회복지이며, 각종 사례관리를 위해 사회복지사들을 만나고 전문성을 제고해야 하는 요구가 존재하기 때문에 자원봉사활동이나 실습활동과 같은 보다 많은 현장경험을 권하고 싶다. 일부는 행정고시로서 사회복지직을 준비하기 때문에 전공에 대한 비중을 가볍게 인식할 수 있다. 아…… 정말로 그렇지 않다. 정책을 형성하고 평가하는 고급 공무원일수록 적재적소의 서비스를 창출할 수 있는 정확한 정책을 입안해야 한다. 사회복지현장이 엉뚱한 정책의 실험실이 되어서는 안 되기 때문이다. 그래서 고급 공무원을 준비할수록 사회복지현장을 익힐 필요가 있다.

이 장에서는 변화를 거듭해 가는 현대사회는 사회복지사를 더욱 필요로 한다는 청신호, 사회복지사가 근무해야 하는 현장은 녹록지 않다는 적신호를 모두 소개하였다. 이제 여러분이 이 모두를 좀 더 깊이 공부하고 탐색하여 자신의 진로를 결정하고 불확실을 확실로 구성해 가야 할 것이다.

생각해 보기

1. 다음의 동영상을 보고 유시민 작가의 쓴소리에 대해 자기 생각을 말해 보자.
   〈유시민 강연-방황하는 청춘을 위한 쓴소리 일침〉(https://www.youtube.com/watch?v=70BibwKc2BY)

2. 나는 무엇이 왜 되고 싶은지 말해 보자.

3. 나의 진로포부와 진로장애를 구체적으로 밝혀 보자.

4. 자신의 직업선택동기를 내재적 동기와 외재적 동기로 나누어 분석해 보자.

5. 지역사회의 사회복지사를 만나 사회복지사가 되어 기쁜 점과 힘든 점을 구체적으로 인터뷰해 보자.

【 참고문헌 】

강제상, 고대유(2013). 사회복지사의 소진에 관한 연구. 한국정책과학회회보, 17(3), 137-161.

공병혜(2013). 세계소외와 이야기적 정체성-한나 아렌트의 '인간의 조건' 을 중심으로. 인간연구, 25, 73-97.

김수정(2015). 사회복지사의 노동권 확보 방안 모색을 위한 FGI 연구. 한국 사회복지행정학, 17(2), 59-87.

김종해, 김종진, 김인숙, 강은애, 김병년(2013). 사회복지사 인권상황 실태조사. 서울: 국가인권위원회.

김현옥, 강대선, 김경호(2015). 사회복지교육과 사회복지 현장실습. 경남: 대도출판.

김현정, 김혜진(2014). Q방법론을 활용한 사회복지사의 실천유형에 대한 탐색적 연구. 한국 사회복지행정학회 학술대회 자료집, 291-293.

문영주(2007). 사회복지전담공무원의 역할스트레스, 전문직업적 정체성, 직무수행에 있어 멘토유무에 따른 잠재평균분석. 사회복지연구, 35, 93-115.

배영자, 심성지(2013). 사회복지학 전공학생들의 내·외적 진로장벽과 사회복지 진로 결정수준의 관계: 진로포부의 매개효과. 사회과학연구, 29(4), 67-90.

엄명용, 김성천, 오혜경, 윤혜미(2016). 사회복지실천의 이해. 서울: 학지사.

유시민(2013). 어떻게 살 것인가. 경기: 아포리아.

이동원, 박옥희(2014). 사회심리학. 서울: 학지사.

이주환(2014). 사회복지기관의 취업규칙을 통해 본 사회복지사 노동환경. 월간복지동향, 184, 17-21.

황보람(2012). 사회적 돌봄정책의 윤리적 패러다임으로서 정의와 중용의 타당성에 관한 탐색적 연구. 비판사회정책, 37, 401-433.

Briscoe, J. P., & Hall, D. T. (2006). The interplay of boundaryless and protean careers: combinations and implications. *Journal of Vocational Behavior, 69*, 4-18.

Bowley, J. (1988). Development psychiatry comes of age. *American Journal of Psychiatry, 145*, 1-10

Friedkin, N. E. (2011). A formal theory of reflected appraisals in the evolution of power. *Administrative Science Quarterly, 56*(4), 501-529.

Gottfredson, G. D. (1981). Circumscription and compromise: A developmental theory of occupational aspirations. *Journal of Counseling Psychology, 28,* 545-579.

Lacan, J. (1994). 욕망이론(민승기, 이미선, 권택영 공역). 서울: 문예출판사.

Pierce, G. R., Sarason, B. R., & Sarason, I. G. (1996). *Handbook of social support and the family* (pp. 3-23). New York: Pleum.

Pinker, S. (2014). The Better angels of our nature. 우리 본성의 선한 천사. (김영남 역). 서울: 사이언스북스. (원저는 2011년에 출판).

Shaffer, D. R. (2000). *Social and personality development.* Belmont, CA: Wadsworth/Thomson Learning.

Solomon, A. (2014). 부모와 다른 아이들(고기탁 역). 경기: 열린책들.

제2부

사회복지학의 이해

제2부는 사회복지학에 대한 전반적 이해를 목적으로 한다.

사회복지학의 전반적 구성을 이해하기 위한 단순한 방법은 사회복지학과의 전공교과목이 무엇인가를 살펴보는 것이다. 다음은 사회복지 전공과목들을 보여 준다.

〈사회복지사 2급(한국사회복지사협회, www.welfare.net)〉

영역	교과목명	이수과목
필수과목	사회복지개론, 인간행동과 사회환경, 사회복지정책론, 사회복지법제론, 사회복지실천론, 사회복지실천기술론, 사회복지조사론, 사회복지행정론, 지역사회복지론, 사회복지현장실습	10과목
선택과목	아동복지론, 청소년복지론, 노인복지론, 장애인복지론, 여성복지론, 가족복지론, 산업복지론, 의료사회사업론, 학교사회사업론, 정신건강론, 교정복지론, 사회보장론, 사회문제론, 자원봉사론, 정신보건사회복지론, 사회복지지도감독론, 사회복지자료분석론, 프로그램개발과 평가, 사회복지발달사, 사회복지 윤리와 철학	4과목 이상

우리는 여기에서 이 모든 과목에 대해서 소개하지는 않을 것이다. 우선, 제5장에서 사회복지의 역사에 대해서 살펴보고, 제6장에서 사회복지의 기본적 정신이 담겨 있는 사회복지 윤리와 철학에 대해 공부한다.

사회복지는 전통적으로 미시 사회복지와 거시 사회복지로 크게 분류될 수 있다. 제7장은 미시 사회복지라 할 수 있는 사회복지실천에 대해 논의하며, 제8장은 거시 사회복지라 할 수 있는 사회복지정책을 다룬다.

우리가 다루지 않은 구체적 사회복지 교과목들을 포함하여 여러분은 사회복지 전공 교과목들을 앞으로 공부하게 될 것이다.

참고로 사회복지사 1급 자격시험 과목들을 소개한다. 시험 과목들은 전공필수 교과목들을 중심으로 구성되어 있음을 확인할 수 있을 것이다.

〈사회복지사 1급 시험 과목〉

1교시	인간행동과 사회환경, 사회복지조사론
2교시	사회복지실천론, 사회복지실천기술론, 지역사회복지론
3교시	지역사회복지론, 사회복지정책론, 사회복지법제론

제**5**장

사회복지의 발달

사회복지를 행하는 동기에는 인도주의, 상부상조, 종교적 의무, 정치적 목적, 경제적 이득, 이데올로기적 명분 등 여러 가지가 있다. 현재의 복지제도들은 과거와의 단절에서 만들어진 것이 아니라 과거의 경험이 축적되어 형성된 것이며, 미래의 복지제도 역시 현재까지 축적된 경험으로 현재와는 다른 사회변화와 사회문제하에서 그 시대에 맞게 대응해 나가면서 발전할 것이다. 따라서 사회복지의 본질, 사회복지의 개념, 사회에서 사회복지가 차지하는 역할과 비중 등을 정확하게 파악하기 위해서는 사회복지가 발전해 온 과정을 살펴봐야 한다. 사회복지의 역사는 빈민에 대한 통치방식이나 관점이 어떠한 가치나 동기에 의해서 발전해 나가는지를 영국의 「구빈법」에서 베버리지 보고서까지, 그리고 독일의 사회보험 입법을 중심으로 다룬다. 구체적인 역사적 사실에 대한 기술에 초점을 두는 것이 아니라 어떤 사회경제적 변화로 인해서 사회복지가 변화하게 되는지와 그 기저에 있는 사상이나 동기를 제시할 것이다.

학·습·목·표

1. 사회복지의 다양한 동기에 대하여 이해한다.
2. 사회복지의 역사를 이해해야 하는 이유는 무엇인지 생각해 본다.
3. 서구에서의 빈곤층에 대한 시각의 역사적 발전과정을 고찰한다.

인간은 왜 사회복지를 행하는가? 다시 말해서, 사람들은 왜 다른 어려운 사람을 돕거나 혹은 스스로에게 닥칠지 모르는 어려움에 대비하는가? 사람들은 다른 어려운 사람을 도와야 하는지 아닌지 혹은 왜 다른 어려운 사람을 도와야 하는지에 대한 생각이 다르다. 현재의 사회복지가 너무 부족하다고 판단하는 사람들도 있고, 반면에 현재의 사회복지가 너무 지나쳐서 사회에 해롭다고 생각하는 사람들도 있다. 같은 시대에 사는 사람들끼리도 사회복지에 대한 견해가 다르듯이, 시대에 따라서도 사회복지에 대한 생각은 다를 것이다.

이 장에서는 사회복지에 대한 생각이 어떻게 발전되어 왔고, 그러한 생각의 변화가 실제 복지정책에 어떻게 반영되어 왔는지를 다루기로 한다. 사회복지에 대한 사상의 변화를 살펴보기 전에 사회복지를 행하는 동기들에는 어떤 것들이 있는지를 검토하는 작업은 사회복지에 대한 사상의 변화를 이해하는 데 도움이 될 것으로 생각되어 먼저 사회복지의 동기를 다룬다. 이어서 왜 사회복지 역사를 배워야 하는지를 검토하여 보고, 사회복지에 대한 사상이 체계적으로 발전되어 온 유럽 국가들, 특히 영국과 독일을 중심으로 살펴보기로 한다.

1. 사회복지의 동기

마카로프(Macarov, 1978)는 사회복지의 동기를 상호부조, 종교적 교리, 정치적 배려, 경제적 이득, 이데올로기적 명분으로 나누고, 오늘날의 사회복지제도는 이러한 여러 동기가 복합적으로 작용한 결과라고 보았다. 이 외에도 다양한 사회복지의 동기가 존재하는데, 공리주의적 동기, 전문직업적 동기, 종교적 동기, 인도주의적 동기 등이 있을 수 있다.

이러한 동기들은 각 시대나 사회마다 사회복지 발전에 상이한 영향을 끼쳤을 것이다. 예를 들어, 종교적 신념이 중요한 시대나 사회에서는 가난한 자를 도와야 한다는 종교적 가르침이 사회복지를 발전시키는 주요한 동력이 되었을 것이다. 그리고 그러한 동기들은 다른 동기들과 다양한 형태로 조합되어 시대 및 사회마다 다양한 복지제도를 형성하는 데 도움이 되었을 것이다. 여기서는 사회복지의 주요한 동기 여섯 개를 골라서 설명하고자 한다.

1) 동정심(인도주의)

동정심은 딱한 처지에 있는 사람을 돕고자 하는 생각에서 비롯된 사회복지의 한 동기다. 일찍이 맹자가 인간의 네 가지 본성 가운데 하나로 측은지심(惻隱之心)을 두었는데, 이것이 동정심에 해당된다고 볼 수 있다. 물론 딱한 처지에 있는 사람을 측은하게 여기는 마음이 곧바로 남을 돕는 행위로 연결되는 것은 아니다. 오히려 그러한 생각과 마음만을 가지고 있다가 잊어버리는 경우도 흔하다. 그러나 이러한 인도주의적 정신이 밖으로 표출되는 경우도 많으며, 기부자, 자선사업가 혹은 사회공헌가, 사회사업가, 자원봉사자 등으로 일컬어지는 사람들로부터 이러한 동기를 발견할 수 있다.

동정심이라는 동기는 사회복지 행위자의 순수성과 자발성에 기초한다는 특징이 있다. 딱한 처지에 있는 사람들을 도와주고 싶다는 생각만으로 원조행위를 한다면, 그 행위는 도덕적이라고 볼 수 있다. 그러나 이렇게 인도주의에 기초한 사회복지는 도덕적으로 높이 평가되지만, 역설적으로 보면 실현되기 어려운 면을 가지고 있는 것이 사실이다. 우리는 매년 대규모 기부 행사 등을 보기도 하지만, 실제 그러한 행사로 모인 기부 금액은 국가복지 예산의 수십 분의 일 수준에 그치고 있다.

그리고 겉으로는 인도주의적 동기를 가지고 있는 것처럼 보이지만 실제로는 그렇지 않은 경우도 많다. 예를 들어, 자원봉사를 하는 사람 가운데는 자발적으로 참여하는 사람들도 있으나, 그러한 활동을 통해서 사회적으로 인정을 받거나 혹은 그것이 자신에게 도움이 된다는 생각을 하는 사람들도 흔히 발견된다. 일례로, 중·고등학교나 대학교 학생들이 과거보다 적극적으로 봉사활동에 참여하고 있으나, 이는 과거보다 학생들의 동정심이 많아져서라기보다는 취업이나 입학 등에서 봉사활동을 고려하기 때문이다. 기업의 사회공헌활동 역시 순수한 인도주의적 동기에 따른 것이라기보다는 기업의 이미지를 개선하기 위한 전략에 따른 것이라고 볼 수 있다.

　개인 차원에서의 원조(자선)행위는 한 번의 자선으로 끝나게 되는 경우가 많다. 그렇지 않고 그것이 사회복지 차원으로 격상되려면, 집단적 차원의 공식적 원조행위로 연결되어야 한다. 따라서 개인적으로 구걸하는 사람에게 적선하는 행위는 자선으로 끝나지만, 사회복지공동모금회와 같은 공식기관을 통해서 기부하게 되면 사회복지 행위로 연결된다.

　자선을 받는 자는 일단 자선을 하는 사람이 주어야 받을 수 있기 때문에 수동적인 위치에 있을 수밖에 없으며, 그리하여 주는 자는 우월감을, 받는 자는 수치심을 갖게 될 수 있다. 결국 다른 형태의 원조행위와 비교하면 자선은 순수성과 자발성은 있으나 효과성 측면에서는 떨어진다고 볼 수 있다.

2) 상부상조

　어느 한쪽이 일방적으로 도와주고 다른 한쪽은 일방적으로 도움을 받는다면 그러한 관계는 항구적으로 지속되기 쉽지 않다. 이러한 일방적 원조보다는 도움을 때로는 주기도 하고 때로는 받기도 하는 관계도 많다. 이렇게 서로가 서로를 돕는 것을 상부상조라고 한다.

　사실 상부상조는 아주 오래되고 보편적인 사회복지의 동기에 속한다. 우리 조상들이 옛날부터 만들어 놓았던 두레나 계와 같은 조직은 상부상조에 기초한 것들이었다. 서양에서도 길드나 우애조합 등을 통해서 일찍부터 상부상조의 전통을 발전시켜 왔다. 상부상조의 전통은 오늘날에도 이웃, 노동조합, 공동체 등을 통해 여전히 중요한 사회복지의 동기가 되고 있다.

　비공식적인 상부상조 조직으로는 동창회, 계모임 등이 있을 수 있으며, 공식적 상부상조 조직으로는 공제회나 노동조합이 있을 수 있다. 한때 우리나라 개발의 상징이었던 새마을운동 역시 기본적으로 상부상조에 기초한 활동이었다. 사실 상부상조 조직으로서 가장 큰 영향을 끼쳐 왔던 것은 노동조합이다.

노동조합은 개별 회사 단위 조직일 수도 있고, 같은 직종에 종사하는 노동자들의 연합조직일 수도 있다. 기본적으로 노동조합은 회사와의 교섭을 위해서 존재하는 것으로만 생각할 수도 있으나, 노동조합 구성원들의 질병, 산업재해, 실업 등에 대해서 함께 노력하자는 취지의 활동 역시 노동조합의 본질적인 존재 이유였다. 이러한 노동조합의 노력은 기본적으로 자치적 성격을 가진다. 하지만 이러한 노력이 사회복지제도로 발전된 경우도 있는데, 그 대표적인 것이 19세기 말 도입된 사회보험제도다. 독일의 재상이었던 비스마르크가 사회보험제도를 최초로 도입한 것으로 알려져 있으나, 사실상 이는 당시 독일의 조합들이 오래전부터 자치적으로 운영해 왔던 상호부조제도를 국가의 제도로 전환시킨 것이다.

3) 종교적 의무

일반적으로 종교는 사회질서의 유지와 사회통합이라는 기능을 수행한다. 세계에는 많은 종교가 있고, 우리나라는 다양한 종교가 공존하는 나라로 분류된다. 다양한 종교의 존재는 가치관의 대립을 야기할 개연성도 있지만, 실제로 대부분의 종교는 어려운 사람을 만나면 이들을 도와주라는 공통된 가르침을 제시하고 있다. 유교의 인(仁), 불교의 자비, 기독교의 사랑 등은 종교가 어려운 사람들을 방관하지 말고 적극적으로 도와주라는 가르침이라 볼 수 있다.

종교적 동기에서 자선은 단순히 받는 사람에게 도움을 줄 뿐 아니라 주는 사람에게도 영향을 미친다. 중세시대에 이루어진 많은 자선은 사실은 어려운 사람들에게 도움을 주려는 의도보다는 자선행위를 통해서 종교적으로 구원받으려는 의도가 더 반영되었던 것으로, 오늘날에도 그러한 종교적 동기가 부분적으로는 남아 있다.

사실 우리나라의 초기 복지의 발전은 종교단체가 주도했다고 볼 수 있다. 한국전쟁 이후, 개신교와 가톨릭 그리고 불교 단체들은 고아나 노인, 장애인을 위한 시설을 설립하여 그들을 보호하는 데 앞장섰으며, 오늘날에도 여전히 종교단체들이 수백 개 이상의 사회복지시설을 운영하고 있는 실정이다. 종교단체에 의한 복지는 숭고한 종교적 사명감을 실현하기 위해 실시되고 있다는 점에서 차원이 높은 것으로 볼 수 있으나, 선교와 복지가 서로 연결되어 있다보니 타 종교에 대해서 배타적이거나, 종교적 기능이 원래 취지인 복지활동을 침해하는 경우도 발생할 수 있다.

과거 국가의 복지가 크게 부족했을 당시, 종교단체들은 어려운 여건에도 불구하고 사회적 약자를 지원하는 일에 솔선수범하여 우리나라의 어두운 곳을 밝히는 데 크게 기여하였다. 그러나 국가의 복지가 증가하고 사회문제 또한 다양해짐에 따라, 종교단체들이 종교적 의무감 차원에서 복지사업을 진행하는 데 어려움에 봉착했다. 그럼에도 불구하고 종교단체들은 그러한 기관들의 존립 이유 자체가 봉사라는 점에서 오늘날 사회의 변화에 걸맞게 원조의 내용들을 재정립할 필요가 있다고 판단된다.

4) 정치적 목적

앞서 다룬 세 가지 동기는 주로 민간 차원에서의 자발적인 동기였다. 그러나 국가 차원에서 사회복지를 증진시키려는 목적 역시 존재하기 마련이다. 특히 어떠한 사회복지정책을 만들려고 할 때 그러한 결정은 정치적 과정을 통해서 이루어질 수밖에 없다는 점에서 사회복지에 대한 정치적 목적은 중요한 위상을 가진다.

우리나라에서도 최근에는 많은 사회복지 이슈가 정치 쟁점화되고 있는데, 이는 사회복지 공약을 선거에 이용하기 때문이다. 이처럼 정치적 권력을 유지하거나 획득하기 위해서 사회복지를 이용하는 것은 역사적으로 자주 이루어졌다. 1930년대 중반에 일어난 미국의 사회보장 입법은 당시 대공황으로 인해 발생한 실업 등의 다양한 사회경제적 혼란 속에서 정치적 권력을 유지하기 위한 방법으로 고안된 것이다. 19세기 말 독일의 재상인 비스마르크가 고안한 이른바 사회보험 입법은 당시 독일 근로자들의 사회주의 동조 경향을 저지하기 위한 정치적 목적으로 이루어졌다.

(3절에서 더 자세하게 다루겠지만) 사회복지의 발전을 이끈 중요한 원인 가운데 하나는 사회경제적 상황 때문에 발생하는 대규모 빈민이 야기할 사회적 혼란을 방지하기 위해서 사회복지제도가 만들어진 것이다. 이 시각에 따르면 빈곤층이 증가하고 그들이 사회 혼란을 야기할 가능성이 높아지면 사회복지제도를 강화했다가, 그러한 혼란의 여지가 줄어들면 사회복지제도를 약화시키게 된다. 이는 사회통제적 시각이라 하는데, 사회복지의 발전이 인간을 바라보는 기본적 시각의 발전에 의해서 이루어지지 않고 정치적 목적에 의해서 결정된다는 시각이다. 이 시각은 오늘날 사회복지의 역사를 기술하는 가장 전형적인 시각이라는 점에서 중요한 의미가 있다.

이러한 정치적 목적은 해석하기에 따라서 긍정적인 측면과 부정적인 측면이 모두 존재할 수 있다. 사회복지가 정치 쟁점화된다는 것은 복지에 대한 정치가와 국민들의 관심이 높아진다는 의미로서, 건전한 복지 입법 경쟁은 사회복지를 발전시킬 수 있는 토대가 될 수 있다. 그러나 다른 한편으로는 정치집단들이 투표에서 자신들에게 유리한 방향으로 사회복지를 활용하려는 움직임이 나타나고 있는데, 이러한 움직임이 실제 사회복지 전체의 시각에서는 부정적일 수 있는 것이 사실이다. 예를 들어, 복지지출을 삭감해야 할 때 합리적인 원칙에 따라서 특정 분야의 복지지출을 삭감하는 것이 아니라, 선거에 영향을 덜 주는 제도에 대해서만 복지지출 삭감이 일어날 수 있다.

우리나라의 경우도 예외가 아니다. 국가의 예산에서 복지지출이 가장 큰 지출요소가 되었을 뿐 아니라, 실제 선거에서 사회복지는 점점 정치 쟁점화되고 있다. 따라서 앞으로도 사회복지가 정치적으로 이용될 가능성이 높아지고 있는데, 이를 긍정적으로 발전시키느냐 그렇지 않느냐에 따라서 향후 한국 사회복지의 위상은 크게 달라질 것이다.

5) 경제적 이득

앞서 언급한 정치적 목적 못지않게 사회복지로 인한 경제적 이득 유무는 사회복지의 주요한 동기 가운데 하나다. 사회복지가 확대되었을 때 경제적으로도 이득이 된다면 사회복지의 확대는 경제발전을 위한 요소로 이해되어 쉽게 받아들여질 수 있을 것이다. 그러나 이에 대해서는 상반되는 다양한 의견이 존재한다. 지면상 이 문제를 여기에서 모두 다룰 수는 없고, 여기에서는 사회복지의 확대가 경제성장에 불리하다는 주류 입장에 근거해서 전개한다.

사회복지의 확대가 결과적으로 국가의 부채와 국민의 세금부담을 증대시킨다는 입장에서 그것을 경제적 이득에 반하는 조치로 보는 경향이 있다. 그럼에도 불구하고 대부분의 선진국에서는 경제적 이득에 도움이 되지 않는 사회복지제도를 발전시켜 왔는데, 이는 그 정도의 비용이 사회문제, 특히 빈곤문제를 경감시키는 데 필수 불가결하다고 보기 때문이다. 다시 말해서, 그 정도의 비용을 감수하지 않으면 경제성장으로 인한 긍정적 효과보다 사회문제로 인한 부정적 영향이 크다고 판단했기 때문이다.

또한 일부 사회복지제도의 경우 경제적 이득이 되는 것으로 알려져 있는데, 대표적인 예가 실업보험이다. 만일 실업보험이 없다면 불황기에 실업가구들의 구매력이 크게 떨어져서 국가 경제는 더욱 악화될 가능성이 높지만, 실업보험이 있게 되면 불황기라도 그 가구들이 재화를 구입할 수 있는 여력이 있어 소비를 늘림으로써 결과적으로 국가 경제에 이득이 될 것이라는 논리다. 우리나라의 경우 1997년 IMF 경제 위기 이후 복지제도의 부재가 이러한 위기를 증폭시켰다는 진단하에, 국민기초생활보장제도 도입 등의 제도 확대가 이루어지게 되었다. 이는 필수적인 사회복지제도들이 결과적으로는 국가 경제에 이로운 측면이 있기 때문이다.

그 외에도 기업의 적극적인 사회공헌활동 역시 경제적 이득, 다시 말해서 기업의 이득에 기초한 것이다. 기업활동이 근본적으로 이윤을 창출하기 위한 과정임에도 국가가 이윤 창출과 직접적인 관련이 없는 사회공헌활동에 적극적으로 참여하는 것은 기업이 사회복지에 참여하는 행위가 그 기업의 이미지를 향상시켜 기업의 이득에 도움이 되기 때문이다. 만일 기업의 사회공헌활동이 기업의 경제적 이득에 도움이 되지 않는다면 구태여 기업들이 이에 참여하지는 않을 것이다.

6) 이데올로기적 명분

사회복지를 확대해야 하느냐 그렇지 않느냐에 대한 의견은 사실 사람이 가지는 이데올로기에 따라서 달라진다. 여기서 말하는 이데올로기(ideology)란 개인, 집단 및 문화의 특성을 규정하는 사고방식을 말한다. 따라서 자신의 이데올로기와 다르다고 해서 그 이데올로기를 틀렸다고 규정할 수 있는 것이 아니다. 물론 특정 이데올로기에서 잘못된 사실에 근거하여 사회복지의 확대를 반대하거나 찬성한다면 이는 고쳐져야 한다. 그러나 예를 들어, 빈곤의 원인이 개인적 결함인지 혹은 사회구조적 결함인지에 대해서는 각 개인이나 사회가 가지는 독특한 경험이나 전통에 따라서 달라질 수밖에 없다. 스웨덴에서는 빈곤의 사회구조적 원인에 주목하였으며, 미국에서는 이민 국가라는 독특한 전통하에서 빈곤을 개인적 원인으로 돌리는 경향이 상대적으로 강했다.

이러한 이데올로기의 차이는 보다 근본적으로 사회복지의 대표적인 가치인 자유, 평등에 대한 입장 차이로 연결된다. 일반적으로 자유를 강조하는 입장에서는 사회복지가 자발적인 자선에 기초하는 것이 바람직하며, 국가가 강제하는 것은 자유에 반하는 것이라고 본다. 반면, 평등을 강조하는 입장에서는 인간이라면 인간답게 살 권리를 가지기 때문에 국가가 주도하는 사회복지가 평등을 달성하는 핵심적인 수단이라고 본다. 그러나 실제로 자유나 평등에 대한 논의는 이론적으로 혹은 현실적으로 훨씬 복잡하다. 예를 들어, 자유를 강제가 없는 상태로 볼 수도 있으나(소극적 자유), 자유를 자신이 원하는 것을 할 수 있는 것으로 정의할 수도 있다(적극적 자유). 그래서 국가가 강제로 세금을 거두어서 사회복지를 행하는 것에 대해 소극적 자유 입장에서는 자유의 침해라고 볼 수도 있으나, 적극적 자유 입장에서는 의무교육이나 보편적 의료를 통해서 오히려 자유를 신장시키는 것이 된다. 평등 역시 모든 사람을 똑같이 취급하여 사회적 자원을 똑같이 분배하는 완전한 결과의 평등 개념과, 사람들의 노력, 능력, 사회적 역할/기여에 따라서 사회적 자원을 다르게 분배하는 평등의 개념이 서로 대립될 수 있다.

따라서 사회복지와 관련된 이데올로기적인 논쟁이나 대립은 실제 어떠한 자유나 평등의 개념을 사용하느냐에 따라 크게 달라질 수 있다. 사회복지에 대한 기본적인 가치관이 이러한 자유나 평등에 대한 관점의 차이에서 비롯된다는 점에서 이에 대한 고찰은 여전히 중요하다.

2. 사회복지 역사의 의의

사회복지를 공부하면서 왜 사회복지 역사를 다루어야 하는가? 사회복지 현장에서 시급하게 다루어야 할 많은 과제 앞에서 사회복지 역사를 공부한다는 것은 어떤 의미를 갖는가? 사회과학이 연구대상으로 삼는 사회현상은 우리가 눈으로 보는 자연현상과는 달리 역사적인 현상이다. 우리가 도입하여 운영하고 있는 모든 복지제도는 과거와의 단절에서 만들어진 것이 아니라 과거의 경험이 축적되어 형성된 것이다. 미래의 복지제도 역시 현재까지 축적된 경험으로 현재와는 다른 사회변화와 사회문제하에서 그 시대에 맞게 대응해 나가면서 발전할 것이다. 그러므로 사회복지의 본질, 사회복지의 개념, 사회에서 사회복지가 차지하는 역할과 비중 등을 정확하게 파악하기 위해서 사회복지가 발전해 온 과정을 깊이 있게 살펴볼 필요가 있다(박광준, 2013).

사회복지 역사를 검토한다고 할 때, 그저 사회복지제도의 발전이나 지출 수준을 나열하는 데 그쳐서는 안 된다. 사회복지 역사를 공부해야 하는 이유는 사회복지의 역사 혹은 발달에 사회복지의 가치(사상)가 투영되어 있기 때문이다. 따라서 사회복지 역사를 다루는 데 있어서 어떠한 사상이 그러한 발전을 야기했는지를 살펴볼 필요가 있다. 결국 사회복지의 역사는 사실상 사회복지의 사상의 발달을 다루는 것과 같다.

어느 사회든지 특정 시점에서 특정 사상이 지배적 위치를 차지하게 된다. 그러나 민주주의 사회에서는 필연적으로 다양한 사상이 공존하기 때문에 동일 시대에도 다양한 견해가 나타나기 마련이다. 사회복지의 역사는 이러한 다양한 견해가 정반합을 이루면서 발전해 나가는 과정을 보여 주게 된다.

시대마다 사회복지의 가치들은 사회의 다른 집단들이 강조하는 가치들과 항상 대립하여 왔고, 어떤 경우에는 사회복지의 가치가 다른 사회를 파멸로 이끄는 위험한 사상이라는 비판을 받았던 시대도 있었다. 그러나 사회복지를 둘러싼 대립되는 사상이 모두 사회복지 발전의 원동력이었음을 인식할 필요가 있다. 얼핏 보기에는 사회복지를 배격하는 사상이 사회복지를 후퇴하게 만든다고 볼 수도 있지만, 궁극적으로 그러한 후퇴는 일시적일 뿐 사회복지에 반하는 사상 또한 사회복지사상을 강화하고 나아가 사회복지제도가 발전하게 하는 원동력이 되기도 한다. 따라서 사회복지 사상과 역사를 논하는 데 있어 복지에 우호적인 사상만을 다룰 필요는 없다.

3. 서구 사회복지의 역사

여기서는 실제 서구 사회복지의 역사를 다루기로 한다. 영국을 중심으로 서구 사회복지 역사를 다룰 것인데, 이는 영국 등 서구의 사회복지 역사가 빈민(혹은 빈곤)에 대한 인식이나 통치방식의 발전을 체계적으로 제시할 수 있기 때문이다. 굳이 우리나라를 다루지 않는 이유는 우리나라의 경우 그러한 빈곤에 대한 관점이 체계적으로 발전하였다고 보기 어렵기 때문이다.

여기서 서구 사회복지의 역사를 시시콜콜 다루지는 않는다. 다만, 빈민에 대한 통치방식이 어떻게 발전되어 왔는지를 실제 역사를 통해서 살펴보고자 한다. 봉건주의 사회 이후 서구 사회복지 역사는 빈민에 대한 통치방식을 기준으로 대략 다섯 가지로 분류된다(김상균 외, 2011). 첫째는 빈민유지의 시대로서, 빈민을 노동력의 원천으로 파악하여 '인간은 배가 고파야 일을 한다.'는 도그마를 유포시켰다. 둘째는 빈민억압의 시대로서, 빈민이 사회적으로 소요 등을 일으킬 수 있는 해로운 존재라고 보고, 그들에 대한 구호는 최소한으로 줄이고 처벌은 가혹하게 하였다. 셋째는 빈민계몽의 시대로서, 계몽주의 사상에 입각해서 자립과 자조의식의 확산을 통한 빈곤의 완화가 가능하다고 보았다. 넷째는 빈민퇴치의 시대로서, 자본주의의 발전으로 물질적 풍요가 증대된 시기에 빈곤은 사회복지제도를 통해 해소될 수 있다고 믿었다. 다섯째는 빈민 감축의 시대로서, 절대적 빈곤이 현저히 감소된 후 상대적 빈곤으로 관심이 전환된 상태에서 상대적 빈곤은 근본적으로 퇴치보다는 완화하는 것이 더 효과적이라고 보았다.

이어서 전개할 사회복지의 역사는 이러한 빈민에 대한 통치방식이나 관점이 어떠한 가치나 동기에 의해서 발전해 나가는지를 영국의 「구빈법」에서 베버리지 보고서까지 그리고 독일의 사회보험 입법을 중심으로 간략하게 다루기로 한다. 구체적인 역사적 사실에 대한 기술에 초점을 두는 것이 아니라 어떤 사회경제적 변화로 인해서 사회복지가 변화하게 되는지와 그 기저에 있는 사상이나 동기를 제시할 것이다.

영국의 「구빈법」을 설명하기 전에 중세시대의 자선에 대해서 먼저 간략하게 설명할 필요가 있다. 일반적으로 구빈정책의 시작을 중세의 자선으로 보는 경우가 많다. 초기 기독교에서는 부자의 남는 재산은 가난한 자의 것이라는 생각이 상당한 이론적 전통을 가지고 있었다. 따라서 중세의 현실에서는 어떠한 형태로든지 부자의 잉여재산을 사회화할 방도를 강구하지 않을 수 없었다. 그래서 구원의 수단으로 자선을 강조하는 전통이 생기게 되었다. 다시 말해서, 자선을 베풀면 그 일이 신을 즐겁게 할 것이며, 따라서 그로 인해 자신은 신에게 은혜를 받을 것이라는 기대를 가지도록 유도하였다.

근대 초기에 비해서 중세 빈민들의 생활은 비교적 안정적이었다. 그 이유는 다음과 같다. 첫째, 중세의 구원 프로그램에 빈민이 포함되어 있었고, 따라서 자선활동이 활발히 전개되었다. 둘째, 농민들 대다수가 농사지을 땅을 가지고 있었다. 셋째, 공동체적 유대에 바탕을 둔 인간관계가 전제되어 있었다. 이러한 중세 빈민들의 생활은 중세의 전통이 약화되면서 크게 어려워지기 시작하였다.

1) 영국의 사회복지 발달

(1) 「구빈법」에서 「신구빈법」까지

봉건사회의 해체 이후 빈곤은 사회문제로 대두되기 시작하였다. 봉건시대에는 기본적으로 농노와 영주라는 계급질서가 있었다. 이는 공동체에 기초한 것인데, 만일 기근으로 농노들이 굶주렸다면 그 시기에는 영주들 역시 굶주렸을 것이고, 빈곤이 특정 계층에게 발생하는 사회문제가 아니라는 것을 의미한다. 그러나 14세기 중엽이 되면 봉건시대의 경제적·정치적 시스템은 붕괴된다. 봉건시대의 붕괴는 인구의 이동을 낳았고, 이전에는 볼 수 없었던 빈민계층이 생기게 되었다. 국가는 빈민문제를 해결하기 위해 수도원을 활용하였다. 국가는 한편으로는 걸식이나 부랑을 처벌하는 억압정책을 펴면서, 다른 한편으로는 수도원 조직을 활용하여 부랑자들이 사회에 가하는 충격을 줄이도록 하였다.

그러나 16세기가 되면 그러한 정책은 한계에 다다르게 되는데, 우선 엔클로저 운동(경작지를 목초지로 전환)으로 인해서 다수의 농민이 생계수단을 잃게 되면서 빈민이 대규모화되었으며, 헨리 8세가 로마 가톨릭과 결별하고 자신이 종교적인 수장임을 선포하면서 수도원들이 폐쇄되며 빈민의 구제수단이 사라지게 되었다. 수도원의 구제라는 완충장치가 없어진 영국에서 빈민의 대량 발생은 사회의 잠재적인 위협으로 간주되었다. 이후 억압과 보호라는 양면적인 정책이 시행되는데, 이것이 「구빈법(poor law)」의 탄생으로 이어졌다.

흔히 「구빈법」이라 불리는 「엘리자베스 구빈법」은 엘리자베스 여왕 치세의 1563년 법, 1572년 법, 1576년 법, 1597년 법 그리고 1601년 법을 통칭한 것이다. 이 법의 가장 큰 특징은 수급 대상자를 분류하여 대상자의 선정 기준으로 규정하려 하였다는 것이다. 노동능력이 없는 자와 노동능력이 있는 자로 구별한 후, 노동능력이 있는 자는 다시 일할 의지가 있는 자와 구제불능인 자로 구분하였다. 그리하여 노동능력이 있는 자는 작업장(workhouse), 갱생불능의 나태한 자는 교정원(house of correction), 생활 무능력자는 빈민원(poor house), 이렇게 세 가지 시설로 보내지게 되었다. 이에 기초하여 노동능력이 없는 빈민은 최소한의 생활을 부양하고, 노동능력이 있는 빈민은 노동을 강제하고 거부하면 투옥하였다. 이는 노동능력을 기준으로 빈민에 대한 억압과 구제를 구별하여 실시하였던 것으로, 이러한 전통은 오랫동안 지속되었다.

「엘리자베스 구빈법」은 빈곤구제의 책임이 국가에 있다는 것을 최초로 선언했다는 데 큰 의의가 있다. 이때 만들어진 가족우선부양의 원칙이나 근로능력에 따른 구제방식의 구분 등은 향후 오랫동안 공공부조제도에 영향을 미쳤다.

이후에도 빈민들을 위한 조치들이 계속되었다. 빈민들의 교구가 이동을 제한하는 1662년의 거주지 제한법이나 (작업장의 출현에 이은) 작업장을 규제하기 위한 1722년의 「나치블법」은 빈민들을 억압하기 위한 조치들이었다. 작업장의 경우는 원래 취지는 근로능력이 있는 빈민을 강제적으로 노동시킴으로써 사회로 복귀시키기 위한 것이었으나, 시간이 지나면서 강압적이고 불결한 환경으로 빈민을 억압하기 위한 수단으로 변질된다.

그러나 억압적 조치들만 있었던 것은 아니다. 1795년에 스핀햄랜드 지역에서 이루어진 스핀햄랜드 제도는 일종의 임금보조제도로서 중요한 의미를 지닌다. 빈민들 중에서 노동 가능한 빈민을 작업장에 수용하지 않고 자신의 집에 거주하면서 노동을 하게 유도하고, 임금 수준이 낮아서 자신과 가족의 생계유지에 필요한 빵을 구입하지 못하는 경우 그 부족한 부분을 교구의 구빈세로 지급해 주는 제도로서, 향후 최저임금제도의 효시가 된다. 그러나 이 제도의 도입은 구빈비용의 급격한 증가로 이어지게 된다.

「구빈법」에서 스핀햄랜드 제도 사이의 200여 년은 근대 자본제 사회의 성립기로서, 초기에는 국가에 의한 빈곤구제가 일종의 치안 유지의 성격을 가졌지만, 상공업이 발전하기 시작하는 18세기 말에 이르러서는 「구빈법」 체계가 노동력의 확보와 통제라는 문제와 연결된다. 따라서 노동윤리를 해치지 않는 범위 내에서 빈민에 대한 원조를 제공하기 위한 다양한 노력을 하는 시대였다(박광준, 2013). 그 사이에 구제와 억압 정책이 번갈아 등장하게 되었다.

스핀햄랜드 제도 도입 시기는 영국의 산업혁명기였으며, 산업혁명 시대를 지배한 사상은 자유주의와 공리주의였다. 특히 자유주의가 당시 사회에 미친 영향은 지대하였으며, 이 시기에 부를 축적하게 된 부르주아 계층은 자유방임을 열렬히 찬양하였다. 당시 자유주의는 자본주의하에서 인간은 더 이상 계급 등이 아니라 능력에 따라서 살 수 있다는 신념이 강했으며, 따라서 빈민에 대해서는 부정적인 시각을 가졌다. 따라서 스핀햄랜드 제도 이후 빈민에 대한 정책은 강력한 억제정책으로 전환하게 되었고, 이는 「신구빈법(new poor law)」 제정으로 이어지게 되었다.

1834년에 제정된 「신구빈법」은 억압정책으로의 회귀경향으로 획기적으로 강화시켰다. 자본주의와 개인주의의 발전에서 「엘리자베스 구빈법」 이후 진행되었던 빈민들에 대한 인간주의화 경향을 일소하고 다시 엘리자베스 시대의 구빈법으로 돌아가자는 원칙을 확립한 것이다. 「신구빈법」은 이른바 '열등처우의 원칙(principle of less eligibility)'을 제시했다는 점에서 중요한 의의를 가지는데, 이 열등처우의 원칙이라 함은 '원조를 받는 빈민에 대한 처우는 원조를 받지 않고 자활하는 최하급 노동자에 대한 사회적 처우보다 열등한 것이어야 한다.'는 것이다. 이 원칙은 오늘날 국가의 공공부조정책에까지 이어진다는 점에서 중요한 의미를 갖는다.

자본주의가 발전하면서 빈민의 수가 줄어들지 않는 상황이었음에도 당시 사회에서는 빈민에 대한 국가의 원조가 낭비라고 보았으며, 따라서 구빈비용을 줄이는 데 초점을 두었다. 이에 「신구빈법」은 엄격한 노동능력 기준으로 구제할 가치가 있는 빈민(deserving poor)과 구제할 가치가 없는 빈민(underserving poor)으로 구분하여, 전자에게는 최소한의 보호를 제공하고 후자에게는 작업장에 강제로 수용하여 억압적이고 치욕적인 대우를 받도록 하였다. 「신구빈

법」시대에 나타난 이러한 변화는 직접적으로는 스핀햄랜드 제도에 따른 구빈
비용 증가에 대한 반응이었으나, 그 의도가 단순히 구빈비용의 절감에 그치지
않고 국가에 대한 의존은 죄악이라는 당시 자유주의 시대의 지배 이데올로기
의 산물이기도 하였다.

(2) 「신구빈법」 이후 부스의 사회조사까지

「신구빈법」으로 빈민 구제에 대한 국가의 역할이 크게 축소되면서 빈민들
의 삶은 더욱 어려워졌다. 일반적으로 자유방임에 기초한 자본주의 사상은
'자조'를 통해서 인간의 이상이 달성할 수 있다고 보았으나, 실제로는 대규모
빈민이 존재하고 있었고, 이는 자유방임사회의 모순을 드러내는 것이었다. 이
에 대해서 국가의 태도가 미온적이었기 때문에, 불가피하게 「구빈법」과는 별
개로 민간 차원에서 나름대로의 빈곤 구제 방법을 개척하게 된다.

첫 번째 접근은 자선조직의 조직화였다. 「신구빈법」 하에서 자선단체들은
급격하게 증가하였으며, 이미 그들의 공적인 구빈법 지출을 상회하는 수준이
었다. 그러나 이러한 단체들은 공적인 구빈당국과의 협력은 물론, 그들 사이
에서도 협력이 이루어지지 않아, 자선사업들이 한편에서는 자원을 낭비하고
다른 한편에서는 도덕적 타락을 유발하는 등의 문제를 일으키게 되었다.

이러한 분위기 속에서 1869년에 자선기관들이 서로 협력하고 정보를 교환
하여 활동을 조직하기 위해 설립한 것이 자선조직협회(Charity Organization
Society: COS)이다. COS의 목적은, 첫째, 자선기관과 「구빈법」 그리고 자선기
관들 사이의 협력을 통해, 둘째, 적절한 조사와 사례들에 알맞은 조치를 보장
함으로써, 셋째, 구걸을 방지함으로써 빈민들의 생활조건을 향상시키는 것이
었다. 이 활동은 조직적으로 이루어짐으로써 현대 사회사업의 기초가 되었다.
그렇지만 COS는 다소 보수적인 빈곤관을 가지고 있어서, 빈곤의 원인이 자본
주의의 문제가 아니라 빈민의 성격이나 생활방식에 있다고 보았으며, 따라서
사회개혁보다는 빈민의 변화에 초점을 맞추었다.

두 번째 접근은 인보관운동(settlement movement)으로서, 이는 빈곤문제로

취약한 지역사회의 문제를 해결하기 위해 지식인들이 그 지역에 정착하여 함께 살아가면서 궁극적으로 지역사회의 문제를 해결하고자 하는 운동이었다. 당시 지식인들은 이른바 '계급적 죄의식' 을 가지고 있었는데, 이는 자본주의 사회에서 자신들은 어느 정도 안정된 생활을 하고 있으나 많은 빈민이 존재하며, 그들의 희생으로 자신들이 잘 살게 되었다는 생각에서였다. 이들 지식인에게 빈곤은 개인의 성격이나 생활습관에 의해 발생한 것이 아니라 사회문제이며, 따라서 사회개혁이 동반되어야 하는 것이었다. 궁극적으로 빈곤문제를 해결하는 것은 국가의 역할이지만, 국가의 개입까지 상당한 시간이 필요한 시점에서 그들이 빈곤지역에 정착해서 생활하면서 빈민들과 더불어 살면서 그 지역의 생활환경을 개선하고자 노력하였다. 이들의 활동은 향후 지역복지로 이어지게 되었다.

　이러한 민간 사회복지 활동들은 일부 빈민의 생활을 개선할 수는 있었으나, 여전히 자유방임 사상에 기초한 자본주의 사회의 빈곤문제는 점점 심해져갔다. 그리고 시간이 지나면서 자유방임으로는 문제를 해결할 수 없다는 생각이 강해지면서 점점 빈곤에 대한 국가의 역할이 강조되기 시작하였다.

　그 무렵 부스(Booth)는 대규모 빈곤조사를 실시하여 빈곤문제의 심각함을 세상에 알리는 데 큰 기여를 하였다. 그는 부유한 사업가 출신으로 초기에는 빈곤문제가 개인의 문제이며 자본주의의 발전으로 줄어들 것이라고 믿었다. 그러다가 당시 언론 등을 통해 거론되고 있던 빈곤문제에 대해서 보다 자세히 살펴보고자, 1886년부터 런던지역에 대한 대규모 사회조사를 실시하게 된다. 이를 통해서 부스는 당시 런던의 빈곤이 상당히 심각하다는 사실을 객관적으로 보여 주었다. 조사방법적으로 부스의 조사는 빈곤선 등에 대한 과학적 근거를 제시하지는 못하였으나, 당대 많은 사람에게 영향을 끼치게 된다. 이를 이어받은 라운트리(Rowntree)는 보다 진보된 조사기법 등을 사용하여, 요크 시를 대상으로 현대의 빈곤 개념이나 공식적인 빈곤선 개념에 입각하여 빈곤조사를 실시하게 되었다. 이를 통해서 라운트리는 당시의 빈곤 원인이 저임금이라는 사실을 밝혀내었다.

　　19세기 후반이 되면 자본주의의 폐해가 심해지면서 특히 자유방임 사상에 근거한 자본주의 사회의 변화가 요구되었다. 또한 노동자들의 참정권 확대, 사회주의 사상의 보급, 빈곤의 실상을 사회에 알린 사회조사들에 의해서 자본주의 사회의 근본적 개혁의 필요성이 널리 퍼지게 되었다.

2) 사회보험 시대

(1) 비스마르크의 사회보험 입법

비스마르크

　　앞에서는 영국에서의 빈민들을 위한 사회복지의 발달을 살펴보았다. 영국에서 「신구빈법」이 제정되고 그에 따른 다양한 문제가 드러나던 19세기 후반기에, 독일에서는 사회보험제도가 도입되는 과정을 겪게 된다.

　　독일은 영국에 비해서 산업혁명이 늦게 이루어졌다. 영국과 달리 독일은 19세기 초만 해도 여전히 봉건주의적 성격이 강한 농업국이었으며 후진적이었다. 자유주의 사상의 보급은 매우 늦었으며 부르주아의 힘 역시 약했다. 그렇지만 1840년대부터 독일의 산업혁명은 급속하게 진행되었는데, 다른 국가와 마찬가지로 당시 노동자의 삶은 매우 열악하였다. 그들의 삶에 대한 국가의 체계적인 보호가 부재한 상태에서, 독일 근로자들은 자발적으로 공제조합을 발전시켰다. 이는 급작스러운 생활고에 봉착했을 때 중요한 자조 수단이 되었으며, 공장주나 국가에 대하여 노동자의 이익을 대변하는 통로가 되었다. 자본주의 사회에서 발생할 수 있는 사회적 위험에 대한 대비 차원에서 만들어진 조합은 1870년대에는 이미 1만 2천 개에 이를 정도로 보편화되었다.

　　당시 정치적 상황을 살펴볼 필요가 있는데, 1870년대에 독일은 경제적으로도 자본주의적 공업국이 되었을 뿐 아니라 유럽에서 가장 강력한 사회주의 운동이 일어난 국가였다. 당시 지배계급이 보기에 이러한 사회주의 세력의 득세는 사회질서의 커다란 위협으로 받아들여졌다. 그러나 당시 지배계급인 귀족계급(재상인 비스마르크로 대표된다)은 사회주의 세력의 성장도 걱정거리였지만, 국가 지배권력의 유지라는 측면에서 정치적 경쟁자인 부르주아를 더욱 견제하였다. 따라서 비스마르크에게는 노동자에게 권력을 부여해 주는 것이 노동자의 국가에 대한 충성심을 확보하면서 부르주아를 견제하는 것이라는 정치적 계산이 있었으며, 이러한 정치적 계산은 사회보험제도의 도입으로 이어졌다.

그렇다고 해서 비스마르크가 노동자에 대해서 친화적이기만 한 것은 아니었다. 당시 비스마르크는 사회주의자나 노동계급에 대한 강력한 통제정책도 펼쳤으며, 그러한 통제정책만으로는 충분하지 않았기 때문에 사회보험제도의 도입을 통해서 노동자를 보호하는 정책을 실시하는 경우 노동자가 군주에게 충성을 다할 것이라는 소위 '복지군주제' 관념을 활용하였다. 당시 사회주의자들은 사회보험을 통하여 자본주의의 틀 내에서 노동자의 경제적 지위를 개선하는 일은 불가능하다고 생각하고 있었다. 그래서 그들은 기본적으로 비스마르크의 계획에 찬성하지 않았으나 그를 저지할 힘을 가지지 못하였다. 비스마르크는 기본적으로 빈곤층 구제에는 그다지 관심이 없었으나, 국가에서 운영하는 사회보험제도가 노동자의 충성심을 강화하고 노동자들을 효과적으로 통제할 수 있는 방법이 될 것으로 보고 적극적으로 사회보험제도 도입에 앞장섰던 것이다.

그렇지만 사회보험제도는 사실상 오랜 전통이 있었던 공제조합을 법제화한 것으로서 애초에 존재하지 않았던 제도를 새로 만든 것은 아니었다. 다시 말해서, 비스마르크는 사회보험제도를 도입하기 위한 노력을 하지 않은 것은 아니지만, 정부의 재정이 아닌 가입자의 기여로 운영되는 사회보험제도의 도입으로 인해서 실제로 국가의 추가적인 재정 부담은 필요하지 않았다. 이에 기초하여 1880년대에 독일은 산업재해보상보험을 시작으로 의료보험, 공적연금, 실업보험 등의 사회보험제도를 도입하게 되었다. 이러한 도입은 다른 주변국에

도 그대로 전파되어 불과 20여 년 사이 대부분의 서구 국가가 사회보험제도를
도입하게 되었으며, 현재까지도 사회보험제도는 거의 모든 복지국가의 핵심
적인 복지제도로 자리 잡고 있다.

(2) 영국과 미국의 경험

영국의 강한 자유주의 전통은 복지를 확대하는 데 있어 장애물이었다. 당시
국가의 개입은 자연스럽게 사회주의와 연결되었기 때문에, 자유주의 입장에
서는 빈곤 해결을 위한 국가의 정책 개입과 관련해 딜레마에 빠졌다. 그러나
그린(Green)은 당시의 '소극적 자유' 개념을 확대하여 '적극적 자유'를 주창
하였는데, 이는 인간에게 있어 목적은 인격의 성장이며 자유는 그 목적을 달
성하기 위한 수단이므로 공공의 복지를 위해서 개인의 자유를 제한할 수 있다
는 적극적 자유라는 개념을 확립하였다. 이를 바탕으로 자유주의를 포기하지
않음으로써 국가가 복지에 개입할 수 있다는 사상이 받아들여질 수 있었다. 이
는 20세기 초 자유당(중도노선)이 집권하면서 여러 가지 사회개혁 입법을 도입
할 수 있는 사상적 기반이 되었다. 그리고 집권 세력은 아니지만 노동자들의
지지를 바탕으로 세력을 확대해 왔던 노동당은 당시 집권 세력을 압박하여 사
회개혁 입법이 통과되도록 하는 데 크게 기여하였다.

당시 대표적인 사회개혁은 1908년의 노령연금 도입과 1911년의 「국민보험
법」(국민건강보험과 실업보험) 제정이었다. 특히 「국민보험법」 제정 시에는 막대
한 재원이 필요했는데, 당시 장관이었던 로이드 조지(Lloyd George)는 1909년
의회에 국민의 예산(people's budget)을 제출하였고, 이를 반대한 지주 측에 맞
서 결국 자신의 뜻을 관철시켰다. 이 예산은 영국의 현대적 예산 편성의 효시
로 평가된다. 그럼에도 불구하고 당시 영국의 입법은 제한적이고 보수적이었
다는 평가를 받는다. 노령연금은 빈곤층만을 대상으로 하는 제도에 불과하였
고, 다른 보험급여도 노동과 저축을 장려한다는 명목으로 급여수준이 매우 낮
았다.

미국의 경우에는 경제수준에 비해서 사회복지의 실현 정도가 낮았다. 개인

주의와 자유가 강조되어 국가의 개입은 지연되었는데, 특히 사회주의의 부재와 미개척지의 존재가 핵심적인 원인이었다. 특히 미개척지의 존재는 자조의 정신과 노동능력만 가지고 있다면 자활할 수 있다는 꿈을 제공하였기 때문에 사회복지의 발전을 지체하는 주요한 원인이 되었다. 이러한 경향은 1920년대 후반 대공황을 겪은 뒤에 바뀌게 된다. 당시 세계에 엄청난 충격을 준 대공황은 엄청난 실업을 초래하고 이어서 전국적으로 시위와 파업 그리고 폭동을 야기하였다. 이에 1933년에 취임한 루스벨트(Roosevelt) 대통령은 당시의 지배적인 자유방임주의를 포기하고 뉴딜(New Deal)이라는 국가의 적극적인 개입을 단행하였다. 이는 국가가 시장에 개입하여 소비자들의 손에 돈을 쥐어 주고 구매력을 증가시켜 유효수요를 창출하겠다는 것이었다.

미국의 1935년 「사회보장법」 제정은 그러한 뉴딜정책 가운데 하나였다. 빈곤 문제에 대해서 더 이상 방관만 할 수 없다는 사실을 알게 된 미국 정부는 노령연금과 실업보험 그리고 공공부조를 포함하는 사회보장제도를 실시하도록 하였다.

「사회보장법」을 포함한 뉴딜정책은 사회사업의 입장과 지위를 상승시켰는데, 자산조사를 제외하고는 구제 결정에서 정해진 지침이 없었기 때문에 사회사업가의 판별에 근거하여 수급자격, 급여수준 그리고 공공근로 여부가 결정되도록 하였다. 이러한 활동들은 주로 민간 자선기관에서 일하던 사회사업가들을 공적인 빈곤구호사업으로 끌어들이는 효과가 있었고, 결국 사회사업 및 사회사업가의 활동 영역을 획기적으로 확장시키는 계기가 되었다.

3) 복지국가의 발전

1945년에 제2차 세계대전이 끝난 이후부터 서구 국가들은 예외 없이 복지국가를 추구하여 왔다. 사회복지의 발달 역사를 다루면서 복지국가의 내용을 간략하게 살펴보는 것은 필수적이라 할 수 있는데, 제2차 세계대전 이후 복지국가 발전의 토대가 되었던 베버리지 보고서의 내용부터 살펴본다.

베버리지

　영국의 학자였던 베버리지(Beveridge)는 인보관 운동과 같은 사회개량운동에 참여하였고, 1900년 대 초반에는 「국민보험법」이 제정되는 과정에도 참여하였다. 전쟁 중에 연립정부는 그에게 국민보 험과 관련 서비스의 기존 제도를 조사하기 위한 위원회를 구성하게 하였는데, 그 위원회의 보고서 가 1942년에 발표된 베버리지 보고서다. 이것은 복지국가체제의 청사진이었다. 그의 보고서의 핵 심은 다섯 가지 사회악(질병, 무지, 불결, 무위, 결핍)을 해결하기 위해 네 가지 서 비스체계, 즉 의료, 교육, 주택, 고용서비스를 구축해야 하며, 사회보험제도를 주축 사회보장제도로 하고 국가부조제도는 보조제도로 두되, 그것이 작동하기 위해서는 보편적인 아동수당, 무료 의료서비스 그리고 완전고용이 전제되어야 한다는 것이었다.

　베버리지의 복지국가 청사진은 당시 연립정부를 이끌던 처칠(Churchill) 등 에게는 배척되었지만, 전후 집권한 노동당 정부는 베버리지 보고서에 기초하 여 다양한 입법을 진행하였다. 노동당 정부는 1945년에 「가족수당법」, 1946년 에 「국민보험-산업재해법」과 「국민보건서비스법」, 그리고 1948년에 「국민부 조법」을 제정하여 사회보장체계를 완성하였는데, 이는 복지국가 성립의 기초 로 평가받고 있다. 여기에서 중요한 것은 「국민보건서비스법」과 「국민부조 법」으로서, 전자의 경우 모든 국민이 보편적으로 비용 부담 없이 의료서비스 를 받도록 하는 보편적 의료제도의 도입을 의미하고, 후자의 경우 이미 오래 전부터 의미가 퇴색되었던 구빈법을 해체하고, 보다 진보된 공공부조제도의 도입을 의미한다.

　복지국가를 추구하기 위한 노력은 단지 영국에서만 이루어진 것이 아니다. 전후 서구 국가들은 지속적인 경제성장을 배경으로 전례 없이 국가-자본-노 동 간에 형성된 '화해적 정치구조' 하에서 경제성장-완전고용-복지국가를 함께 다루는 동의의 정치(politics of consensus)를 실현하기 위해서 노력하였다.

이를 통해서 서구 국가들은 비약적으로 복지지출을 늘리면서 사회적 위험에 대비하기 위한 다양한 복지제도를 도입 혹은 확대하였다. 이는 결과적으로 자본주의 사회에서 필연적으로 발생하는 빈곤이나 빈부격차 문제를 해결하는 데 크게 기여할 수 있었다.

그러나 그러한 화해 구조는 영구적인 것은 아니었다. 1970년대에 복지국가들은 경제성장 저하 등의 문제가 발생하면서 과거보다 복지제도를 확장할 능력이 약화되기 시작하였다. 그뿐만 아니라 고령화나 노동시장 변화와 같은 새로운 사회적 위험의 도래 역시 복지국가의 지속 가능성을 끊임없이 위협하고 있다. 일각에서는 전후 복지제도를 비약적으로 확대했던 경험이 예외적인 상황이며 복지국가는 지속 가능하지 않다고 주장하고 있지만, 그럼에도 불구하고 자본주의 사회의 예기치 않은 위험으로부터 국민들을 보호하는 복지제도의 필요성은 여전히 중요한 것이 사실이다. 따라서 앞으로 복지국가는 없어지는 것이 아니라 사회의 변화에 맞추어 끊임없이 변화될 것으로 전망된다.

생각해 보기

1. 본인이 생각하는 사회복지의 동기는 무엇인지 토론해 보자.

2. 빈곤의 책임에 대한 개인적 관점과 사회적 관점에 대해서 토론해 보자.

【 참고문헌 】

김상균, 최일섭, 최성재, 조흥식, 김혜란, 이봉주, 구인회, 강상경, 안상훈(2011). 사회
    복지개론(3판). 경기: 나남출판.
박광준(2013). 사회복지의 사상과 역사: 서구복지국가와 한국(2판). 경기: 양서원.
이달휴(2000). 사회보험의 원리. 복지행정론집, 10권.
이준영, 김제선(2015). 사회보장론(3판). 서울: 학지사.

International Labour Organization (ILO). (1952). *The ILO social security convention,*
    1952 (No. 102).
Macarov, D. (1978). *The design of social welfare.* New York: Hold, Rinehart and
    Winston.

제**6**장

사회복지와 철학

이 장에서는 사회복지에 철학적으로 접근한다. 사회복지를 크게 정책적 접근과 사회복지실천적 접근으로 구분할 때, 사회복지정책 분야에서의 철학은 분배정의에 대한 다양한 시각을 포함한다. 우리는 공리주의, 롤스(Rawls)의 정의론에 기초하여 분배정의를 고찰한다.

그리고 사회복지 이념을 검토하는데, 이념의 연속선상에서 존재하는 각 입장에서 바라보는 사회복지가 다름을 확인할 수 있다.

사회복지실천에서 철학적 접근은 사회복지사의 윤리에서 두드러지게 드러난다. 우리는 사회복지사가 지니는 가치와 전문가 가치를 살펴보고, 사회복지철학의 미래에 대해 생각해 본다.

학·습·목·표

1. 사회복지에 철학적으로 접근하는 것에 대해서 이해한다.
2. 사회복지철학에 대해서 관심을 가진다.
3. 사회복지사가 가져야 할 윤리적 원칙에 대해서 학습한다.

1. 질문들: 사회복지와 철학의 만남

다음의 세 가지 질문에 대해서 한번 생각해 보자.

2010년 한국 사회에 『정의란 무엇인가(Justice: What's the right thing to do?)』라는 책이 베스트셀러가 되었다. 이 책은 하버드 대학교 철학과 교수인 마이클 샌델(Michael Sandel)의 강의를 기본으로 한 것이다. 첫째, 그의 책에 나오는 '트롤리 문제(trolley problem)'를 살펴보자. 트롤리는 손으로 작동되는 전차다. 브레이크가 고장 난 트롤리가 달리는 선로 위에 다섯 사람이 서 있다. 트롤리가 그대로 질주하면 모두 죽게 된다. 트롤리의 선로를 변경하면 다섯 사람이 살 수 있지만, 다른 선로 위에 서 있는 한 사람은 죽게 된다. 트롤리를 운전하고 있는 여러분의 선택은 무엇인가? 다섯 사람을 살릴 것인가, 아니면 한 사람을 살릴 것인가?

둘째, 사회복지의 역사를 살펴보면 1601년 영국의 「엘리자베스 구빈법」이 많이 언급된다. 이 「구빈법」의 특징 중 하나는 '가치 있는 빈민(deserving poor)' 과 '가치 없는 빈민(undeserving poor)'을 구별했다는 것이다. 여기에서 빈민의 구분 기준은 무엇이었을까? 구빈법에서는 노동이 분류 기준이 되어 국가에서 도와줄 가치가 있는지 없는지 여부를 결정하였다. 즉, 노동 가능한 빈민은 국가에서 도와줄 필요가 없다고 간주되었고(가치 없는 빈민), 작업장에서 근로를 하도록 강제되었다. 그런데 만약 노동 가능한 빈민이 게을러서 가난하게 된 것이 아니라 일자리가 없어서 가난하게 된 것이라면, 노동이라는 기준으로 빈민을 구별하고 다르게 대우하는 것이 타당한 것일까? 현재 한국 사회에서 청년 실업이 문제가 되고 있는데, 청년들은 일하기 싫어서 실업 상태에 놓여 있는 것일까, 아니면 경제 상황이 좋지 않아서 일자리가 부족하여 실업 상태에 빠진 것일까?

셋째, 민○○은 장애인복지기관의 사회복지사다. 준이는 7세의 남아로, 2개월 전부터 이 기관의 정신지체 아동교육 프로그램에 참여해 왔으며, 준이 어머니는 때때로 민○○에게 아동 양육 및 부부관계에 관한 상담을 받아 왔다. 민○○에게도 15세가 된 정신지체 1급의 아들이 있으며, 시어머니가 반년 전 돌아가신 이후로 아들을 돌보는 데 큰 어려움을 겪고 있다. 민○○은 마음은 아프지만 더 이상 아들을 집에서 돌보기는 어렵다고 생각하고 있으며, 아들의 장애인보호시설 입소를 위해 노력하고 있다. 그러나 아이가 기본적인 일상생활 관리를 전혀 할 수 없고 공격적이므로 입소가 어렵다는 시설 측의 이야기를 계속 들었을 뿐이다. 어느 날, 준이 어머니는 상담 중에 정도가 심한 정신지체 자녀를 돌보기 어려운 가정을 인근 신도시에 위치하고 있는 비인가 시설에 연결해 주었는데 부모가 무척 고마워한다는 이야기를 했다. 시설은 장애아를 더 받을 여유가 없었는데, 준이 아버지가 후원회장이기 때문에 특별히 배려해 준 것이었다. 그 가정이 적합한 보호시설을 찾기 위해서 얼마나 애를 써 왔는지 모른다고 하면서, 시설과 연결해 줄 수 있었던 것을 기뻐했다. 민○○은 입소가 가능한 적합한 시설을 찾는 데 절망적이었는데, 준이 어머니에게 아들 이야기를 하고 도움을 요청할 것인가?

이러한 질문에 대해서 여러분은 어떻게 생각하는가? 왜 사회복지학을 공부하려고 하는지, 그리고 사회복지학이 자신과 정말 어울리는지를 고민하는 대학 신입생들에게 이 질문들은 사회복지와 철학의 만남을 경험하게 하는 계기를 제공할 것이다.

2. 우리는 공리주의자인가: 분배정의에 대한 고찰

샌델의 책 『정의란 무엇인가』가 한국에서 베스트셀러가 되었다는 사실은 한국 사회에 정의에 대한 갈망이 있다는 것을 보여 준다. 1960년대 이후 고도성장기를 거치면서 한국은 경제적으로는 급속하게 발전했지만, 경제성장에 걸맞은 정신적 성숙 혹은 국민의식 성장은 지체되어 있던 것이 사실이다. 이후 1997년 외환위기를 겪으면서, 이에 따라 2000년대 한국 경제의 구조가 급격히 변화하게 되었다. 외환위기는 평생직장의 개념을 파괴했고, 이에 따라 한국 사회에 실업, 비정규직 등 많은 사회문제가 나타났다. 따라서 노동시장의 급속한 변화(유연화)에 따른 사회문제에 대한 관심 또는 분배정의에 대한 관심이 『정의란 무엇인가』라는 책에 대한 관심으로 나타났다고 보인다.

  우리가 앞에서 제기했던 첫 번째 질문으로 돌아가 보자. 만약 여러분이 한 사람이 아닌 다섯 사람을 살리기로 결정한다면, 여러분은 '최대 다수의 최대 행복(the greatest happiness for the greatest number)'이라는 공리주의적 원칙에 암묵적으로 찬동한 것이라 할 수 있다. 공리주의자로 유명한 사람은 벤담(Jeremy Bentham)이다[그의 아버지와의 관계를 비롯한 개인사에 대해서는 데이비스(Davis, 2015) 참조]. 그는 쾌락을 수학적으로 측정할 수 있으며 쾌락의 양적인 차이가 중요하다고 보았다. 그는 쾌락의 양을 계산하면서 "누구나 한 사람으로 고려되어야 하고, 어느 누구도 한 사람 이상으로 고려되어서는 안 된다."라고 강조하였다(오윤수, 정현태, 이대주, 2010: 57에서 재인용). 이러한 벤담의 입장에서 트롤리 문제를 살펴보면, 최대 다수의 행복이 중요하기 때문에 다섯 사람이 한 사람보다 중요하다고 하겠다. 이처럼 판단의 기준이 총 행복(혹은 효용)에 놓여 있기 때문에, 공리주의적 사고는 적극적 분배 혹은 재분배의 문제에 대해 소극적이다. 공리주의에서는 사유재산권의 보장이 평등한 분배보다는 더 큰 사회적 효용을 생산한다고 보기 때문이다(오윤수 외, 2010).

  이러한 공리주의는 잔여적 사회복지를 정당화하는 사고방식이라 할 수 있지만, 공리주의적 사고는 소수자의 희생에 대해서 별다른 해답을 가지고 있지 않다는 점을 기억해야 한다. 만약 한 사회에서 공리주의가 그 사회의 사회복지를 뒷받침하는 철학이라면 소수자의 인권 보장은 쉽지 않을 것이다.

  롤스의 정의론은 분배문제에 무관심한 공리주의의 대안이라고 할 수 있다. 그의 정의는 어떤 사람들의 자유 상실이 다른 사람들이 갖게 될 행복에 의해 정당화될 수 있다는 공리주의를 비판한다. 롤스는 각자가 동등한 관계가 되는 원초적 입장을 전제하고 공정한 최초의 상황에서 합의하면 그것이 정의라고 본다.[1] 즉, '공정으로서의 정의(justice as fairness)'를 강조하는 것이다. 롤스의

벤담의 공리주의

벤담(1748~1832)은 공리주의자로서 당시의 정치철학자 중 대표적 인물이다. 그의 저서 『도덕과 입법의 원리(The principle of morals and legislation)』는 도덕 정치 철학의 고전으로 꼽힌다. 벤담에게 있어 진정한 쾌락(쾌락다운 쾌락)은 다른 사람을 위하여 희생함이 없이 그 자신의 이익을 추구하는 개인에게 만족을 줄 수 있는 쾌락, 즉 이기적인 쾌락이다. 벤담은 행복과 쾌락을 동일시하였는데, 벤담은 쾌락의 계량 가능성을 주장하고 쾌락계산의 구상을 내건 양적 쾌락주의자였다.

벤담

옳고 그름과 의무의 궁극적인 기준은 공리의 원칙(principle of utility)이라는 견해에 따르면, 첫째, 도덕적 목적은 전체로서의 세계를 기준으로 따져 봐야 하는데, 이 경우 가능한 최대의 선을 가져오는 행위가 공리에 부합하는 행위가 되면 이때 선과 악이라는 것은 도덕과 무관한 의미다. 둘째, 어떤 행위가 인간의 행복을 증진시키고 불행을 감소시키면 옳은 것이고, 그 반대의 것은 옳지 않은 것으로 본다. 즉, 쾌락(어떤 행위의 결과가 가져오는 쾌락의 양)이 윤리성 평가의 기준이 된다. 벤담의 공리주의는 어떠한 행위가 행복과 만족을 증가시켜 줄 때 그 행위는 옳은 것이며, 그 반대의 결과를 가져오면 옳지 못한 것이다.

출처: 오혜경(2015: 42).

---

1) 원초적 입장은 무지의 베일 속에서 합의된다. 계약을 맺는 당사자들은 자신이 어떤 원초적 입장에 있는지 모르기 때문에 자신의 이해관계를 떠나 자신의 도덕적 사고능력에 따라 판단하고 선택한다. "아무도 자신의 사회적 지위나 계층상의 위치를 모르며, 누구도 자기가 어떠한 소질이나 능력, 지능, 체력 등을 천부적으로 타고났는지를 모른다는 점이다. 심지어 당사자들은 자신의 가치관이나 특수한 심리적 성향까지도 모른다고 가정한다." (Rawls, 2003: 195-196)

공정으로서의 정의는 순수 절차적 정의라고 할 수 있다(구인회, 손병돈, 안상훈, 2010; 오윤수 외, 2010).

롤스는 "개인은 도덕적인 원리로 형성되어 있으며, 도덕적 원리를 대표하는 것으로서 인간은 평등하다."고 보며, 다음 두 가지 정의의 원칙을 제시한다.

- 정의의 제1원칙: 각자는 모든 사람의 유사한 자유체계와 양립할 수 있는 평등한 기본적 자유의 가장 광범위한 전체 체계에 대해 평등한 권리를 가져야 한다.
- 정의의 제2원칙: 사회적 · 경제적 불평등은 다음 두 가지, 즉 ① 그것이 정의로운 저축 원칙과 양립하면서 최소 수혜자에게 최대 이득이 되고, ② 공정한 기회균등의 조건 아래 모든 사람에게 개방된 직책과 직위가 결부되게끔 편성되어야 한다.

롤스

롤스의 정의론에서 강조하는 정의의 원칙은 제1원칙인 자유의 평등한 분배원칙과 제2원칙인 불평등의 원칙으로 구성되어 있다. 특히 사회복지와 관련된 제2원칙은 '최소 수혜자에게 최대의 이익을 가져오는 경우에' 경제적 · 사회적 불평등이 용인될 수 있다는 원칙이다. 이 원칙은 최소 수혜자에게 자원을 재분배하는 것을 정당화할 수 있다.

사회복지의 기능 중 하나가 재분배기능이라면 분배정의, 즉 '자원을 어떻게 분배하는 것이 정당한가?'라는 질문은 사회복지학에서 매우 중요하다. 사회복지학에서 언급되는 분배정의의 기준으로는 평등 기준, 공적 기준, 욕구 기준을 들 수 있다(오윤수 외, 2010).

첫째, 평등 기준에서는 모든 사람이 평등하게 다루어져야 정의롭다고 본다.

평등 기준은 인간의 보편적 평등성에 기반을 두고 있다. 평등은 결과의 평등과 기회의 평등으로 나누어 살펴볼 수 있다. 결과의 평등은 인간의 존엄성을 바탕으로 모든 사람은 같아야 한다는 것으로 해석될 수 있다. 그리고 기회의 평등은 사람은 존엄하지만 각자가 여러 측면에서 다르기 때문에 기회가 균등하다면 결과의 불평등은 용인할 수 있다는 입장이다.

둘째, 공적 기준에서는 개인의 공적에 근거한 분배가 정의롭다고 본다. 자본주의 시장경제에서 공적에 따라 소득이나 부를 분배하는 것은 당연하다고 할 수 있다. 분배를 위한 공적 기준은 능력, 기여, 노력이다. 사회복지정책에서 사회보험은 기여에 따라 급여가 달라지기 때문에 분배에서 공적 기준이 녹아 있는 정책이라고 할 수 있다.

셋째, 욕구 기준에서는 더 많은 욕구나 필요를 가진 사람에게 더 많은 몫이 돌아가야 한다고 본다. 욕구 기준에서 중요한 것은 욕구를 어떻게 이해할 것인가다. 사회복지에서는 욕구를 절대적 욕구와 상대적 욕구로 나누어 고찰한다. 절대적 욕구는 생존에 필요한 것을 의미하며, 상대적 욕구는 사회의 발전 수준을 반영한 욕구라고 할 수 있다. 이를 빈곤의 측정 차원에서 살펴보면 절대적 빈곤선과 상대적 빈곤선으로 나타난다. 절대적 빈곤선의 예는 미국의 빈곤선인데, 1950년대 미국의 오샌스키(Orshansky)는 저소득 가족의 식품비용의 3배를 최저 연간소득, 즉 빈곤선으로 정하였다(노병일, 2013). 상대적 빈곤선은 경제적 지표의 일정 비율로 설정된다. 예를 들어, 중위소득의 50%를 빈곤선으로 설정한다면, 이는 상대적 빈곤선이라고 할 수 있다. 욕구 기준은 사회복지정책 중 공공부조에서 채택하고 있는 분배의 기준이라고 할 수 있다.

우리는 트롤리 문제를 시작으로 해서 철학적 사고가 사회복지와 연관될 수 있다는 점을 확인하였다. 이제 본격적으로 사회복지와 철학의 만남을 이야기해 보자.

3. 사회복지와 복지이념

　　사회복지정책에서 철학적 접근은 복지이념에서 두드러지게 나타난다. 거시적으로 볼 때 한 사회의 사회복지 수준은 그 사회의 복지이념에 영향을 받는다. 이념은 인간과 사회 제도 및 구조에 관한 일관된 사고체계라 할 수 있는데, 한 사회의 복지이념은 특정 사회의 가치를 반영한다.

　　앞에서 제시한 두 번째 질문을 살펴보자. 여기에서 제기된 복지와 노동의 관계는 사회복지의 역사를 관통하는 중요한 문제라 할 수 있다. 영국의 「구빈법」 전통에서는 노동할 수 있는 가난한 사람에게는 노동을 강제하는 것이 타당하다고 본다. 자본주의가 노동윤리(즉, 근로자들이 제시간에 출근해야 공장이 돌아간다)를 바탕으로 한다는 점을 고려하면, 역사적으로 자본주의의 생성기에 「구빈법」이 등장했다는 것은 의미심장하다(Bauman, 2010). 사회복지가 자본주의의 발전과 맞물려 발전했다는 사실은 한 사회의 경제구조의 변화에 따라 사회복지가 다양하게 변화할 수 있다는 점에서 중요하다. 사회복지가 한 사회에서 구현되는 양식은 복지이념과 경제 상황에 따라 무척 다양하다. 이제 복지이념에 초점을 두고 사회복지에 대해서 논의해 보자.

　　윌렌스키(Wilensky)와 르보(Lebeaux)는 잔여주의와 제도주의로 복지이념 모형을 구분하고 있다. 잔여적 모형은 가족이나 시장 등 사회제도가 제대로 기능하지 못하여 개인의 욕구가 충족되지 않을 때 일시적으로 국가가 개입하여 복지를 제공하는 것을 말한다. 제도적 모형은 사회복지를 가족, 시장 등과 같은 사회제도의 하나로 인식하여 상시적 제도로 국가가 개인의 욕구 충족을 위해 복지를 제공하는 것을 의미한다. 윌렌스키와 르보는 현대사회에서는 잔여적 사회복지에서 제도적 사회복지로의 이행이 일어나며, 이는 사회복지가 발전하는 것으로 해석할 수 있다고 보았다.

　　영국에서 사회정책학을 창시한 티트머스(Titmuss)는 사회복지의 이분형(잔여적/제도적 모형)에 산업성취업적 모형을 첨가하여 사회복지를 세 가지 유형으로 구분한다. 산업성취업적 모형은 산업성취의 업적(생산성)에 따라 복지수준이 결정되는 것을 말한다(권기창, 2014). 티트머스가 복지의 삼분법을 발전시킨 이유는 영국에서 복지국가의 태동 이후 제기되었던 복지국가에 대한 비판에 대응하기 위해서라고 할 수 있다. 국가의 복지 영역에의 개입이 늘어나면서 중산층 이상의 사람들은 자신들이 내는 세금으로 가난한 사람들이 혜택을 받는 것을 그리 달갑게 여기지 않았다. 티트머스는 산업성취업적 모형을 통해 국가의 복지혜택을 가장 많이 받는 계층이 바로 중산층이라는 점을 분명히 함으로써 복지국가에 대한 중산층의 비판을 넘어서고자 한 것이다.

에스핑앤더슨(Esping-Andersen, 1990)은 『복지자본주의의 세 가지 세계(The three worlds of welfare capitalism)』라는 책에서 탈상품화와 계층화를 기준으로 복지자본주의를 세 가지 유형으로 나눈다. 자유주의, 조합주의 그리고 사회민주주의가 그것이다. 여기에서 복지자본주의의 분류에서 핵심 기준인 탈상품화는 상품에서 벗어나는 정도를 의미한다. 탈상품화라는 개념은 자본주의 사회에서 노동력이 상품화된다는 것을 전제로 한다. 즉, 상품화된 노동력이 상품화에서 벗어나는 정도가 바로 탈상품다. 예를 들어, 노동자가 아파서 출근하지 못하는 것은 자신의 노동력을 상품화시키지 못하는 상황인데, 그 노동자가 권리로서 유급 질병휴가를 받을 수 있다면 탈상품화 정도가 높다고 할 수 있다. 즉, 사회복지가 발전할수록 탈상품화 정도는 높아진다고 할 수 있다.

자유주의는 집단에 의한 통제보다는 개인의 자발성을 우선시하며, 국가와 사회제도는 개인의 자유를 보장하고 개성을 꽃피우기 위해 존재한다는 이념이다. 자유주의 모형은 시장의 기능이 강조되고 국가의 역할은 최소화되고 탈상품화 정도가 낮다. 자유주의 모형에서 사회복지는 낮은 수준의 보편적 소득이전, 낮은 수준의 사회보험, 저소득 취약계층에 집중되는 급여, 생존을 위한 최저한도의 급여 수준 등으로 특징지을 수 있다. 자유주의적 사회복지정책을 운영하고 있는 국가로는 영미권 국가를 들 수 있다.

조합주의는 사회복지정책의 주요 과제를 법에 입각하거나 비공식적 협의기구를 통해서 협의·조정하는 의사결정 구조를 갖는다는 특징이 있다. 조합주의 모형에서 사회복지는 기여 중심의 사회보험제도에 크게 의존하며, 사회보험에 의한 혜택은 시장에서의 계층과 지위를 반영한다. 조합주의적 사회복지정책을 운영하고 있는 국가로는 유럽 국가들로서 독일, 프랑스, 이탈리아가 있다.

사회민주주의는 민주주의의 방법으로 사회주의를 실현하고자 하는 사상을 말한다. 사회민주주의에서 사회복지정책은 보편주의 원칙과 사회권을 통한 탈상품화 정도가 가장 높다. 사회민주주의에서 사회복지정책은 보편적 복지의 제공을 강조한다. 사회민주주의적 사회복지정책을 운영하고 있는 국가로는 북유럽 국가들로서 스웨덴, 핀란드, 네덜란드, 덴마크 등을 들 수 있다.

이러한 에스핑앤더슨(Esping-Anderson)의 논의는 사회복지의 발전이 경제 수준의 발전에 따라 이루어지고 결국 경제가 발전할수록 각 국가들의 사회복지 수준이 수렴된다는 수렴론(예를 들어, 윌렌스키와 르보)과 차별성이 있다. 즉, 사회복지의 발전 수준은 경제수준뿐만 아니라 정치적·사회적 맥락에 따라 결정된다는 점을 에스핑앤더슨의 논의가 지적하고 있다고 할 수 있다.

이 밖에 조지(George)와 윌딩(Wilding), 테일러(Taylor)[2] 등 다양한 학자들이 사회복지 이념에 대해서 논의하고 있다. 조지와 윌딩(1976)은 사회복지의 3분법 모형에 급진주의인 마르크스주의 모형을 추가하여 반집합주의, 소극적 집합주의, 페이비언 사회주의, 마르크스주의라는 네 개의 (복지)이념 모형을 제시한다.

반집합주의 모형은 자유방임의 이념을 바탕으로 사회에서 불평등은 필연적으로 나타나고 오히려 순기능이 있다고 보며, 국가는 불완전한 시장을 보완하는 수준에서 개입을 최소화하여야 한다고 보았다. 그런 점에서 사회복지정책은 사회의 취약계층에 대한 가부장적 역할을 수행한다.

소극적 집합주의 모형은 수정자본주의 이념을 바탕으로 사회에서의 불평등을 인정하지만, 지나치면 수정되어야 한다고 본다. 국가는 사회문제 해결을 위

---

2) 테일러(Taylor, 2007)는 자유주의, 보수주의, 사회민주주의, 신자유주의, 제3의 길, 마르크스주의, 페미니즘, 녹색주의 등 여덟 가지 이념적 스펙트럼에서 복지를 어떻게 바라보는가를 논의한다.

해 사회복지정책을 시행하되 임시적·일시적으로 추진하며, 보장은 최소한으로 그리고 선별적으로 이루어져야 한다고 본다.

　페이비언 사회주의 모형은 사회민주주의의 이념을 바탕으로 사회에서 불평등은 반드시 수정되어야 할 부자연스러운 것으로 받아들인다. 국가는 복지국가의 건설을 통해 빈곤을 퇴치하고 적극적으로 자유를 보장하고 불평등을 해소하여야 한다고 본다.

　마지막으로, 마르크스주의 모형은 빈곤 퇴치와 불평등 해소가 복지국가의 실현을 통해서 이루어질 수 없다고 판단하면서 이를 또 다른 자본가들의 착취를 지원하는 도구로 간주한다. 궁극적으로는 국가체계와 자본주의를 거부하고 사회주의 혁명을 제시하고 있다.

출처: 권기창(2014: 47-48).

이상의 논의를 정리하면 〈표 6-1〉과 같다. 이 표에서 볼 수 있듯이 사회복지가 구체적으로 실현되는 방식은 각 국가의 이념의 연속선상의 위치에 따라 다

표 6-1 사회복지의 이념유형

학자	이념의 연속성			
	극우	중도우	중도좌	극좌
윌렌스키와 르보 (Wilensky & Lebeaux)	잔여적 모형	제도적 모형		
티트머스 (Titmuss)	잔여적 모형	산업성취업적 모형	제도적 재분배 모형	
조지와 윌딩 (George & Wilding)	반집합주의 모형	소극적 집합주의 모형	페이비언 사회주의 모형	마르크스주의 모형
에스핑앤더슨 (Esping-Andersen)	자유주의 모형	조합주의 모형	사회민주주의 모형	

출처: 권기창(2014: 47).

양하게 나타나고 있다. 우리는 사회복지정책과 철학의 만남이 복지이념으로 나타난다는 것을 확인한다. 복지이념은 한 사회의 복지수준을 드러내 주는 중요한 기준이라 할 수 있다. 예를 들어, 잔여적 모형에서 제도적 모형으로 발전할수록 그 사회의 사회복지 수준이 향상된 것으로 판단할 수 있다. 여기에서 우리가 생각해 볼 질문은 '과연 한국은 어디에 위치해 있는가? 그리고 한국의 사회복지는 어느 방향으로 나아가고 있는가?'다. 이러한 질문은 사회복지에 관심을 가지기 시작한 대학 신입생들이 함께 토론하기에 좋은 질문이다.

4. 사회복지실천과 철학: 사회복지사의 윤리

사회복지실천에서 철학적 접근은 사회복지사의 윤리강령에서 명백히 드러난다. 세 번째 질문에서 알 수 있듯이 사회복지실천에서 윤리적 딜레마 상황은 사회복지사가 다루어야 할 문제 상황이라고 할 수 있다. 윤리적 딜레마를 어떻게 해결할 것인가? 문제를 해결하기 위해서는 우선 원칙으로 돌아가는 것이 필요하다.

사례를 보자. 사회복지사 민○○은 자신의 어려운 문제를 해결하기 위해서 준이 부모의 도움을 받고 싶은 마음의 동요를 느꼈다. 그러나 민○○은 서비스를 제공하는 과정에서 사회복지사 자신의 욕구와 클라이언트의 욕구를 분명히 구분 지어야 한다고 교육받았다. 클라이언트인 준이 부모와 사회복지사인 민○○의 가족은 이 상황의 결과에 가장 직접적인 영향을 받게 될 관계자들이다. 준이 아버지가 민○○의 아들을 시설에 입소시키는 데 후원장의 지위를 이용할 수 있다면 민○○ 가족은 특별한 혜택을 받게 될 것이다. 준이 어머니에게는 사회복지사를 도움으로써 느끼게 될 만족감이 이익이 될 수 있다. 그럼에도 불구하고 민○○은 클라이언트에게 특혜를 요청하는 것은 전문적 원조관계에 적합한 행동은 아니라는 생각을 하면서 윤리적 딜레마에 직면하고 있다.

이 사례의 관계자들은 이중관계에 의해서 명확한 해를 입을 수 있다. 클라이언트의 지위를 이용해 민○○이 공정하지 않은 과정으로 아들을 시설에 입소시켰다는 사실이 밝혀진다면 그녀의 평판과 전문적 입지는 해를 입을 수 있다. 많은 사람은 그와 같은 청탁을 비윤리적으로 여길 것이다. 그러나 그보다 더 중요한 것은 사회복지사 민○○과 형성할 수 있는 혼란스러운 관계로 인해서 준이 어머니가 해를 입을 수 있다는 것이다. 민○○이 준이 어머니에게 의지하게 되면 두 사람은 적절한 원조관계를 지속해 나가기 어려울 것이다. 클라이언트는 원조를 요청하고 사회복지사는 원조를 하는 위치에 있는 원조관계상의 적합한 역할에 대한 일반적 기대에 혼란이 올 것이며, 결과적으로는 준이 어머니의 효과적인 서비스를 받을 권리를 침해하게 될 것이다.

　사회복지사 자신이나 가족의 생명보호와 관련된 윤리적 문제라면 사회복지사가 자신의 이익을 우선하는 행위가 정당화될 수 있는가? 한국 사회복지사 윤리강령[3]은 사회복지사가 클라이언트의 이익을 우선적으로 고려해야 하며, 전문직 관계를 부당하게 이용해서는 안 된다고 명시하고 있다. 따라서 윤리 지침에 의하면 준이 부모의 복지권 보호가 아들의 시설 입소를 위해 클라이언트의 지위를 이용하고자 하는 민○○의 자기결정권에 우선한다.

> I-1-6. 사회복지사는 자신의 이익을 위해 사회복지 전문직의 가치와 권위를 훼손해서는 안 된다.
>
> II-1-1. 사회복지사는 클라이언트의 권익 옹호를 최우선의 가치로 삼고 행동한다.
>
> II-1-7. 사회복지사는 개인적 이익을 위해 클라이언트와의 전문적 관계를 이용하여서는 안 된다.

　이제 우리는 사회복지사의 가치와 전문가 가치에 대해서 간략히 살펴볼 것

---

3) 〈부록〉에는 한국사회복지사협회의회에서 제시한 사회복지사 윤리강령이 실려 있다.

이다. 사회복지실천은 미국에서 발전한 학문이므로 여기에서 논의하는 것은
주로 미국 학자들과 미국사회복지사협회(National Association of Social Workers:
NASW)의 아이디어임을 기억하는 것이 좋겠다. 앞으로 한국의 사회복지실천
을 고민할 때 한국적 상황에 적합한 사회복지사의 가치와 윤리가 무엇인지에
대해 세심한 주의가 필요하다.

1) 사회복지사의 가치

사회복지사가 클라이언트인 개인, 가족, 집단 혹은 지역사회의 문제를 다루
는 데 있어서 사회복지사의 가치와 윤리는 중요하다. 다음을 읽어 보자.

읽을거리 6-2   사회복지사의 가치와 윤리

가치는 사회복지의 모든 실천에 적용되고 있으며, 가치는 사회복지실천에 중
요하게 영향을 미치기 때문에 사회복지사는 가치에 대해 의식적으로 인식하고
깨달아야 할 필요가 있다. 또한 사회복지실천의 가치는 개념 정립이나 논의의 주
제일 뿐만 아니라 개별 사회복지사나 집단 사회복지사 혹은 지역사회 실천 계획
을 담당하는 사회복지사, 사회조사 전문가들에게 관심의 동기로 다가서야 한다.
그럼으로써 모든 사람에게 보이지 않는 가치라 가정하거나 책임이나 약속에 의
해 끌려가기도 하고 끌고 갈 수도 있어야 한다. 사회복지실천 전문가들은 지속적
으로 실천의 내용을 가정할 수 있어야 하며, 지속적으로 실천에 대한 약속과 공
약을 지키며 충분한 의식을 가지고 가치가 의미하고 있는 내용을 확인할 수 있
어야 한다.

출처: Perman (1976: 381).

사회복지사의 가치는 사회복지사와 함께 일하는 클라이언트, 동료 그리고
사회복지 실천현장에서 만나는 다양한 사람과의 관계에 영향을 미친다. 미국

사회복지사협회가 주장하는 사회복지사의 핵심 가치는 〈읽을거리 6-3〉과 같다(오혜경, 2015).

읽을거리 6-3   **사회복지사의 핵심 가치**

- 우리 사회에서 가장 먼저 관심을 두어야 할 대상은 개인이다.
- 사회복지사와 클라이언트의 관계에서 클라이언트의 사생활과 비밀은 존중되어야 한다.
- 사회적인 측면에서 확인된 욕구에 대해 사회적인 변화를 위해 헌신한다.
- 전문가 자신의 개인적인 욕구를 클라이언트와의 관계로부터 분리함으로써 전문적인 실천에 개인적인 감정이 개입되는 일이 없어야 한다.
- 사회복지사는 클라이언트를 포함하여 욕구가 있는 사람에게 자신의 전문 지식과 기술을 적극적으로 전달한다.
- 클라이언트 개인과 각기 다른 클라이언트 집단에 대해 존경하고 존중한다.
- 클라이언트 자신이 스스로 돕고 자립적인 능력을 계발할 수 있도록 헌신한다.
- 계획한 목표 달성에 어려움이 있을지라도, 클라이언트의 이익을 위해 지속적인 노력을 수행한다.
- 사회정의 구현과 모든 사람의 경제적·신체적·정신적 행복을 위해 헌신한다.
- 전문가로서 개인적인 면에서나 전문적인 실천을 위해 행동하는 데 있어 그 행동의 표준이 되는 서비스의 수준을 높이기 위해 헌신한다.

출처: NASW (1996).

    사회복지사의 가치는 인간 중심적 사고방식의 표현이라고 할 수 있다. 사회복지사는 클라이언트의 인권을 존중하고, 전문적 기술을 통해 클라이언트의 욕구를 해결하고자 하며, 클라이언트 개개인을 넘어 사회의 정의 구현을 위해 노력해야 함을 천명하고 있다.

2) 사회복지사의 전문가 가치

펌프리(Pumphrey, 1959: 43-44)는 사회복지사의 전문가 가치를 〈읽을거리 6-4〉와 같이 설명한다(오혜경, 2015: 70에서 재인용).

읽을거리 6-4   사회복지사의 전문가 가치

- 인간은 무한한 가치를 지니고 있다. 인간은 천부적인 존엄성이 있는 사람으로 인정받아야 하며, 모든 어려움으로부터 보호되어야 한다.
- 인간은 앞으로도 지속적으로 존중받아야 할 대상으로 인식되어야 한다.
- 인간은 아직 확인되지는 않았으나 발전 가능성이 있음을 존중해야 한다.
- 인간의 능력은 인간이 내면적으로 조화롭고 만족스럽게 발전하고 있으며, 동시에 외부적으로는 타인의 발전을 위해 기여하는 능력을 의미한다.
- 인간의 잠재적인 능력을 이해하기 위해서는 반드시 타인들과의 상호교류를 통해 인간관계가 이루어져야 하며, 그러기 위해서는 모든 인간에게 참여할 수 있는 동등한 권리가 주어져야 한다.
- 인간은 발전과 향상이 가능하다. 인간의 변화, 성장, 움직임, 과정, 향상의 개념은 사회복지실천 가치를 규정하는 데 중요하며, 사회복지실천의 안정감을 추론하는 것으로서 관심의 대상이다.
- 인간의 향상은 개인적인 것이며 동시에 집단적인 것으로 인식할 수 있고, 인간은 변화를 위한 능력을 가지고 있다. 따라서 개인을 변화시키기 위한 활동은 찾아지는 것이 아니라 전문가에 의해 형성된 사고, 즉 사람과 사회의 생각에 무언가 좀 더 나은 것을 향해 변화를 하는 것이다.
- 긍정적인 방향에서 개인을 변화시키는 일은 개인, 집단, 조직, 사회가 다른 사람들로부터 목적을 위해 지원받거나 혹은 격려받는 것과 활동적인 것에 의해 빠르고 긍정적으로 방향을 잡는 것이다. 개인을 '돕는다'는 것은 타당함을 나타내 보이는 과정이고, '돕는 가치'는 개인 자신의 권리 안에서 존중받아야 하는 것이다.
- 개인에 대한 가장 효과적인 변화는 강제적으로 이루어질 수 없는 것이다. 사람

들의 잠재적인 능력은 자신의 존엄을 발견하고 스스로 결정을 지시할 수 있는 능력을 포함하고 있다.
- 인간 개개인의 능력은 부족하고, 심각하게 상처받기 쉽고, 나약한 경우가 있다. 그럼에도 불구하고 개인의 능력은 반드시 존중받아야 한다.
- 인간은 지적인 능력이 있음을 반드시 인식해야 한다. 또한 인간은 반드시 자신의 욕구와 잠재력에 대한 이해를 충분히 하기 위하여, 지속적으로 개인의 욕구를 충족시키기 위해 필요한 자원을 찾을 수 있도록 안내가 필요하다. 이미 발견된 능력은 반드시 개인과 사회의 자기만족을 강화시키기 위해 의미가 다양해야 하며, 유용하게 쓰일 수 있어야 한다.
- 사회복지실천 전문가는 사회복지 전문가 가치와 타 전공 전문가의 가치를 이해하고 실천방법과 서비스 제공의 차이를 인정하고 각각의 전문가 가치를 유지하기 위해 헌신해야 한다.

인간의 가치를 깨닫는 출발점은 학생 여러분의 가치에 대해서 그리고 자신의 존엄성에 대해서 가슴으로 느끼는 것이다. 인간의 능력은 부족할 수 있지만, 인간의 잠재능력은 무한하다. 사회복지사는 인간의 존엄성에 대한 신념을 바탕으로 클라이언트에게 다가가는 전문직이라고 할 수 있다. 미국사회복지사협회의 윤리강령(NASW, 1996)에서는 사회복지실천의 전문가 가치를 다음과 같이 제시한다.

- 서비스
- 사회정의
- 인간의 존엄성
- 인간관계
- 완전성
- 전문가의 권한과 능력

사회복지실천에서 가장 기본이 되는 가치는 클라이언트의 욕구를 충족시키기 위하여 서비스를 제공하는 것이다. 사회복지사는 사회적인 불의와 억압에 대항하여 활동하여야 한다. 인간의 가치와 고유한 존엄성은 사회복지의 핵심 가치라고 할 수 있다. 사회복지사의 또 다른 중요한 가치는 신뢰할 수 있는 믿음을 유지하는 것이다. 사회복지실천의 가치는 사회복지사의 능력 혹은 전문가로서의 경쟁력과 관련이 있다. 사회복지사는 자신의 전문적인 실천기술을 향상시키기 위해 노력하고, 자신이 경쟁력을 갖춘 전공 분야를 벗어나지 않는 범위 내에서 실천해야 한다.

5. 사회복지철학의 미래

한국에서 사회복지철학에 대한 논의가 시작된 것은 1990년대 초반이라고 할 수 있다. 김기덕 교수의 『사회복지철학과 윤리』가 출판된 시기가 그때다. 따라서 사회복지철학은 아직 발전 중인 상태라 할 수 있다. 지금까지는 서양철학, 특히 윤리학과 정치철학을 바탕으로 사회복지철학을 구축하려는 노력이 진행되었다고 평가할 수 있다. 앞으로의 과제 중 하나는 동양철학적 지혜를 사회복지학에 접목하려는 시도라 하겠다. 사회복지철학 영역에서 새롭게 나타나는 흐름 중 하나는 영성적 차원에서 사회복지를 고찰하는 시도다. 인간을 영적 존재로 파악하고 기존의 심리학적 접근을 넘어 인간 존재에 대한 보다 깊은 이해를 도모하려는 시도가 영성과 사회복지의 만남이라고 할 수 있다.

사회복지와 철학의 만남을 통해 학생 여러분은 스스로의 가치를 확인해 보고, 자신이 사회복지사로서 혹은 정책 전문가로서 활동할 수 있는지 스스로에게 질문하는 시간을 가지기를 바란다.

생각해 보기

1. 한국 복지국가의 발전 정도에 대해서 논의하고, 한국의 복지이념은 무엇인지 토론해 보자.

2. 다음 사례를 읽고 사회복지사 윤리강령에 기초하여 어떤 결정이 타당한지 토론해 보자.

정○○은 ○○대학병원에 근무하고 있는 의료사회복지사로서 어느 날 병원의 안내 자원봉사자로 활동하고 있는 최○○의 방문을 받았다. 최○○의 아버지는 기침이 심해 정밀검사를 받기 위해 입원했는데, 그날 오전에 주치의로부터 폐암 말기라는 진단 결과를 들었다고 했다. 아버지는 심약하시고 우울증으로 고생하신 적도 있으므로 사실을 알게 되면 병의 진행이 빠를 거라고 최○○은 이야기했다. 가족들은 오후에 약속되어 있는 주치의 면담에서 환자에게 말기 암이라는 사실을 알리지 않기를 원했다. 어차피 시한부 삶이라면 조금이라도 더 편한 마음으로 지내다 가시기를 가족 모두가 원하는데 주치의에게 직접 부탁하기가 어렵다며 도움을 청했다. 그러나 사회복지사 정○○이 입원실을 찾았을 때, 환자는 주치의를 만나면 자신의 상태에 대해 정확히 알 수 있을 거라면서 면담시간을 기다리고 있었다.

【 참고문헌 】

구인회, 손병돈, 안상훈(2010). 사회복지정책론. 경기: 나남.
권기창(2014). 사회복지정책론(증보판). 서울: 창지사.
노병일(2013). 빈곤론. 경기: 양서원.
오윤수, 정현태, 이대주(2010). 사회복지 윤리와 철학. 경기: 공동체.
오혜경(2015). 사회복지 윤리와 철학. 서울: 창지사.

Bauman, Z. (2010). 새로운 빈곤: 노동, 소비주의, 그리고 뉴푸어(이수영 역). 서울: 천지인.
Davis, W. (2015). 행복산업(황성원 역). 경기: 동녘.
Esping-Andersen, G. (1990). *The three worlds of welfare capitalism*. Polity Press.
George, V., & Wilding, P. (1976). *Ideology and social welfare*. Routledge.
National Association of Social Workers (NASW). (1996). *Code of ethics*.
Perman, H. H. (1976). Believing and doing: Values in social work education. *Social Casework, 57*(6), 381-390.
Rawls, J. (2003). 정의론(황경식 역). 서울: 이학사.
Sandel, M. (2010). 정의란 무엇인가(이창신 역). 경기: 김영사.
Taylor, G. (2007). 이데올로기와 복지(조성숙 역). 서울: 신정.

〈**부록**〉 한국 사회복지사 윤리강령

(1) 전문

사회복지사는 인본주의 · 평등주의 사상에 기초하여, 모든 인간의 존엄성과 가치를 존중하고 천부의 자유권과 생존권의 보장활동에 헌신한다. 특히 사회적 · 경제적 약자들의 편에 서서 사회정의와 평등 · 자유와 민주주의 가치를 실현하는 데 앞장선다. 또한 도움을 필요로 하는 사람들의 사회적 지위와 기능을 향상시키기 위해 저들과 함께 일하며, 사회제도 개선과 관련된 제반 활동에 주도적으로 참여한다. 사회복지사는 개인의 주체성과 자기결정권을 보장하는 데 최선을 다하고, 어떠한 여건에서도 개인이 부당하게 희생되는 일이 없도록 한다. 이러한 사명을 실천하기 위하여 전문적 지식과 기술을 개발하고, 사회적 가치를 실현하는 전문가로서의 능력과 품위를 유지하기 위해 노력한다. 이에 우리는 클라이언트 · 동료 · 기관 그리고 지역사회 및 전체 사회와 관련된 사회복지사의 행위와 활동을 판단 · 평가하며 인도하는 윤리기준을 다음과 같이 선언하고 이를 준수할 것을 다짐한다.

(2) 윤리기준

I. 사회복지사의 기본적 윤리기준

1. 전문가로서의 자세

1) 사회복지사는 전문가로서의 품위와 자질을 유지하고, 자신이 맡고 있는 업무에 대해 책임을 진다.

2) 사회복지사는 클라이언트의 종교 · 인종 · 성 · 연령 · 국적 · 결혼상태 · 성취향 · 경제적 지위 · 정치적 신념 · 정신, 신체적 장애 · 기타 개인적 선호, 특징, 조건, 지위를 이유로 차별 대우를 하지 않는다.

3) 사회복지사는 전문가로서 성실하고 공정하게 업무를 수행하며, 이 과정에서 어떠한 부당한 압력에도 타협하지 않는다.

4) 사회복지사는 사회정의 실현과 클라이언트의 복지 증진에 헌신하며, 이를 위한 환경 조성을 국가와 사회에 요구해야 한다.

5) 사회복지사는 전문적 가치와 판단에 따라 업무를 수행함에 있어, 기관 내외로부터 부당한 간섭이나 압력을 받지 않는다.

6) 사회복지사는 자신의 이익을 위해 사회복지 전문직의 가치와 권위를 훼손해서는 안 된다.

7) 사회복지사는 한국사회복지사협회 등 전문가단체 활동에 적극 참여하여, 사회정의 실현과 사회복지사의 권익옹호를 위해 노력해야 한다.

2. 전문성 개발을 위한 노력

1) 사회복지사는 클라이언트에게 최상의 서비스를 제공하기 위해 지식과 기술을 개발하는 데 최선을 다하며, 이를 활용하고 전파할 책임이 있다.

2) 클라이언트를 대상으로 연구하는 사회복지사는 저들의 권리를 보장하기 위해 자발적이고 고지된 동의를 얻어야 한다.

3) 연구과정에서 얻은 정보는 비밀보장의 원칙에서 다루어져야 하고, 이 과정에서 클라이언트는 신체적·정신적 불편이나 위험·위해 등으로부터 보호되어야 한다.

4) 사회복지사는 전문성을 개발하기 위해 노력하되, 이를 이유로 서비스의 제공을 소홀히 해서는 안 된다.

5) 사회복지사는 한국사회복지사협회 등이 실시하는 제반교육에 적극 참여하여야 한다.

3. 경제적 이득에 대한 태도

1) 사회복지사는 클라이언트의 지불능력에 상관없이 서비스를 제공해야 하며, 이를 이유로 차별대우를 해서는 안 된다.

2) 사회복지사는 필요한 경우에 제공된 서비스에 대해 공정하고 합리적으로 이용료를 책정해야 한다.

3) 사회복지사는 업무와 관련하여 정당하지 않은 방법으로 경제적 이득을 취하여서는 안 된다.

II. 사회복지사의 클라이언트에 대한 윤리기준

1. 클라이언트와의 관계

1) 사회복지사는 클라이언트의 권익 옹호를 최우선의 가치로 삼고 행동한다.

2) 사회복지사는 클라이언트에 대하여 인간으로서의 존엄성을 존중해야 하며, 전문적 기술과 능력을 최대한 발휘한다.

3) 사회복지사는 클라이언트가 자기결정권을 최대한 행사할 수 있도록 도와야 하며, 저들의 이익을 최대한 대변해야 한다.

4) 사회복지사는 클라이언트의 사생활을 존중하고 보호하며, 직무 수행과정에서 얻은 정보에 대해 철저하게 비밀을 유지해야 한다.

5) 사회복지사는 클라이언트가 받는 서비스의 범위와 내용에 대해 정확하고 충분한 정보를 제공함으로써 알 권리를 인정하고 존중해야 한다.

6) 사회복지사는 문서 · 사진 · 컴퓨터 파일 등의 형태로 된 클라이언트의 정보에 대해 비밀보장의 한계 · 정보를 얻어야 하는 목적 및 활용에 대해 구체적으로 알려야 하며, 정보 공개 시에는 동의를 얻어야 한다.

7) 사회복지사는 개인적 이익을 위해 클라이언트와의 전문적 관계를 이용하여서는 안 된다.

8) 사회복지사는 어떠한 상황에서도 클라이언트와 부적절한 성적 관계를 가져서는 안 된다.

9) 사회복지사는 사회복지 증진을 위한 환경조성에 클라이언트를 동반자로 인정하고 함께 일해야 한다.

2. 동료의 클라이언트와의 관계

1) 사회복지사는 적법하고도 적절한 논의 없이 동료 혹은 다른 기관의 클라이언트와 전문적 관계를 맺어서는 안 된다.

2) 사회복지사는 긴급한 사정으로 인해 동료의 클라이언트를 맡게 된 경우, 자신의 의뢰인처럼 관심을 갖고 서비스를 제공한다.

Ⅲ. 사회복지사의 동료에 대한 윤리기준

1. 동료

1) 사회복지사는 존중과 신뢰로써 동료를 대하며, 전문가로서의 지위와 인격을 훼손하는 언행을 하지 않는다.
2) 사회복지사는 사회복지 전문직의 이익과 권익을 증진시키기 위해 동료와 협력해야 한다.
3) 사회복지사는 동료의 윤리적이고 전문적인 행위를 촉진시켜야 하며, 이에 반하는 경우에는 제반 법률규정이나 윤리기준에 따라 대처해야 한다.
4) 사회복지사가 전문적인 판단과 실천이 미흡하여 문제를 야기시켰을 때에는, 적절한 조치를 취하여 클라이언트의 이익을 보호해야 한다.
5) 사회복지사는 전문직 내 다른 구성원이 행한 비윤리적 행위에 대해 제반 법률규정이나 윤리기준에 따라 조치를 취해야 한다.
6) 사회복지사는 동료 및 타 전문직 동료의 직무 가치와 내용을 인정 · 이해하며, 상호 간에 민주적인 직무관계를 이루도록 노력해야 한다.

2. 수퍼바이저

1) 수퍼바이저는 개인적인 이익의 추구를 위해 자신의 지위를 이용해서는 안 된다.
2) 수퍼바이저는 전문적 기준에 의해 공정하게 책임을 수행하며, 사회복지사 · 수련생 및 실습생에 대한 평가는 저들과 공유해야 한다.
3) 사회복지사는 수퍼바이저의 전문적 지도와 조언을 존중해야 하며, 수퍼바이저는 사회복지사의 전문적 업무수행을 도와야 한다.
4) 수퍼바이저는 사회복지사 · 수련생 및 실습생에 대해 인격적 · 성적으로 수치심을 주는 행위를 해서는 안 된다.

Ⅳ. 사회복지사의 사회에 대한 윤리기준

1) 사회복지사는 인권존중과 인간평등을 위해 헌신해야 하며, 사회적 약자를

옹호하고 대변하는 일을 주도해야 한다.

2) 사회복지사는 필요한 사회서비스를 개발하기 위한 사회정책의 수립 · 발전 · 입법 · 집행에 적극적으로 참여하고 지원해야 한다.

3) 사회복지사는 사회환경을 개선하고 사회정의를 증진시키기 위한 사회정책의 수립 · 발전 · 입법 · 집행을 요구하고 옹호해야 한다.

4) 사회복지사는 자신이 일하는 지역사회의 문제를 이해하고, 그것을 해결하는 일에 적극적으로 참여해야 한다.

V. 사회복지사의 기관에 대한 윤리기준

1) 사회복지사는 기관의 정책과 사업 목표의 달성, 서비스의 효율성과 효과성의 증진을 위해 노력함으로써 클라이언트에게 이익이 되도록 해야 한다.

2) 사회복지사는 기관의 부당한 정책이나 요구에 대하여 전문직의 가치와 지식을 근거로 이에 대응하고 즉시 사회복지윤리위원회에 보고해야 한다.

3) 사회복지사는 소속기관 활동에 적극 참여함으로써 기관의 성장 · 발전을 위해 노력해야 한다.

VI. 사회복지윤리위원회의 구성과 운영

1) 한국사회복지사협회는 사회복지윤리위원회를 구성하여 사회복지윤리실천의 질적인 향상을 도모하여야 한다.

2) 사회복지윤리위원회는 윤리강령을 위배하거나 침해하는 행위를 접수받아, 공식적인 절차를 통해 대처하여야 한다.

3) 사회복지사는 한국사회복지사협회의 윤리적 권고와 결정을 존중하여야 한다.

제**7**장

<u>사회복지실천</u>의 이해

사회복지의 목적을 달성하기 위한 접근 중 하나인 사회복지실천은 개인, 가족, 집단, 지역사회 등 다양한 체계의 문제와 욕구를 다루어 왔으며, 인간과 환경 간의 서로 유익한 상호작용을 촉진하고 그 기능을 신장할 수 있도록 하는 데 목적을 두고 있다. 이를 위해 과거 개인, 집단, 지역사회 등의 체계를 대상으로 분절된 접근방법에서 벗어나 공통된 지식, 기술, 가치에 근거한 통합방법론을 적용하고 있다. 사회복지실천 유형은 체계 개입 수준(미시, 중범위, 거시)에 따라 분류할 수 있으며, 각 유형별 사회복지사의 역할과 내용은 다양하다. 사회복지실천 과정은 일반적인 대인관계와 달리 전문적 관계를 통해 이루어진다. 제한된 시간 안에 클라이언트의 욕구와 문제를 파악하고 변화목표에 근거한 문제해결과정을 거친다. 클라이언트가 문제해결을 잘 해 나갈 수 있도록 돕기 위해서는 사회복지사와 클라이언트 간의 상호신뢰 및 협력관계가 우선되어야 한다. 사회복지실천 과정은 '접수-자료 수집 및 사정-계획 수립-개입-평가 및 종결'로 이루어지며, 이를 통해 클라이언트의 욕구 및 문제를 해결해 나간다. 사회복지사가 근무하는 분야로는 아동복지, 청소년 및 학교 복지, 여성 및 가족 복지, 노인복지, 장애인복지, 정신보건 및 의료 사회복지, 지역사회복지, 교정복지, 행정기관 등이 있다.

학·습·목·표 ··

1. 사회복지실천의 정의, 목적 그리고 유형에 대해 이해한다.
2. 사회복지실천 과정에 대해 이해한다.
3. 사회복지실천 현장에 대해 이해한다.

1. 사회복지실천에 대한 이해

1) 사회복지실천의 정의

　실천(實踐)이란 '생각한 바를 실제로 행함' '자연이나 사회를 변혁하는 의식적이고 계획적인 모든 활동'이라고 할 수 있다(국립국어원 표준국어대사전). 사회복지실천은 사회복지의 목적을 달성하기 위한 방법론 중의 하나다. 과거 사회복지실천의 경우 개별사회사업, 집단사회사업, 지역사회조직이라는 방법론에 따라 각기 분리되어 대상별 문제와 욕구에 대응해 왔다. 그러나 우리가 만나는 클라이언트[1]가 경험하는 문제 또는 욕구는 가족, 집단, 지역사회 등 다양한 체계에 영향을 미치거나 받는다. 예를 들어, 빈곤은 생계의 어려움 이외에도 자녀에게 적절한 교육 기회를 제공하지 못하는 것이나, 자녀의 학교 부적응, 가족 갈등이나 해체, 빈곤에 대한 지역사회의 편견 및 차별 등과 관련이 있다. 이처럼 클라이언트의 복합적이고 다중적인 측면의 문제를 다루기 위해서는 특정 방법만을 적용하는 것은 한계가 있으며, 통합적인 시각에서 공통된 사회복지실천 지식과 기술, 가치에 근거한 접근의 필요성이 대두하게 되었다. 이에 따라 바틀렛(Bartlett)은 '사회복지실천의 공통기반'이라는 통합적 관점을 제시하였다(최혜지 외, 2013에서 재인용). 기존 3대 방법론에서 통합방법론으로 변화하면서 최근에는 사회복지실천이라는 용어를 공통적으로 사용하고 있다.

　사회복지실천에 대해 핀커스와 미나한(Pincus & Minahan, 1994)은 "사람과 자원체계 간의 연결 및 상호작용, 개인들이나 체계가 그 기능을 효율적으로 발휘하는 데 당면하는 문제에 초점을 두는 개입활동"이라고 정의하였다. 스키드모어(Skidmore, 2000)는 "개인, 가족, 집단 및 지역사회의 문제를 해결하고

---

1) 클라이언트(client)는 사전적 용어로 의뢰인, 고객, 수혜자를 의미한다. 사회복지에서는 사회복지 서비스를 요청하는 사람 또는 서비스 수혜자를 클라이언트라고 한다.

개인, 집단 및 지역사회와의 관계에서 만족을 얻도록 돕는 예술적이고 과학적인 전문적 활동"이라고 정의하였다(Skidmore, 2000). 오늘날의 사회복지실천은 "각 체계의 욕구 및 문제해결, 사회적 기능 향상을 넘어서 역량을 극대화하고 나아가 주변체계와 상생의 관계를 유지하며 사회정의를 실현하는 계획적이고 전문적인 실천방법"으로 정의되고 있다(최혜지 외, 2013: 16; Bidgood, Holosko, & Taylor, 2003).

2) 사회복지실천의 목적

사회복지실천은 개인, 가족, 집단, 지역사회 등을 대상으로 각 체계가 가진 기능을 향상시키고 필요한 자원과 서비스, 기회 등을 제공하기 위해 상호작용을 촉진하여 각 체계가 지닌 사회적 욕구와 문제를 해결할 뿐만 아니라 각 체계의 기능을 회복 · 유지하고 나아가 신장시키는 데 목적을 두고 있다. 1979년의 '사회복지실천목적에 관한 실질 성명'에서는 사회복지실천의 목적을 '모든 사람의 삶의 질 향상을 위해 개인과 사회 간 서로 유익한 상호작용을 촉진 또는 회복하는 것'에 두었다(엄명용, 김성천, 오혜경, 윤혜미, 2011에서 재인용). 이외에도 국제사회복지사연맹[International Federation of Social Workers(IFSW), 2000]은 사회복지전문직을 '인간의 삶의 질 향상을 위해 사람들의 자유와 임파워먼트, 인간관계 내의 문제해결, 사회변화를 증진하는 데 있으며, 인간행동과 사회체계에 대한 지식을 바탕으로 사회복지실천은 사람과 환경 간의 상호작용 지점에 개입한다.'고 정의하고 있다. 사회복지실천의 목적을 달성하기 위한 구체적인 목표는 다음과 같다(엄명용 외, 2011).

첫째, 개인으로 하여금 자신의 역량을 확대하고 문제해결능력 및 대처능력을 증진할 수 있도록 돕는다. 클라이언트가 문제해결과정을 통해 그들의 문제해결능력과 대처능력을 습득하도록 도울 뿐만 아니라 그들이 지닌 강점을 토대로 역량을 확대해 나갈 수 있도록 한다.

둘째, 각종 자원을 확보할 수 있도록 돕는다. 클라이언트의 욕구와 문제를 해결함에 있어 필요한 자원과 서비스 등에 대한 정보를 제공하고, 자원을 연계하는 것 이외에도 지역사회 내 필요한 서비스가 존재하지 않을 경우 관련 프로그램 및 제도를 개발하는 일도 수행한다.

셋째, 사람들의 욕구에 반응하는 조직이 될 수 있도록 감시한다. 클라이언트에게 서비스를 제공하는 기관들이 인간의 존엄성을 존중하고 적절한 절차와 기준에 따라 적합한 시점에 서비스가 제공될 수 있도록 해야 하며, 클라이언트의 권익 옹호를 위해 일할 수 있어야 한다.

넷째, 개인과 개인 주변 환경에 속한 사람들 사이의 상호작용을 촉진한다. 개인과 그를 둘러싼 가족, 친구, 이웃 등이 원만한 상호작용을 할 수 있도록 도우며, 그 관계를 통해 필요하고 적절한 자원을 교류하도록 도움으로써 상호작용을 촉진할 수 있도록 한다.

다섯째, 조직과 조직, 기관과 기관 사이의 상호작용에 영향력을 행사한다. 지역사회 내 다양한 자원과 서비스를 연계하기 위해서는 조직 또는 기관 간의 상호작용이 매우 중요하다. 복합적인 문제를 지닌 클라이언트의 문제를 해결하기 위해 관련 기관 간의 조정 및 중재, 협상 등의 역할을 수행한다.

여섯째, 사회환경의 정책에 영향력을 행사한다. 사회복지사는 물리적 및 사회적 환경을 개선하고 관련 서비스 체계를 마련하기 위해 법 제정 및 정책형성 과정에 다양한 의견을 제시하는 활동을 한다.

3) 사회복지실천 유형

사회복지실천 유형은 개입 수준에 따라 미시체계, 중범위체계, 거시체계 등으로 분류할 수 있다.

미시체계(micro system)는 개인, 가족, 소집단을 대상으로 사회복지실천의 목적을 달성하기 위한 활동을 한다. 예를 들어, 사회복지사는 클라이언트와 일대일로 접촉하면서 대상자의 욕구 및 문제 변화를 위해 개인상담, 가족상담, 집단상담을 진행하면서 상담가, 행동변화가 및 교사의 역할을 수행한다.

기관에서 실시하는 각종 프로그램 및 서비스를 직접적으로 제공하는 보호제 공자, 클라이언트 스스로 자신의 문제를 해결할 수 있는 능력을 기르고 자원을 찾아낼 수 있도록 하는 조력자, 지역사회 내 자원에 대한 정보를 제공하고 서비스를 연계하는 중개자 등의 역할을 수행한다.

중범위체계(mezzo system)는 미시체계와 거시체계의 중간적 위치에 있는 체계로서 주로 집단과 지역사회를 대상으로 일한다. 클라이언트에게 영향을 미치는 가족, 학교, 직장, 지역사회 주민 등을 대상으로 공동의 욕구 또는 문제를 해결하고 역량을 강화하는 일들을 한다. 이를 위해 지역사회로 나가 욕구를 확인하고 서비스 의뢰를 수행하는 역할, 욕구와 자원을 평가하고 대안을 창출하는 역할, 지역사회 복지욕구를 위해 계획을 수립하고 실행하는 등 역할을 수행한다.

거시체계(macro system)는 클라이언트 집단에 영향을 미칠 수 있는 사회문제를 다루며, 제도 및 정책에 영향을 미치기 위한 옹호, 협상, 대변 등을 한다. 이를 위해 행정, 자금 모금, 정책 분석, 클라이언트 집단 권익과 인권 향상을 위한 옹호, 사회적 자원 개발을 위한 정보 수집 및 분석 등의 역할을 수행한다.

사회복지사는 욕구를 지닌 인간과 인간에게 영향을 미치는 환경, 인간과 환경 간의 관계에서 욕구 및 문제해결을 위한 다양한 역할을 수행한다. 『사회복지사가 말하는 사회복지사』(김세진 외, 2013)에는 다양한 실천 현장에서 일하고 있는 사회복지사 22명의 경험담이 소개되어 있다. 이 책은 실천 현장에서 '사회복지가 무엇인가'를 끊임없이 고민하며 사회복지실천의 목적을 달성하기 위해 노력하고 있는 사회복지사들을 만날 수 있다. 이들 중 최빈곤층의 삶을 가까이서 들여다본 한 사회복지사의 실천 활동을 살펴보자.

읽을거리 7-1　빵을 전달받은 사람들이 자신의 욕구를 인식하고 옹호하는 주체로 서다

서울역 맞은편 서울스퀘어 대형빌딩 뒤에 가려진 남대문 쪽방촌에는 약 760명의 이웃들이 살고 있다. 주민 중 1/3은 기초생활수급을 받아 생활하며, 나머지 주민들은 공공근로, 자활근로, 일용노동을 하며 살고 있다. 조리시설이 없어 쪽방에서 휴대용 버너로 밥을 짓고, 세탁과 배변은 공동 세면장을 사용한다. 쪽방촌에 위치한 남대문지역상담센터에서 일하는 사회복지사 김솔 씨에 따르면 그가 가장 많이 한 일이 후원물품을 나눠 주는 것이었다. 라면, 쌀 등의 후원물품이 들어오면 지급조서를 받고 나눠 주는데, 물품이 풍족하지 않기 때문에 주민들은 좀 더 많은 후원물품을 배정받기 위해 자신이 받을 수 있도록 요구를 하는 분들이 많았다. 그가 든 생각 중 하나가 '사회복지사가 쌀이나 빵만을 나눠 주는 사람인가?' 였다. 그러나 후원물품은 하나의 구실이 되어 주민과의 관계를 형성하고 주민들의 삶이 어떤지 살펴볼 수 있는 좋은 기회라고 말한다. 그는 쪽방촌 주민들의 삶에 관심을 갖기 시작했고, 그들의 소리를 낼 수 있는 기회를 만들기 시작했다. 2011년 중구청장 보궐선거를 앞두고 후보자와 간담회를 갖기 전, 쪽방촌 주민들이 자신들의 목소리를 내고 구청장 후보와 소통하는 시간을 만들기 위해 주민들에게 '우리 목소리를 들려주자.'고 독려했고, 몇 차례 사전모임을 통해 쪽방촌 문제와 요구사항을 정리하여 주민들로 하여금 발언연습을 하게 했다. 행사 때 구청장 후보들 앞에서 주민들은 당당하게 자신들의 의견을 말했고, 구청장 후보자들도 쪽방 주민들의 복지를 위한 공약을 발표했다. 그 이후 주민들은 마을주민회의('내일을 꿈꾸는 사람들의 모임')를 만들어 마을의 문제를 서로 토론하면서 어떻게 해결해 나갈 수 있을지에 대해 고민하기 시작했고 실제 문제를 해결하려는 노력을 보였다(예: 동네 앞에 쌓여 있는 쓰레기 문제, 봉사단을 모집하여 센터 내 목욕 및 세탁실을 직접 운영하는 문제, 센터 개소식 때 주민들에게 직접 국수를 대접하는 일 등). 그 이후에도 2012년 6월부터 시행되고 있는 「노숙인 등의 복지 및 자립지원에 관한 법률」에 쪽방 주민도 넓은 의미에서 홈리스로 정책대상이 되어야 한다며 옹호활동을 했고, 국회 앞에서 홈리스 단체들과 거리 시위도 했다. 그 결과, 쪽방 주민도 시행령과 시행규칙의 노숙인 등에 포함되었다. 김솔 사회복지사는 그가 한 일은 주민들 스스로 자신의 삶을 위해 지역사회에서 무엇인가를 할 수 있게 한 것이라고 말한다.

출처: 김세진 외(2013: 59-68) 일부 발췌.

2. 사회복지실천의 과정

1) 실천과정의 기초: '관계'

사회복지실천 현장에서 클라이언트와의 만남은 일반적인 대인관계와 다르다. 제한된 시간 안에 클라이언트의 욕구와 문제를 파악하고 그것을 해결하는 과정에서 전문적인 관계를 형성하는데, 이를 전문적인 용어로 라포(rapport)라고 명명한다. 이는 사람과 사람 사이에 생기는 상호신뢰관계를 말하는 심리학 용어다. 라포를 형성하게 되면 실천과정 동안 편안하고 자연스럽게 신뢰관계를 형성할 수 있다. 실천을 통한 변화는 사회복지사와 서비스 이용자인 클라이언트 간의 협력적 관계(working relationship) 또는 실천관계에 기초하여 이루어진다(권자영, 2010; 엄명용 외, 2011). 클라이언트의 문제해결에 필요한 서비스라도 그들의 상황을 이해하고 마음을 열 수 있도록 신뢰관계가 형성되지 않는다면 서비스 전달과정이 원활하게 이루어지지 않을 가능성이 높다.

실천관계가 시작되는 계기를 살펴보면 다음과 같다. 첫째, 서비스를 이용하고자 하는 클라이언트가 자신의 욕구와 문제를 표현할 때 시작하는 경우다. 그들 스스로 자신의 욕구를 인식하고 있다는 점에서 보다 쉽게 실천관계가 시작될 수 있다. 그러나 클라이언트가 욕구 또는 문제를 인식하더라도 낯선 타인의 도움을 항상 쉽게 받아들이는 것은 아니다. 클라이언트는 사회복지기관에 올 때까지 도움을 받는 것이 필요한지 수없이 고민하고, 사회복지기관에 오기 전까지 스스로 또는 주변 사람들의 도움을 통해 그들의 욕구 또는 문제를 해결하고자 노력한다는 점을 간과해서는 안 된다.

둘째, 클라이언트가 자신의 욕구를 느끼고 있음에도 불구하고 욕구를 적절히 표현할 수 있는 신체 또는 정신적 장애가 있거나, 의사소통 능력의 부족으로 적절히 표현하는 방법을 모르거나, 서비스 제공기관에 대한 정보를 전혀 모를 경우 등 다양한 이유로 인해 욕구가 쉽게 표현되지 않을 수 있다. 그러한

경우 가족, 이웃, 지역사회 기관(예: 주민자치센터 직원, 다른 사회복지기관의 담당
자, 종교지도자 등)에서 클라이언트가 서비스를 이용할 수 있도록 의뢰하는 경
우다.

셋째, 클라이언트 스스로 욕구를 인식하지 못하거나 문제를 해결해야 할 필
요를 못 느끼는 경우도 있다. 이때 클라이언트가 지닌 욕구 또는 문제를 인식
하는 타인(가족, 친구, 이웃, 관련 유관기관 등)이 클라이언트로 하여금 서비스를
받도록 강요할 경우에는 클라이언트가 서비스 이용에 대한 불만이나 적대적
인 감정을 표출할 수 있다.

서비스를 요청하는 계기가 어떠하든 실천관계가 시작되기 위해서는 사회복
지사가 클라이언트가 서비스를 요청하게 된 계기와 상황을 파악하고, 그들이
어떠한 감정을 경험하고 있는지, 그 감정의 의미는 무엇인지에 대해 민감하게
인식하고 반응하도록 적극적인 경청과 공감이 이루어져야 한다.

하틀리(Hartley)는 사회복지실천에서의 '관계'가 인간적인 친밀감과 유대로
만들어진 '실제관계' 이외에도 목표를 합의하고 함께 작업해 나가는 '작업동
맹'으로 구성되어 있다고 정의하였다(권자영, 2010: 30에서 재인용). 사회복지사
와 클라이언트 간의 실천관계를 시작한다는 것은 클라이언트가 외부 자원이
나 서비스를 이용하고자 하는 욕구를 충족시키거나, 문제 상황을 잘 극복하여
보다 나은 적응을 하도록 돕고자 하는 명백한 목표가 존재함을 의미한다. 클라
이언트의 문제를 해결하기 위해 클라이언트와 협력적인 관계를 기반으로 제
한된 시간 동안 상호 협의된 계획을 실행해 가는 과정이다. '관계론'을 제시한
비에스텍(Biestek, 1992)은 "실천관계란 클라이언트와 사회복지사 간의 혹은
사회자원들과의 교류를 가능하게 하는 통로로서 클라이언트와 그를 둘러싸고
있는 환경 간에 보다 나은 적응을 가져오기 위해 개인의 능력과 지역사회 자원
을 적절히 동원하고 활용할 수 있도록 돕는 관계"라고 하였다.

사회복지사는 서비스를 제공하는 위치에 있지만 클라이언트보다 우위에 있
는 사람이 아니다. 과거에는 클라이언트를 서비스를 전달받는 수동적 대상으
로 간주해 왔지만, 최근에는 서비스 이용 주체로서 사회복지사와 클라이언트

의 협력적 관계(partnership relationship)를 강조하는 방향으로 변화하고 있다(권오균 외, 2011). 사회복지사는 클라이언트와 상호협력적인 관계를 형성하기 위해 노력해야 한다(Kadushin, 1990).

2) 사례를 통해 본 사회복지실천 과정

사회복지실천 과정은 '접수-자료 수집 및 사정-계획 수립-개입-평가 및 종결'의 과정을 거쳐 서비스 이용자의 욕구 및 문제를 해결한다. 사례를 통해 사회복지실천 과정을 살펴보자.

〈사례〉 65세 여성 노인은 남편과의 사별 이후 경제적 지원을 하던 셋째 아들의 갑작스러운 죽음으로 인해 생활고에 시달리고 있다. 노인일자리사업을 신청하기 위해 접수기간 중 처음 복지관을 찾아왔다.

출처: 권진숙 편저(2013: 143-155) 요약 발췌.

1단계	접수	서비스 신청자의 문제 및 욕구를 확인하여 서비스 대상 여부를 선별

＊ 클라이언트는 경제적 어려움으로 복지관에 노인일자리사업의 참여 가능 여부를 물어보기 위해 방문하여 상담 실시
＊ 노인일자리 참여 대상이 되는지 여부를 선별하기 위해 욕구 및 문제 파악
  (1) 클라이언트가 제시한 욕구
    ① "맨날 옆집에서 밥 얻어먹어." "쌀만이라도 지원해 줬으면 해."
    ② "일 좀 하게 해 줘. 거리가 멀어도 상관없어. 폐지 주워서 팔아도 얼마 안 돼."
    ③ "이번 달 집세도 걱정이야. 집세 낼 돈이 없어."
  (2) 경제적 상황
    • 수입: 약 3만 원(폐지수거)＋9만 원(노령연금)＝약 12만 원
    • 지출: 월세 및 공과금(20만 원)＋의료비(1만 원)＋생활비(12만 원)＝약 33만 원
    • 비공식적 지원: 딸은 지원하기를 원하나 경제적 어려움으로 지원해 줄 수 없는 상황이며, 첫째 아들과는 단절, 둘째 아들은 무직 상태로 자녀를 통한 지원을 받기 어려운 상황임

- 개인소유의 재산이 없다고 함
- 현재 상황: 이웃집에서 10만 원 빌려 월세를 지불함
＊ 노인일자리 참여 대상으로 선별되어 서비스 이용에 등록함

2단계	자료 수집 및 사정	서비스 이용자의 문제 및 욕구, 욕구와 관련된 환경체계에 관한 정보를 수집한 후 욕구 및 문제의 원인과 과정을 이론에 근거하여 분석

＊ 자료수집(다음의 내용 등을 중심으로 서비스 이용자의 욕구에 필요한 정보를 수집)
　① 개인력: 결혼 이후 경제적 상황, 남편과의 관계, 남편과 사별 이후 생활, 신체능력 등
　② 가족력: 세 자녀와의 연락 상황, 관계 정도 및 경제적 지원 여부, 가계도 등
　③ 사회적 관계망: 사회적 지지를 받고 있는 공식 및 비공식 지원망, 생태도 등
＊ 사정: 수집된 자료에 근거해 클라이언트의 욕구를 발생시킨 원인과 과정을 관련 이론에 근거하여 분석, 욕구 해결에 있어 장애물과 강점 분석 등

3단계	계획 수립	서비스 이용자의 욕구 및 문제 해결을 위한 개입목표를 세우고 이를 실행하기 위해 서비스 이용 동의 관련 계약을 하는 과정

＊ 클라이언트와 개입목표 설정
　① 복지관 내에서 운영하는 도시락 배달 및 관련 서비스 이용 방법 모색
　② 노인일자리사업 중 학교급식 도우미로 참여
　③ 노인일자리사업 참여를 통한 집세 해결 및 지원 가능한 서비스 이용방법 모색
＊ 서비스 동의서 작성

4단계	개입	서비스 계획에 따른 개입을 통해 욕구 또는 문제를 해결하는 과정

＊ 직접적 및 간접적 개입
　① 노인일자리사업에 연결 및 지속적인 모니터링과 함께 정서적 지지와 격려
　② 구청의 특별구호지원 서비스에 연계하여 월 21만 원 지원
　③ 기초생활수급권에 대한 정보 제공 및 신청 연계
　④ 도시락 배달서비스 연계, 쌀 20kg 지원

5단계	평가 및 종결	개입을 통해 욕구 및 문제가 해결되었는지를 평가한 후 서비스를 종결

＊ 평가: 다음과 같은 내용으로 서비스 개입 내용이 욕구를 해결했는지에 대해 평가함
　① 노인일자리사업 참여도 및 만족도　　② 경제적 어려움 경감 정도
　③ 기초생활수급자 신청 결과　　④ 도시락 배달서비스로 영양상태 개선 정도
　⑤ 기타: 서비스 개입 횟수 등
＊ 종결: 서비스를 통해 클라이언트의 욕구 해결 및 만족도가 높은 것으로 나타나 종결함

이 사례에서는 노인의 경제적 어려움에 대해 긴급지원을 하면서도, 일을 통해 소득 창출 가능 여부를 평가한 후 일자리와 자원을 연계함으로써 독립적인 생활을 영위해 나갈 수 있도록 하였다. 동일한 대상(예: 홀몸노인, 취업 욕구를 지닌 사람)이라 하더라도 클라이언트가 처한 상황(예: 가족, 이웃, 지역사회의 지지 수준 또는 신체적 · 인지적 · 정서적 기능 상태 등)에 따라 개입목표 및 실행과정은 다를 수 있다. 또한 사회복지사가 어떤 시각으로 접근하느냐, 어떻게 문제해결과정을 계획하느냐에 따라 개입방법이 다양하게 제공될 수 있다. 따라서 사회복지실천가는 전문적 지식과 기술, 가치에 근거해서 활동하되, 실천적 지혜를 계속해서 발휘하며 클라이언트의 욕구에 대해 탄력적으로 대응하는 자세가 필요하다.

3. 사회복지실천 현장에 대한 이해

사회복지사는 다양한 분야에서 활동하고 있다. 여기에서는 사회복지 관련 법과 사업지침에 근거하여 사회복지실천 현장을 간략히 소개하고, 사회복지사 자격 이외의 자격 및 훈련과정에 대한 내용을 제시하고자 한다.

1) 아동복지

아동복지는 아동의 복지를 증진하기 위한 사회제도이면서 사회복지의 한 분야다. 광의의 의미에서는 모든 아동의 행복을 위해 그들의 신체적 · 사회적 · 심리적 발달을 보호하고 촉진하기 위한 모든 대책을 말하며, 협의의 의미에서는 빈곤, 유기, 학대, 장애, 결손 등과 같이 특수한 욕구를 지닌 아동과 그 가족을 대상으로 사회복지기관을 비롯한 유관기관에서 제공하는 경제적 · 사회적 · 정서적 지원 등을 말한다(Kadusin & Martin, 1988; Meyer, 1985: 공계순, 박현선, 오승환, 이상균, 이현주, 2011: 39에서 재인용). 아동 관련 기관에서 보호가

구분		기관
아동복지전담기관		아동보호전문기관(아동학대 예방 및 피해아동 보호사업), 가정위탁지원센터
아동복지시설	생활시설	아동양육시설, 아동일시보호시설, 아동보호치료시설, 공동생활가정(그룹홈), 자립지원시설
	이용시설	아동상담소, 아동전용시설, 지역아동센터
입양		「입양특례법」에 의한 입양기관

표 7-1 아동복지 관련 실천 현장

필요한 아동에 대해 보호 및 양육, 상담 및 치료, 취업훈련 및 자립지원 등을 제공하며, 저소득층 아동들을 위한 교육, 가정을 잃은 아동을 대상으로 가정위탁 및 입양사업, 아동학대 예방 및 피해아동 보호를 위한 사업 등을 운영하고 있다.

2) 청소년 및 학교사회 복지

(1) 청소년복지

청소년복지는 요보호청소년 등 특정 집단에 국한되는 것이 아니라 일반 청소년과 그 가족을 포함하며, 청소년복지를 위해 직접적 · 간접적으로 제공되는 제도 및 전문적 활동이라고 할 수 있다. 청소년복지 관련 실천 현장으로는 한국청소년상담복지개발원, 청소년상담복지센터, 이주배경청소년지원센터, 청소년복지시설(청소년쉼터, 청소년자립지원관, 청소년치료재활센터), 학교 밖 청소년 지원센터(꿈드림)가 있다(여성가족부, 2015). 취약계층 또는 위기에 놓인 청소년들을 대상으로 상담, 긴급구조, 의료지원, 자립지원, 학업지원, 주거 제공 등을 하여 그들이 건강한 사회 구성원으로 성장할 수 있도록 지원하고 있다.

「청소년기본법」에 따르면 청소년 시설 및 단체에 청소년지도사를 배치하도록 하고 있다. 청소년지도사는 전문대학 졸업 이상으로 청소년지도자 자격검정에 필요한 과목을 이수한 사람이 한국산업인력공단에서 시행하는 자격시험을 통해 취득할 수 있다(청소년지도사 종합정보시스템 홈페이지).

(2) 학교사회복지

학교사회복지는 학교의 교육목적을 실현할 수 있도록 학생의 학교생활 적응과 학습의 과정에 어려움을 주는 요인을 찾아 해결하고, 신체적 · 정신적 · 정서적 · 경제적으로 어려움이 있는 학생뿐 아니라 모든 학생이 학교생활이 즐거울 수 있도록 가정과 학교, 지역사회가 연계되어 사회복지서비스를 제공하는 실천 영역이다(오봉욱, 신기원, 김윤진, 김태식, 2015). 학교사회복지와 관련 사업은 여러 부처와 기관에 의해 다양한 이름으로 시행되어 왔다. 다음은 학교사회복지와 관련한 사업들이다.

- 교육복지우선지원사업: 저소득층의 교육, 복지, 문화 수준을 제고하기 위해 다양한 사업(학습능력증진, 문화체험활동지원, 심리정서발달지원, 교사와 학부모지원, 복지프로그램 활성화 등)을 실시한다. 교육청에는 프로젝트 조정자, 단위학교에는 지역사회교육전문가가 있다.
- 스타트 사업(위스타트, 드림스타트 사업): 저소득층 아동들에게 복지, 교육, 건강 등 포괄적인 서비스를 통해 개개인의 능력 함양 및 공평한 출발기회 보장을 위한 사업을 시행하고 있다.
- We project 사업: 학교, 교육청, 지역사회가 연계하여 학생들의 건강하고 즐거운 학교생활을 지원하는 다중의 통합지원서비스망으로 Wee클래스(대안교실), Wee센터(학생생활지원단), Wee스쿨(장기위탁교육센터)이 있다.

학교사회복지사 자격제도는 한국학교사회복지사협회, 한국학교사회복지학회, 한국사회복지사협회의 합의하에 자격관리위원회를 운영하고 있으며, 2005년부터 실시하고 있다. 학교사회복지사는 사회복지사 1급 자격 소지자로서 240시간 학교사회복지 관련 실습을 이수한 자, 학생복지업무를 전담하는 사회복지사로 6개월 이상 근무한 자, 사회복지기관에서 학교 관련 실무를 1년 이상 담당한 경력이 있는 자 중 한 가지 이상 충족되면 자격시험에 응시할 수 있다(한국학교사회복지사협회 홈페이지).

3) 여성 및 가족 복지

한국 사회의 저출산, 고령화, 결혼이주여성의 증가, 이혼율 증가, 맞벌이가구 증가, 폭력 및 성매매 문제 등 다양한 사회문제가 나타나고 있다. 따라서 여성과 가족이 겪을 수 있는 다양한 문제를 해결할 수 있도록 예방교육, 상담 및 치료, 임시보호 및 주거지원, 취학 및 자립 지원, 폭력 피해자 긴급구조 지원, 생계 지원 등의 사업을 운영하고 있다.

성폭력 · 성매매 등의 관련 시설의 상담원은 '상담원 등 종사자 양성교육' 또는 관련 교육 · 훈련시설에서 각 기준에 해당되는 교육과정을 이수한 사람이어야 한다. 성폭력 피해상담소 및 보호시설, 성매매 피해자 관련 시설의 경우 사회복지사 자격을 가진 사람이 종사할 수 있다. 그러나 해바라기센터 상담원의 경우 관련 분야(사회복지학, 심리학, 아동학, 여성학 등)의 석사학위를 취득한

표 7-2 **여성 및 가족 복지 관련 실천 현황**

구분	기관
성매매	성매매방지중앙지원센터, 성매매 피해자 등을 위한 지원시설(일반지원시설, 청소년지원시설, 외국인여성지원시설), 자활지원시설, 공동생활시설, 자활지원센터, 성매매피해상담소
성폭력	성폭력피해상담소, 성폭력 피해자 보호시설, 성폭력 피해자 통합지원센터(해바라기센터)
가정폭력	긴급전화센터(1366), 가정폭력상담소, 가정폭력 피해자 보호시설(단기보호시설, 장기보호시설, 외국인보호시설, 장애인보호시설)
한부모	모자가족복지시설, 부자가족복지시설, 미혼모자가족복지시설, 일시지원복지시설, 한부모가족복지상담소
일반, 다문화	건강가정지원센터, 다문화가족지원센터

후 1년 이상 성폭력/가정폭력상담원으로 근무한 경력을 요한다.

건강가정지원센터(「건강가정기본법」 제35조 2항)에서는 건강가정사를 두도록
되어 있다. 건강가정사는 대학 또는 이와 동등 이상의 학교에서 사회복지학 ·
가정학 · 여성학 등 여성가족부령이 정하는 관련 교과목을 이수하고 졸업한
자다. 다문화가족지원센터(「다문화가족지원법 시행규칙」 제3조)는 건강가정사,
사회복지사 중 1인 이상의 인력을 두도록 명시하고 있다.

4) 노인복지

「노인복지법」(제1조)에 따르면 노인복지는 '노인의 질환을 사전 예방 또는
조기 발견하고 질환상태에 따른 적절한 치료 · 요양으로 심신의 건강을 유지
하고, 노후의 생활안정을 위하여 필요한 조치를 강구함으로써 노인의 보건복
지를 증진함'에 목적을 두고 있다. 이를 위해 노인의 주거, 의료, 여가 지원뿐
만 아니라 노인일자리 개발 및 취업상담, 정보제공 등을 하는 일자리사업, 재
가서비스, 노인학대 예방 및 피해자 보호 사업 등을 실시하고 있다. 노인복지
관련 실천 현장을 살펴보면 〈표 7-3〉과 같다.

표 7-3 노인복지 관련 실천 현장

구분		기관
노인일자리 전담기관		노인인력개발기관, 노인일자리지원기관, 노인취업알선기관
노인 복지 시설	주거복지	양로시설, 노인공동생활가정, 노인복지주택
	의료복지	노인요양시설, 노인요양공동생활가정
	여가복지	노인복지관, 경로당, 노인교실
	재가복지	방문요양서비스, 주/야간보호서비스, 단기보호서비스, 방문목욕서 비스, 재가노인지원서비스 등
노인학대		노인보호전문기관

5) 장애인복지

장애인복지는 장애인의 인간다운 삶과 권리보장을 위해 장애발생 예방과 장애인의 의료·교육·직업재활·생활환경개선, 자립생활·보호 및 수당지급 등의 생활안정을 통해 장애인의 복지와 사회활동을 증진하고 나아가 사회통합을 하는 데 그 목적이 있다(「장애인복지법」 제1조). 장애인복지 관련 실천현장을 살펴보면 〈표 7-4〉와 같다.

표 7-4 장애인복지 관련 실천 현장

구분	기관
자립생활	중증장애인 자립생활지원센터
장애인복지시설	거주시설, 지역사회재활시설(장애인복지관, 장애인주간보호시설, 장애인체육시설, 장애인수련시설, 장애인심부름센터, 수화통역센터, 점자도서관, 점서 및 녹음서 출판시설, 지적장애인자립지원센터, 장애인 재활지원센터), 직업재활시설(장애인보호작업장, 장애인근로사업장), 의료재활시설
권익옹호	장애인권익옹호기관

6) 정신보건 및 의료 사회복지

(1) 정신보건사회복지

정신보건사회복지는 정신보건 영역에서 수행되는 사회복지활동으로 정신장애인과 그 가족을 대상으로 위기개입, 상담 및 치료, 재활서비스 이외에도 지역주민의 정신건강 증진을 위해 예방사업, 위험군을 대상으로 조기선별 및 단기개입 서비스 등을 제공하고 있다. 정신보건 관련 실천 현장은 정신요양시설, 정신의료기관(병·의원), 정신건강증진센터, 사회복귀시설, 중독 관련 기관(중독관리통합지원센터, 한국도박문제관리센터, 경륜경정클리닉, 스마트쉼센터 등), 자살예방센터, 치매관리센터 등이 있다.

정신보건 분야에서는 「정신보건법」 제7조에 의거하여 정신보건전문요원제도를 운영하고 있다. 정신보건전문요원으로는 사회복지사, 간호사, 임상심리사가 있다. 정신보건사회복지사 2급은 사회복지사 1급 자격 소지자로 보건복지부 장관이 지정한 수련기관에서 1년 이상 수련을 마친 자다. 정신보건사회복지사 자격 관리(수련 및 자격시험 등)는 한국정신보건사회복지사협회에서 관할하고 있다(한국정신보건사회복지사협회 홈페이지).

(2) 의료사회복지

의료사회복지는 질병을 가진 환자와 가족, 지역사회를 대상으로 질병에 대한 예방 및 건강 관리, 회복과 재활에 관한 문제를 포괄적으로 다루는 전문 분야다. 의료사회복지사는 의료서비스를 제공하는 병원 안에서 활동한다. 또한 종합병원에서 환자의 갱생 · 재활과 사회복귀를 위한 상담 및 지도 업무, 장기이식센터에서 장기이식과 관련한 상담, 말기 암 환자(호스피스) 전문의료기관에서 의료사회복지활동을 한다.

의료사회복지사는 사회복지학을 전공한 학사 이상으로 사회복지사 1급 자격증을 소지한 사람이 대한의료사회복지사협회에서 지정한 수련기관에서 1년 수련과정을 이수한 자다. 한국사회복지사협회와 대한의료사회복지사협회(대한의료사회복지사협회 홈페이지)가 공동으로 관할하며 협회에서 자격증을 발급하고 있다.

7) 지역사회복지

(1) 사회복지관

사회복지관은 지역사회 내에서 일정한 시설과 전문 인력을 갖추고 지역사회의 인적 및 물적 자원을 동원해 지역사회 문제를 해결하고 주민의 복지 욕구를 충족시키기 위한 종합적인 사회복지사업을 수행하는 사회복지시설이다(보건복지부, 2015b). 전국의 사회복지관(2014년 기준)은 442개소다. 사회복지관 사업은 지역사회의 특성 및 지역주민의 복지 욕구에 대한 조사 결과를 바탕으로 사업 내용을 자율적으로 결정하되, 분야별 사업 및 내용 중에서 해당 사회복지관의 실정에 적합한 프로그램을 선정하여 수행하고 있다. 주요 사업으로는 사례관리, 서비스 제공(가족기능강화사업, 지역사회보호사업, 교육문화사업, 자활지원사업 등), 지역조직화(복지네트워크 구축, 주민조직화, 자원개발 및 관리 등) 사업을 추진하고 있다.

(2) 노숙인복지

노숙인복지는 노숙인 등의 인간다운 생활을 할 권리를 보호하고 재활 및 자립을 위한 기반을 조성하여 그들의 건전한 사회복귀와 복지 증진을 목적으로 한다. 노숙인의 주거 · 의료 · 고용 지원을 위한 상담 및 복지서비스 연계, 응급조치 및 의료서비스 제공, 심리상담 및 치료재활, 급식제공, 직업상담 및 훈련 등 다양한 사업을 실시하고 있다. 노숙인복지 관련 실천 현장은 노숙인종합지원센터, 노숙인복지시설(일시보호시설, 자활시설, 재활시설, 요양시설, 급식시설, 진료시설, 쪽방상담소)이 있다.

(3) 자활센터

자활센터는 근로능력이 있는 저소득층에게 집중적이고 체계적인 자활지원서비스를 제공함으로써 자활의욕 고취 및 자립능력 향상을 지원하고자 설립된 기관이다(보건복지부, 2015a). 중앙자활센터, 광역자활센터, 지역자활센터 등이 있다. 지역자활센터에서는 자활사업에 참여하는 대상자에게 교육, 정보제공, 상담, 직업교육 및 취업알선, 자영창업 지원 및 기술 · 경영지도, 자활기업의 설립 · 운영지원, 사회서비스지원 등의 사업을 실시하고 있다.

(4) 자원봉사센터

자원봉사센터는 「자원봉사활동 기본법」(제19조)에 따라 그 운영에 필요한 사항을 정하여 성숙한 자원봉사문화의 확산을 기하는 데 목적을 두고 있다. 중앙과 시 · 도, 시 · 군 · 구에 자원봉사센터가 있으며, 자원봉사정책 개발, 자원 발굴, 자원봉사자 및 수요처 관리 등의 사업을 실시하고 있다.

(5) 희망복지지원단

희망복지지원단은 복합적 욕구를 가진 대상자에게 통합사례관리를 제공하고, 지역 내 자원 및 방문형 서비스 사업 등을 총괄 · 관리함으로써 지역단위 통합서비스 제공의 중추적 역할을 수행하는 전담기관이다. 읍 · 면 · 동 주민센터에서 사례관리 대상자를 의뢰하면, 희망복지지원단은 통합사례관리를 실시한다. 희망복지지원단에는 '통합사례관리사'가 배치되어 관련 업무를 전담하고 있다. 통합사례관리사의 자격요건은 정신보건사회복지사 2급 이상 자격증을 취득한 후 관련 사회복지 분야 및 보건 분야 근무경력이 2년 이상인 자, 또는 사회복지사 1급 자격증을 취득한 후 사회복지 분야 근무경력이 2년 이상인 자다(보건복지부, 2014).

8) 교정복지

교정복지는 비행청소년과 범죄인의 재활 및 비행과 범죄의 예방에 중점을 둔 사회복지실천 영역이다. 실천 대상은 범죄자 및 비행청소년, 그 피해자 및 가족, 범죄가 발생한 지역사회다. 사회복지사는 법무부의 교정국과 보호국 산하의 기관 및 시설과 연계하여 관련 사회복지활동을 수행하고 있다.

법무부 위탁기관인 스마일센터가 2010년 이후 운영되고 있으며, 2015년 기준으로 네 곳(서울, 부산, 인천, 광주)이 있다. 스마일센터는 범죄로 인해 정신적 충격을 입은 범죄 피해자와 그 가족들에게 정신적 · 심리적 치유서비스를 제공하는 전문시설로 강력범죄 피해자를 대상으로 심리상담, 진단평가, 심리치료, 임시주거시설 지원 등의 사업을 실시하고 있다.

9) 행정기관

정부부처, 공공기관 및 관련 행정기관에는 사회복지 정책 및 서비스 영역을 담당하는 사회복지사들이 있다.

- 사회복지전담공무원: 각 시·군·구, 읍·면·동 등 해당 지역에서 복지 관련 상담 및 사회복지사업 계획 수립 등 행정과 사회복지서비스를 동시에 담당하고 있다. 보건복지부의 업무로는 기초생활보장사업 및 자활사업, 의료급여, 사회복지서비스로서 저소득층 노인, 아동, 장애인 지원사업, 소년소녀가장 지원사업, 노인일자리사업 등 다양한 대상층에게 관련 사업을 담당하고 있다. 사회복지전담공무원 시험은 만 18세 이상, 사회복지사 2급 이상 자격취득자에 한해 응시할 수 있다.
- 사회복지단체로 한국사회복지협의회, 한국사회복지사협회, 각 직능단체 (예: 사회복지관협회, 노인복지시설협회, 아동복지협회 등 각 사회복지시설협회)가 있다. 관련 사업에 대한 정책 모색, 단체와 회원을 위한 교육·훈련 및 기관운영 지원 등 간접적 지원서비스를 실행하고 있다. 사회복지공동모금회는 국민의 성금으로 마련된 재원을 관리 및 운용하기 위해 중앙과 16개 시·도지회를 둔 통합모금단체다.
- 한국장애인고용공단, 국민연금공단, 국민건강보험공단 등 다양한 공립기관에서는 사회복지사를 별도로 채용하지 않으나, 사회복지사 자격 소지자의 경우 관련 업무를 수행하는 데 도움이 될 수 있다.

생각해 보기

1. 사회복지학 전공을 선택한 계기와 이유를 작성해 보자.

2. 향후 일하고 싶은 사회복지실천 현장을 선택해 보고 그 이유를 이야기해 보자.

3. 사회복지사가 되기 위해 어떤 준비가 필요할지에 대해 토론해 보자.

4. 사회복지사는 어떤 실천 활동을 하고 있는지에 대해 토론해 보자.

【 참고문헌 】

공계순, 박현선, 오승환, 이상균, 이현주(2011). 아동복지론. 서울: 학지사.

권오균, 김지현, 김충식, 나용선, 남화수, 박종선, 신상수, 양시영, 이경자, 조상윤, 최광수, 황희숙(2011). 사회복지실천론. 경기: 공동체.

권자영(2010). 정신장애인이 지각한 실천관계가 재활성과에 미치는 영향. 이화여자대학교 대학원 박사학위논문.

권진숙 편저(2013). 사례관리의 실천. 경기: 공동체.

김세진 외 21인(2013). 사회복지사가 말하는 사회복지사. 서울: 부키.

김혜영, 석말숙, 최정숙, 김성경(2014). 사회복지실천론(제2판). 경기: 공동체.

보건복지부(2014). 2014년 희망복지단업무안내.

보건복지부(2015a). 2015년 자활사업안내.

보건복지부(2015b). 2015년 사회복지관 운영관련 업무처리 안내.

송다영, 김미주, 최희경, 장수정(2011). 새로 쓰는 여성복지론 쟁점과 실천. 경기: 양서원.

엄명용, 김성천, 오혜경, 윤혜미(2011). 사회복지실천의 이해(제3판). 서울: 학지사.

여성가족부(2015). 2015년도 청소년 사업 안내 I, II. 서울: 여성가족부.

오봉욱, 신기원, 김윤진, 김태식(2015). 학교사회복지론. 서울: 동문사.

최혜지, 김경미, 정순돌, 박선영, 장수미, 박형원, 배진형, 박화옥, 안준희(2013). 사회복지실천론. 서울: 학지사.

한인영, 최현미, 장수미(2006). 의료사회복지론. 서울: 학지사.

Bidgood, B., Holosko, M. J., & Taylor, L. E. (2003). A new working definition of social work practice: A turtle's view. *Research on Social Work Practice, 13*(3), 400-408.

Biestek, F. P. (1992). 케이스웍 관계론(김만두 역). 서울: 홍익재. (원저는 1957년에 출판).

Hepworth, D. H., Rooney, R. H., Rooney, G. D., Strom-Gottfried, K., & Larsen, J. (2010). *Direct social work practice: Theory and skills* (8th ed.). Belmont, CA: Brooks/Cole.

Kadushin, C. (1990). *The social work interview: A guide for human service professionals* (3rd ed.). NY: Columbia University Press.

Johnson, L. C., & Yanca, S. J. (2004). *Social work practice: A generalist approach* (8th ed.). Boston, MA: Pearson.

Pincus, A., & Minahan, A. (1994). 사회사업방법론: 통합적 접근(문인숙, 조성경, 김선심, 김융일, 조흥식, 윤현숙 공역). 서울: 보진재. (원저는 1973년에 출판).

Skidmore, R. A. (2000). *Introduction to social work*. Boston: Allyn & Bacon.

Ramsay, R. (2003). Transforming the working definition of social work into the 21st century. *Research on Social Practice, 13*(3), 324–338.

국립국어원 표준국어대사전 http://stdweb2.korean.go.kr/main.jsp
대한의료사회복지사협회 http://www.kamsw.or.kr
청소년지도사 종합정보시스템 http://yworker.youth.go.kr
한국정신보건사회복지사협회 http://www.kamhsw.or.kr
한국학교사회복지사협회 http://www.kassw.or.kr

제**8**장

사회복지의 거시적 접근

사회복지를 거시적 접근과 미시적 접근으로 구분할 때, 사회복지정책에 대한 관심은 거시적 접근이라고 볼 수 있다. 우리는 왜 사회복지의 거시적 접근이 필요한지에 대해서 논의하면서 이 장을 시작한다. 그리고 사회복지정책은 어느 영역까지를 포괄하는지와 사회복지정책의 기능은 무엇인지를 고찰한다. 사회복지정책의 기능은 사회적 · 경제적 · 정치적으로 나누어 생각해 볼 수 있다.

전통적으로 사회복지정책을 분석하기 위한 방법들로는 정책의 내용 분석, 사회복지정책의 형성론, 사회복지정책의 평가로 나누어 살펴볼 수 있다. 우리는 이러한 방법들을 간략히 고찰하면서 한국의 사회복지정책에 대해 생각해 본다.

학·습·목·표 ···

1. 사회복지의 미시적 접근과 대비되는 거시적 접근에 대해서 이해한다.
2. 사회복지정책을 분석하는 틀에 대해서 이해한다.
3. 사회복지정책의 형성, 내용 분석 그리고 평가에 대해서 이해한다.

1. 왜 사회복지의 거시적 접근인가

사회복지의 접근방법은 다양하다. 사회복지를 사회문제에 대한 집합적 해결 노력으로 단순하게 정의한다면, 사회복지의 접근방법은 '상황 속의 개인'의 변화를 추구하는 여러 방법이다. '상황 속의 개인'은 사회복지의 독특한 사회관과 인간관의 표현이다. 사회과학에서 개인 내면에 대한 관심은 심리학에서 주로 다루어지고 있고, 사회 상황에 대한 관심은 정치학, 경제학, 사회학 등에서 나타나고 있다. 사회복지학은 사회과학 일반에서 발전된 이론들을 활용하여 사회문제를 해결하려고 하는 실천학문의 성격을 가지고 있다. 사회복지학에서 '상황 속의 개인'을 전제로 하여 개인의 변화에 초점을 둔다면 사회복지실천론을 중심으로 사회복지를 실천할 수 있으며, 상황의 변화에 초점을 둔다면 사회복지의 거시적 접근, 즉 사회복지정책을 통해 한 사회의 사회복지를 추구할 수 있다.

자살이라는 사회문제를 예로 들어 설명해 보자. 한국의 노인 자살률은 선진국에 비해서 상당히 높은 편이다. 자살문제는 지극히 개인적인 선택의 결과로 보이지만, 뒤르켐(Durkheim)의 『자살론(La Suicide)』에서 알 수 있듯이 자살에 영향을 미치는 사회적 요소를 간과할 수 없다. 한국의 노인 빈곤율이 선진국들에 비해 높다는 사실은 잘 알려져 있다. 한국의 노인 자살률이 높은 이유는 무엇인가?

읽을거리 8-1   '잊혀진 사람들': 한국 노년층 생계유지 어려워

서울(CNN)-토요일 아침 한국 수도 서울의 한 지하도 부근에 사람들이 줄을 서고 있다. 이곳엔 최성원 목사가 1주에 한 번씩 여는 이동식 급식차가 열리길 기다리는 노숙 노인들로 가득 차 있다.

최 목사는 지난 18년 동안 이 봉사활동을 하고 있으며, 이를 통해 한국전쟁 이

후 국가 경제를 재건하는 데 기여했으나 이제 밥을 사 먹을 형편도 안 되는 노인들에게 따뜻한 점심을 제공해 왔다.

한국 전체 노인의 절반가량이 상대적 빈곤층에 속한다고 OECD가 말한다.

최 목사는 "노년층의 빈곤율이 커져 가는 (일부) 이유는 한국의 심각한 경제 위기가 2년 이상 계속됐고 세계적으로도 경제 침체가 있기 때문이다."라며 "부유층은 상황이 어떻든 간에 영향을 받지 않을 것이나 경제적인 어려움을 겪는 사람들은 지금이 정말 힘든 시기라고 말한다."고 했다.

금요일에 발표된 GDP 수치는 작년보다 2.6% 상승한 삼분기 1.2% 상승세를 보여 줬으며 이는 메르스 발생의 영향으로부터 경제가 회복되었음을 보여 준다. 그러나 전체적으로 볼 때 전망은 여전히 비교적 약하다. 3분기에 수출은 0.2% 줄었다.

'잊혀진' 세대

송영숙(70) 씨처럼 많은 노인이 살기 위해 몸부림치고 있다.

"나는 우리 세대가 잊혀지고 있다고 느낀다."고 그녀는 말한다. "나는 정말 열심히 일했고 아주 부지런했다. 그런데 어쩌다 이 지경이 됐다."

송 씨는 한국의 수도 서울에서 옷과 핸드백을 파는 작은 가게를 운영한다. 그녀는 지난 2년간 손님 구경을 하지도 못했지만 물품은 계속 가지고 있다. 손님들이 오지 않자 그녀는 파산 신청을 했고 겨우 입에 풀칠할 정도의 돈밖에 없었다.

그녀의 남편은 아들이 아기였을 때 사망했고 아들은 성장하자 해외로 이사했다. 혼자서 우울증에 시달리며 그녀는 자살 궁리나 하고 있었다.

"남편 무덤 옆에서 자살을 시도했다. 누군가가 나를 발견해서 살았다."고 말한다. 송 씨만 그런 것이 아니다. 한국은 OECD 34개국 중 노인 자살률이 가장 높은 나라다.

무너진 사회구조

자녀들은 전통적으로 나이 든 부모들을 부양했지만 지난 수년 동안 사회구조가 무너지면서 많은 노인은 먹고살 길이 없게 됐다. 어떤 부모는 가족에게 부담이 되고 싶지 않아 스스로 목숨을 끊는다고 최 목사는 전한다.

그는 자녀들이 부모를 돌보던 과거 사회구조는 무너졌다고 한다. "아들이나 딸 그리고 정부가 노인들을 제대로 돌보지 않기 때문에 노인 노숙자의 수가 증가하는 것이라고 생각한다."고 그는 말한다.

퇴직한 노인들을 돕기 위해서 정부가 일하고 있지만 일부 문제는 한국에 국민연금제도가 1988년에야 만들어졌기 때문이라고 정부는 말한다.

지난해에는 시스템을 확장해 가장 가난한 노인들을 대상으로 한 '기초연금'을 추가했다. 그러나 기초연금은 기껏해야 매달 최고 200달러를 지불하며 이 액수는 충분치 않다고 많은 사람이 말한다.

노인이 급속히 증가하는 나라에서 이것은 대단히 심각한 문제다.

HSBC 경제학자 조셉 인칼카테라는 지난 20년 동안 인구노령화가 진행된 일본과 그 상황을 비교한다. 그는 문제가 한국에서 훨씬 더 시급하다고 말한다.

"한국은 훨씬 빠른 추세로 노령화가 진행되고 있다. 이것은 더 큰 역풍을 야기할 것이다."고 그는 말한다.

정부는 연금제도가 충분한 기간이 지나면 더 많은 사람이 은퇴연금을 보장받게 될 것으로 희망한다. 2060년까지는 64세 이상 노년층의 90% 이상이 얼마의 액수가 됐건 연금을 받게 될 것으로 전망한다.

그때까지는 노인들이 살아남기 위해 최 목사와 같은 사람들의 친절함에 의존할 수밖에 없다.

출처: CNN News (2015).

이 뉴스에서 알 수 있듯이, 한국 노인의 경제적 상황이 선진국들에 비해 열악하다는 사실과 노인 자살률이 높다는 사실은 서로 밀접한 연관성이 있다. 노인 자살의 문제를 해결하기 위해서는 개인적 상담을 비롯한 미시적 접근이 필요하고 동시에 경제적 어려움을 겪고 있는 노인들을 위한 사회복지정책, 즉 노후소득보장정책도 필요하다. 따라서 한국의 노인 자살 문제를 다루기 위해서는 미시적 차원의 사회복지실천도 중요하고 거시적 차원의 노인복지정책도 중요하다고 하겠다. 즉, 사회문제에 대한 거시적 접근이 필요한 이유는 사회복지가 해결하려고 하는 사회문제가 개인적 차원과 사회적 차원을 모두 가지는 중층적 현상이기 때문이다.

2. 사회복지정책의 영역과 기능

사회복지정책론은 사회복지사 1급 시험 과목이다. 정책론은 학생들이 어렵다고 느끼는 과목이기도 하다. 사회복지의 미시적 접근과는 달리 사회복지정책은 사람들을 직접 다루지 않으며, 사회복지정책론의 접근방식은 감성적이지 않고 이론 중심적이다. 아마도 이것이 학생들이 정책론을 어렵게 느끼는 여러 이유 중의 하나일 것이다.

그런데 우리 주위를 살펴보면 사회복지정책이 우리네 삶에 깊숙이 침투해 있는 것을 발견할 수 있을 것이다. 할아버지, 할머니는 기초연금을 수령하고, 아버지는 직장에서 국민연금, 건강보험, 산재보험, 고용보험에 가입되어 있으며, 옆집 꼬마는 무상보육 혜택을 받고 있다. 그리고 만약 여러분이 졸업한 후 주민센터에서 일하는 사회복지 공무원이 된다면, 주민들 중 누구에게 무슨 급여를 줄 수 있는지 알아야 할 것이다.

사회복지사 시험 중 사회복지정책론의 출제 경향을 보면, 사회복지정책의 가치인 평등, 자유, 사회적 적절성에 대한 논의, 사회복지에 대한 국가 개입의 근거인 시장 실패, 사회복지정책의 기능, 사회복지정책 발달이론, 복지국가 유형화, 정책결정이론, 정책평가, 사회복지정책의 분석틀(대상 선정 기준, 급여 형태, 재원, 전달체계), 사회보장론 일반 등이 주된 주제들이었다. 구체적인 주제들에 대해서는 앞으로 배울 '사회복지정책론' '사회보장론' '복지국가론'에서 다루기로 하고, 여기에서는 사회복지정책의 영역과 기능을 중심으로 서술하기로 한다. 그리고 이후 사회복지정책의 분석에 대해서 논의하기로 한다.

1) 사회복지정책의 영역

사회복지정책을 학부에서 다루는 방식은 사회복지정책의 정의에서 출발하여, 사회복지정책을 분석하기 위한 분석틀을 이해하고 한국 사회복지정책을 이해하는 것으로 나아간다. 많은 사회복지개론서 혹은 사회복지정책론 교재에서는 사회복지정책이 사회복지와 정책의 합성어이기 때문에 사회복지정책에 대한 정의에서 사회복지에 대한 정의와 정책에 대한 정의를 함께 고려한다. 학생들도 이제 이해하겠지만, 사회복지에 대한 정의는 단순하지 않다. 만약 정책을 '특정한 목표를 달성하기 위한 행동 지침'이라고 정의할 수 있다면, 우리는 사회복지정책을 '국민들의 일정한 복지 수준을 보장하기 위해 정부가 의도적으로 선택한 행동 지침'이라고 우선 정의할 수 있을 것이다.

또 한 가지 사회복지정책에 대한 접근방법은 사회복지정책이라고 칭해질 수 있는 정책 영역들을 살펴보는 것이다. 〈표 8-1〉은 사회복지정책의 범위를 보여 주고 있다. 사회복지정책의 범위 역시 협의와 광의로 나누어 살펴볼 수 있다. 협의의 사회복지정책은 소득보장정책, 의료보장정책, 사회복지서비스 영역을 들 수 있고, 광의의 사회복지정책은 협의의 사회복지정책에 더해서 교육정책, 주택정책, 조세정책, 노동정책을 포괄하는 광범위한 국가정책이라고 할 수 있다.

표 8-1   사회복지정책의 범위

사회복지정책의 영역	구체적 사회복지정책
소득보장정책	사회보험(국민연금, 산재보험, 고용보험), 공공부조, 사회수당
의료보장정책	국민건강보험, 의료급여
사회복지서비스	아동복지, 청소년복지, 노인복지, 여성복지, 장애인복지 정책 등
교육정책	영유아 보육, 저소득아동 학비 지원, 학교 급식, 평생교육 등
주택정책	공공임대주택, 주택담보대부제도, 주거환경개선사업 등
조세정책	누진세, 소득공제, 조세 감면, 근로장려세제 등
노동정책	고용정책, 노사정책, 임금정책, 산업복지 등

2) 사회복지정책의 기능

사회복지정책의 기능은 사회적 기능, 경제적 기능, 정치적 기능으로 구분하여 살펴볼 수 있다.

(1) 사회복지정책의 사회적 기능

사회복지정책은 사회통합 기능을 수행한다. 사회보험을 비롯한 사회복지정책은 사회적 위험에 처한 많은 사람에게 기본적 생활을 보장함으로써 사회통합 혹은 사회적 연대를 증진시키는 역할을 한다.

(2) 사회복지정책의 경제적 기능

경제적 차원에서 사회복지정책은 최소한의 소득보장 기능, 경기안정화 기능 그리고 소득재분배 기능을 수행한다고 알려져 있다. 첫째, 사회복지정책은 모든 사람에게 최소한의 경제적 안정을 보장하는 기능을 수행한다. 특히 사회보장제도를 통해 국민들의 경제적 안정을 꾀하는데, 사회보장제도는 사회보험, 공공부조 그리고 사회서비스로 구성되어 있다.

둘째, 사회복지정책은 경기가 침체되면 경기를 활성화하고 경기가 과열되면 경기를 안정화시키는 경기안정화 기능을 수행한다. 사회복지정책의 경기안정화 기능은 케인즈주의의 총수요관리정책 차원에서 이해될 수 있다. 자본주의 경제는 필연적으로 경기순환을 경험한다. 불황과 호황의 사이클 속에서 사회복지정책은 경기순환의 진폭을 줄이는 역할을 수행한다. 예를 들어, 대량실업으로 특징지을 수 있는 경제 불황기에 사회복지정책은 실업자들에게 실업급여를 제공하거나 빈민들에게 공공부조급여를 제공하여 그들의 구매력을 증가시키는 기능을 수행한다. 실업자나 빈민들에게 급여를 제공하면 그들이 제공받은 급여를 소비에 사용하기 때문에 국내 소비를 진작시키게 되며, 소비가 진작되면 생산 증대로 이어질 수 있다. 한편, 경제 호황기에는 더 많은 국민이 사회복지정책의 재원을 충당하기 위한 사회보장세를 내기 때문에 사회복지정책은 그들의 구매력을 일정 정도 줄이는 역할을 한다. 이는 경기가 과열되는 것을 막고 경제를 안정화시키는 기능을 하는 것이라고 볼 수 있다.

셋째, 사회복지정책은 소득재분배 기능을 수행한다. 소득재분배는 수직적 재분배와 수평적 재분배로 나눌 수 있다. 수직적 재분배는 소득이 많은 사람에게서 소득이 적은 사람에게로 소득이 재분배되는 것을 말하고, 수평적 재분배는 예를 들어 건강보험에서 나타나는 것처럼 소득 수준이 비슷한 계층 안에서 건강이 좋은 사람에게서 건강이 좋지 않은 사람에게로 자원이 재분배되는 것을 말한다. 이러한 수직적 재분배와 수평적 재분배는 세대 내에서 이루어지는 재분배를 의미한다. 한편, 세대 간 재분배는 현 근로세대에서 노령세대로의 소득재분배를 말한다. 이를 정리하면 〈표 8-2〉와 같다.

표 8-2 소득재분배의 형태

형태		방향
세대 간 재분배		노령세대 대 근로세대 현세대 대 미래세대
세대 내 재분배	수직적 재분배	소득계층 간
	수평적 재분배	위험 발생 집단 대 위험 미발생 집단

출처: 이인재 외(2002: 97).

(3) 사회복지정책의 정치적 기능[1)]

조지와 윌딩(George & Wilding)은 사회복지정책이 사회분열을 야기할 수 있는 사회문제를 완화시킴으로써 한 사회의 정치적 안정에 기여한다고 본다. 즉, 사회복지정책은 사회문제로 고통받는 사람들의 욕구를 해결함으로써 현재의 정치질서를 정당화하는 기능을 수행하는 것이다. 한편, 피븐과 클라워드(Piven & Cloward)는 미국의 상황을 분석하면서 사회복지정책이 사회질서가 불

---

1) 이인재 등(2002)을 참조함.

안정한 시기에 빈민과 실업자에 의해 야기될지도 모르는 사회적 소요를 방지하는 기능을 수행한다고 보고 있다.

3. 사회복지정책의 분석

사회복지정책을 이해하기 위해서 사회복지정책 분석틀을 소개한다. 사회복지정책 분석은 주로 세 가지 관점에서 이루어지고 있다.

1) 정책 내용 분석

첫째, 사회복지정책의 내용 분석이다. 대부분의 사회복지정책론 교재에서는 사회복지정책의 내용을 분석하기 위해 길버트와 테렐(Gilbert & Terrell, 2007)의 분석틀을 이용한다. 사회복지정책의 내용 분석은 '누구에게 무슨 급여를 어떻게 전달할 것인가?'라는 핵심 질문에 대답하는 것이다. '누구'에 해당하는 것은 사회복지정책의 대상자이고, '급여'는 그들에게 주어지는 서비스나 재화를 의미하며, 사회복지정책의 대상자와 급여를 연결시키는 것은 전달체계다. 또한 사회복지정책에는 재원이 필요하기 때문에 재원에 대한 분석도 사회복지정책의 내용 분석에서 중요한 부분이다. 즉, 사회복지정책의 내용 분석은 할당, 급여, 전달체계 그리고 재정에 대한 분석을 의미한다.

(1) 할당

급여 대상자를 선택하는 기준으로는 크게 보편주의(universalism)와 선별주의(selectivism)를 들 수 있다. 보편주의는 모든 사람이 사회적 권리로서 급여를 받는 것을 의미하고, 선별주의는 일정 기준(예를 들어, 소득수준)을 바탕으로 사회복지급여 대상자를 선별하는 것을 의미한다. 선별주의에서는 보통 자산조사가 사용된다. 보편주의는 국민들의 보편적 권리로서 급여를 인정하기 때문에 낙인효과가 없으며 사회통합에 유리하다. 하지만 재정적 차원에서 고려할 때 보편주의는 비용이 많이 든다고 할 수 있다. 선별주의는 보편주의의 약점인 재정적 비용 차원에서는 강점을 가지나, 부정적 낙인효과를 가지는 약점이 있다.

이러한 보편주의와 선별주의는 대상자 선택의 연속체상의 양극으로 생각하는 것이 타당하다. 실제로 급여 대상자를 선정할 때 사용되는 기준은 귀속적 욕구(attributed need)에 근거한 대상자 선정, 보상(compensation)에 근거한 대상자 선정, 진단적 구분(diagnostic differentiation)에 근거한 대상자 선정, 자산조사(means-test)에 근거한 대상자 선정의 기준이 활용되는 것이 보통이다.

귀속적 욕구에 근거한 대상자 선정은 우리나라에서 65세 이상 노인들에게 매월 제공되는 노인교통수당제도와 중학교의무교육제도가 그 예라 할 수 있다. 보상에 근거한 대상자 선정의 예는 군인연금제도, 공무원연금제도, 농어민을 위한 특별연금제도 등으로, 공무원의 경우처럼 국가 발전에 기여한 보상을 고려한 대상자 선정방식이다. 진단적 구분에 근거한 대상자 선정의 예로는 장애인의 장애 분류와 등급에 근거한 장애인복지를 들 수 있다. 자산조사에 근거한 대상자 선정은 국민기초생활보장제도 등 공공부조제도에서 찾아볼 수 있다(박병현, 2015).

(2) 급여

급여 형태는 현금이냐 현물이냐의 선택이 가장 큰 쟁점이라 할 수 있다. 현금급여의 장점은 소비자의 선택을 극대화할 수 있다는 것이다. 현물급여는 규모의 경제로 인해 낮은 비용으로 재화나 서비스를 제공할 수 있다는 장점을 가지나 수치감이나 낙인의 단점도 지니고 있다.

실제로 급여 형태는 현금과 현물 외에도 이용권, 기회, 서비스, 권력 등이 존재한다. 이용권(voucher)는 현금과 같은 가치를 지니지만 일정한 용도 내에서 수급자로 하여금 원하는 재화나 서비스를 선택하도록 하는 방법이다. 바우처제도는 서비스 공급자 간의 경쟁을 유발하고 수요자의 선택권을 보장하는 장점이 있다. 기회의 예로는 미국의 적극적 소수민족우대정책(affirmative action), 한국의 장애인 의무고용제도, 대학입시제도 중 농어촌자녀 특별전형과 소년소녀가장 특별전형을 들 수 있는데, 사회적으로 불리한 처지에 놓여 있는 수급자에게 기회를 제공하는 것이다. 서비스는 수급자에게 교육, 상담, 사례관리, 직업훈련 등을 제공하는 것을 말한다. 권력은 예를 들면 특정 집단을 사회복지정책 결정과정에 참여하게 하는 것이다. 한국 국민연금제도의 경우 민간인이 국민연금기금운용위원회에 참여하는 것을 권력의 예라고 볼 수 있다(박병현, 2015).

사회복지급여 형태 중 중요한 급여 형태인 현물, 현금, 이용권의 장단점을 비교하면 〈표 8-3〉과 같다.

표 8-3 현물, 현금, 이용권의 장단점

구분	장점	단점
현물급여	• 대량생산된 재화나 서비스를 낮은 비용으로 제공할 수 있다. • 정책의 목표 효율성을 높일 수 있다. • 정치적으로 선호된다.	• 수급자에게 낙인을 줄 수 있다. • 수급자의 사생활을 간섭할 수 있다.
현금급여	• 수급자의 선택의 자유와 자기결정의 권리를 보장한다. • 인간의 존엄성을 유지시켜 준다. • 수치심이나 낙인을 예방할 수 있다. • 프로그램 운영 비용이 적게 든다.	• 급여의 사용처를 통제하기 힘들다.
이용권	• 서비스 공급자 간의 효율적 경쟁을 유발하고 수요자의 선택권을 보장한다. • 높은 정책 목표 효율성과 현금의 소비자(수급자)의 높은 수준의 선택권을 보장한다.	• 오용과 남용의 문제가 발생할 수 있다. • 이용권으로 구입할 수 있는 서비스는 한정된다.

출처: 박병현(2015: 179).

(3) 전달체계

사회복지 전달체계는 수급자와 급여를 연결하는 것이다. 전달체계에서의 쟁점은 사회복지 제공의 주체가 정부냐 민간이냐, 정부 단위 중에서도 중앙정부냐 지방정부냐 하는 것이다. 여기에서는 '사회복지 전달체계에 있어서 중앙정부의 역할은 왜 중요한가?' '지방정부의 역할은 왜 중요한가?' 그리고 '전달체계에서 민간부문의 역할은 왜 중요한가?'라는 질문에 대답해 보기로 한다.

첫째, 사회복지 전달체계에 있어서 중앙정부의 역할은 왜 중요한가? 사회복지는 공공재의 성격이 강해서 모든 국민을 대상으로 하는 경우가 많은데, 이 경우 중앙정부에서 제공하는 것이 효율적이기 때문이다. 그리고 중앙정부의 사회복지 프로그램은 안정적으로 지속되는 경향이 있다.

둘째, 지방정부의 역할은 왜 중요한가? 지방정부는 지역주민들의 실제적 욕구에 근거한 복지정책을 펼칠 수 있으며, 지방의 특성에 맞는 독자적인 사회복지발전계획 수립이 가능하기 때문이다.

셋째, 전달체계에서 민간부문의 역할은 왜 중요한가? 정부의 실패(government failure)에 근거하여, 민간부문이 공공부문보다 경쟁체계를 통해 소비자들의 욕구에 적극적으로 대응하기 쉽다는 것이 주된 이유다(박병현, 2015).

(4) 재정

사회복지정책을 실행하기 위해서는 돈이 든다. 사회복지재정을 어떻게 마련할 것인가? 사회복지정책의 재원은 조세, 서비스 이용료, 자발적 기부 등을 통해서 충당된다. 사회복지정책에 사용되는 조세는 일반조세[2]와 사회보험료가 있으며, 조세제도를 활용한 사회복지정책으로는 조세지출,[3] 근로장려세제 등이 있다. 한편, 서비스 이용료는 일정 금액을 수급자가 부담하면서 사회복지서비스를 이용하는 것을 말한다.

---

2) 일반조세는 국가에 의해 개인과 법인에게 강제적으로 부과되는 부담금이다(박병현, 2015: 191).
3) 조세지출은 정부가 납세자에게 받아야 할 조세를 감면 또는 면제해 줌으로써 조세금액이 감소된 것을 말한다.

2) 사회복지정책 형성론

둘째, 사회복지정책 형성에 대한 연구다. 사회복지정책 형성은 정치학자와 정책학자의 관심거리라 할 수 있는데, 사회복지정책의 정치적 분석은 '누가 정책을 결정하는가?' 그리고 '정책은 어떻게 결정되는가?'에 대한 대답이라고 할 수 있다. 여기에서는 사회복지정책 형성과정을 간단히 살펴보기로 한다. 〈표 8-4〉는 다양한 학자의 정책과정 단계를 요약해서 보여 주고 있다.

표 8-4　정책과정의 단계

칸(Kahn)의 기획과정	디니토(DiNitto)의 정책형성과정	프리만(Freeman)과 쇼드(Sherwood)의 정책개발과정	길버트(Gilbert) 등의 정책형성과정
1. 기획의 선동 2. 탐색 3. 기회과정의 정의 4. 정책형성 5. 프로그램화 6. 평가 및 환류	1. 정책문제의 확인 2. 정책대안의 형성 3. 정책의 정당화 4. 정책의 집행 5. 정책의 평가	1. 기획 2. 프로그램 개발과 집행 3. 평가	1. 문제 확인 2. 문제 분석 3. 공중 홍보 4. 정책목표의 개발 5. 공중지지 형성과 정당화 6. 프로그램 설계 7. 집행 8. 평가와 사정

출처: 남기민(2015: 128).

사회복지정책의 형성 단계는 주로 ① 정책문제의 형성, ② 정책의제의 형성, ③ 정책대안의 형성, ④ 정책결정, ⑤ 정책집행, ⑥ 정책평가 등 여섯 단계로 구성되어 있다(송근원, 김태성, 1995). 특정 사회문제가 이슈화되고 공적으로 논의됨으로써 정책의제가 형성되고, 이러한 정책의제에 대한 정책대안들이 마련되어 여러 대안 중에서 하나가 선택됨으로써 정책이 결정되며, 그 정책은 집행·평가되는 과정을 거친다.

그런데 정책은 어떻게 결정되는가? 이 질문에 대해서 최대한의 사회적 이득으로서의 정책(합리모형), 과거 정책의 변형으로서의 정책(점증모형), 우연히 이루어지는 정책(쓰레기통 모형) 등 여러 대답이 가능하다. 합리모형은 정책결정권자가 고도의 합리성을 가지고 주어진 상황에서 주어진 목표의 달성을 극대화할 수 있는 최선의 정책대안을 찾아 정책을 결정한다는 모형이다. 하지만 인간의 이성이 그다지 합리적이지 않으며 목표와 상황 자체가 불확실하기 때문에 합리모형은 비현실적이라는 비판을 받는다. 점증모형은 과거의 정책결정을 기초로 약간 수정된 정책결정이 이루어진다고 본다. 점증모형은 합리모형에 대한 비판에서 출발하는데, 현재의 정책에 대한 모든 대안을 조사하는 데는 시간과 지식 그리고 재정이 부족하기 때문에 기존 정책의 수정이 현실적이라고 보는 것이다. 하지만 점증모형은 급격한 정책변화를 설명하지 못하는 한계를 지니고 있다. 한편, 쓰레기통 모형은 정책결정과정에서 우연성, 임시성, 유동성을 강조한다. 예를 들어, 킹돈(Kingdon)은 정책결정과정에는 문제의 흐름, 정책의 흐름 그리고 정치의 흐름이 각각 존재하다가 어느 국면에 세 가지 흐름이 만나게 되면 정책이 결정된다고 본다(박병현, 2015).

3) 사회복지정책의 평가

셋째, 사회복지정책의 평가 연구다. 정책평가는 정책 활동에 관한 평가를 의미한다. 송근원과 김태성(1995)은 정책평가를 좁은 의미와 넓은 의미로 구분하여 살펴본다. 좁은 의미의 정책평가는 정책집행의 결과에 대한 평가(성과분석)[4]를 말하고, 넓은 의미의 정책 평가는 정책과정 전반에 걸친 평가활동을 말한다. 정책평가는 사회복지정책의 효과성을 증진하기 위해 필요한 과정이라고 할 수 있다.

정책평가에서의 핵심은 정책의 결과가 처음에 설정한 정책목표를 얼마나

---

4) 사회복지정책의 성과분석은 특정한 정책선택에 의해 실행된 프로그램이 낳은 결과를 분석하는 것이다.

달성했는지를 평가하는 것이다. 물론 정책평가에서 고려할 것은 정책목표 달성도뿐만 아니라 파급효과(spillover effects), 즉 정책의 의도하지 않은 외부효과다. 그리고 시간적 차원에서 살펴보면, 현재뿐만 아니라 미래에 대한 영향(장기 영향)도 정책평가에서 고려하는 것이 타당하다.

정책평가방법의 예로는 비용-편익 분석(cost-benefit analysis)을 들 수 있는데, 이는 특정 정책에 사용된 비용과 정책에 의해 발생한 편익을 모두 돈으로 계산하고, 이를 현재가치로 환산한 뒤 비용과 편익을 비교하는 방법이다. 정책의 편익이 비용보다 높으면, 그 정책은 효율적이라고 평가할 수 있을 것이다. 비용을 계산할 때 정책에 사용된 자원에 대한 직접비용뿐만 아니라 기회비용과 같은 간접비용도 고려하는 것이 중요하다.

4. 마치면서: 한국의 사회복지정책

이제 시선을 한국의 사회복지정책으로 돌려 보자. 〈표 8-5〉에서 알 수 있듯이 한국의 사회복지 관련 법과 제도는 참 많다. 이 모든 것을 알아야 할까? 그럴 필요는 아직 없다. 앞으로 서서히 사회복지 제도와 법에 대해서 공부할 테니까.

지금은 사회복지정책 영역에서 제기되었던 질문들을 다시 한 번 곱씹을 때다. 만약 이러한 질문들에 관심이 생긴다면, 여러분에게 사회복지정책이 어렵기만 한 영역은 아닐 수 있다. 그리고 이웃집 꼬마를 위해 무상보육을 설계하듯이, 사회복지정책에 관련된 사람들도 사회복지의 대상자를 가슴에 두면서 그들을 위한 정책을 만들기 위해 노력하고 있다는 사실을 기억하는 것이 좋겠다.

표 8-5	사회보장론과 사회복지법제론에서 다루는 한국의 사회복지정책과 사회복지법	
사회보장제도	**사회보장론**	**사회복지법제론**
사회보험	국민연금제도, 퇴직연금제도, 특수직역연금제도(공무원, 사립교원, 군인연금), 국민건강보험제도, 산업재해보상보험제도, 고용보험제도, 노인장기요양보험제도	「사회보장기본법」「국민연금법」「국민건강보험법」「산업재해보상보험법」「고용보험법」「노인장기요양보험법」
공공부조	국민기초생활보장제도	「국민기초생활보장법」「의료급여법」「긴급복지지원법」「기초연금법」
사회서비스		「사회복지사업법」「노인복지법」「고용상 연령차별금지 및 고령자 고용촉진법」「장애인복지법」「장애인연금법」「장애인활동지원법」「장애인차별금지 및 권리구제법」「장애인고용촉진 및 직업재활법」「정신보건법」「아동복지법」「영유아보육법」「청소년복지 지원법」「아동의 빈곤예방과 지원법」「모자보건법」「한부모가족지원법」「다문화가족지원법」「건강가정기본법」「가정폭력 관련법 및 피해자 보호 특례법」「남녀고용평등과 일·가정 양립지원법」「성매매방지 및 피해자 보호법」「의사상자 등 예우 및 지원법」「사회복지공동모금회법」「사회복지사 등의 처우 및 지위 향상법」「노숙인 등의 복지 및 자립지원법」

출처: 김진수, 권혁창, 정창률, 배화숙(2013), 김태성, 김진수(2013).

생각해 보기

1. 한국의 특정 사회복지정책을 택해서 내용 분석을 해 보자.

2. 사회복지정책의 평가에서 중요한 기준은 무엇인지 토론해 보자.

3. 사회복지 관련 법 중 하나를 택하여 그 법의 제정 이유에 대해서 조사해 보자.

【 참고문헌 】

권기창(2014). 사회복지정책론(증보판). 서울: 창지사.

김진수, 권혁창, 정창률, 배화숙(2013). 사회복지법제론. 서울: 청목.

김태성, 김진수(2013). 사회보장론(제4판). 서울: 청목.

남기민(2015). 사회복지정책론. 서울: 학지사.

노병일(2011). 사회복지정책론. 경기: 교육과학사.

박병현(2015). 사회복지정책론: 이론과 분석(4판). 경기: 정민사.

송근원, 김태성(1995). 사회복지정책론. 서울: 나남.

이인재 외(2002). 사회보장론(개정판). 서울: 나남.

현외성, 최무열, 정재욱, 정인영, 김현주, 김원배, 강환세, 최금주, 마은경, 김용환, 박
　　선애, 하정미, 이은정(2011). 사회복지학의 이해. 경기: 양서원.

Gilbert, N., & Terrell, P. (2007). 사회복지정책론(남찬섭, 유태균 공역). 서울: 나눔의집.

Hudson, J., & Lowe, S. (2013). 정책과정(이원진 역). 서울: 나눔의집.

CNN News(2015). '잊혀진 사람들': 한국 노년층 생계유지 어려워.

제3부

사회복지의 쟁점

우리는 제3부에서 21세기 사회복지의 쟁점들에 대해서 논의한다. 우리가 선택한 키워드는 세계화, 통일, 폭력 그리고 다문화다. 우리는 21세기 한국적 상황에서 사회복지의 큰 변화를 초래할 수 있는 세계사적 흐름으로 세계화와 남북통일에 주목한다.

　제9장에서는 전통적 사회문제인 빈곤이 새롭게 변하고 있으며, 이러한 신빈곤은 세계화로 인해 초래되었음을 고찰한다.

　제10장에서는 한국 사회의 당면과제인 통일에 대해서 논의하고 통일이 초래할 사회복지의 역할 변화에 대해서 생각해 본다.

　제11장에서는 현대사회의 특징 중의 하나로 증대하는 폭력문제에 주목하고, 사회복지가 폭력문제에 어떻게 대응하고 있는지를 고찰한다.

　마지막으로, 제12장에서는 한국 사회가 더 이상 단일문화로 이해될 수 없다는 인식하에 다문화와 사회복지를 다룬다. 다양성을 인정하는 것이 사회복지의 중요한 성격임을 이해한다면 다문화에 대한 이해는 사회복지를 잘 이해하는 데 필요한 과제라 할 수 있다.

　이상의 쟁점들을 살펴봄으로써 사회복지가 사회의 변화와 무관하지 않으며, 사회복지의 변화를 이해하기 위해서는 세상의 변화를 긴 안목으로 바라보아야 한다는 점을 확인할 수 있다.

제**9**장

신빈곤, 세계화 그리고 사회복지

이 장에서는 사회복지의 쟁점의 하나로 새로운 빈곤 현상에 주목한다. 일하면서도 가난한 근로빈곤의 존재는 후기 자본주의 사회의 특징 중 하나로 간주될 수 있다.

우리는 근로빈곤의 원인을 세계화 현상으로 파악하고 한국에서 볼 수 있는 세계화 풍경들을 살펴본다. 이러한 세계화 시대의 사회복지는 어떤 모습을 보이는가? 이 장에서는 사회복지의 변화에 따른 복지국가에서 사회투자국가로의 변화, 사회보장제도의 주축인 연금의 개혁 그리고 공공부조제도의 변화를 살펴본다.

학·습·목·표 ·····

1. 21세기에 새롭게 나타나는 빈곤 현상에 대해서 이해한다.
2. 세계화가 사회복지에 미치는 영향에 대해서 이해한다.

1. 새로운 빈곤

21세기 새로운 빈곤이 등장하였다. 21세기 사회복지의 쟁점 중 하나는 빈곤의 양상이 변하는 것이다. 지금까지 사회복지의 역사는 빈곤과의 투쟁의 역사라 해도 과언이 아니다. 사회복지의 역사에서 국가 책임을 규정한 최초의 정책이라고 여겨지는 영국의 「엘리자베스 구빈법」(1601)도 빈곤문제에 대한 국가의 대응이었다. 빈곤은 노동과의 대비 속에서 존재했다. 일하지 못하는 사람이 가난하게 되었지만, 이제는 근로빈곤(working poor)으로 인해 노동하면서도 가난한 사람들이 존재하게 되었다.

한국의 현실을 보자. 'N포 세대'로 지칭되는 한국의 청년들의 대량실업 현상이 바로 일하면서도 가난한 사람들의 구체적인 예라 할 수 있다.

읽을거리 9-1   N포 세대

연애, 결혼, 출산 등을 포기한다고 해서 3포 세대로 불리는 요즘 세대들.
즐거워야 할 날이지만 크리스마스도 포기하고 일하러 가는 청년들도 많습니다.

커플들이 기다리던 크리스마스.
역시나 거리에는 다정한 모습의 커플들로 가득합니다.
솔로들의 옆구리는 이날 유독 더 시립니다.
한 결혼정보회사가 설문조사를 해 보니 미혼 남자 10명 중 8명이 크리스마스에 혼자 보낼 계획이라고 답했습니다.

〈김영환/인천 계양구〉 "전 여자친구가 없어서 집에서 혼자 영화 볼 계획입니다. 되게 슬프고 안타깝지만 그렇다고 억지로 만들 순 없으니까요."

어차피 연애도 못하다 보니 차라리 일을 택하기도 합니다.

솔로라는 이유로 원치 않게 애인이 있는 사람보다 근무 우선순위가 되는 경우도 있습니다.

한 포털의 설문조사 결과 솔로 대학생의 크리스마스 계획 1위는 '아르바이트'로 29.4%의 응답률을 차지했습니다.

〈화장품 가게 아르바이트생〉"(크리스마스 근무 빼 주고 그런 건 없어요?) 돌아가면서 쉬죠. 그때그때 달라요. (남자친구는 있어요?) 아니요."

연애도 못 하고 크리스마스를 쓸쓸히 보내는 3포 세대들.

내년에는 좀 더 주머니가 두둑하고 옆구리가 따뜻한 크리스마스를 기대해 봅니다.

〈최준환/서울 관악구〉"일하고 정신없다 보니깐 일 잘되면 신경 안 쓰고 하니깐…… 아무래도 여자친구가 있으면 좋긴 하겠죠."

출처: 연합뉴스TV(2015. 12. 25.).

빈곤이라는 현상이 노동과 분리된다는 것, 즉 노동하면서도 가난할 수 있다는 사실은 새로운 빈곤의 발견이라고 할 수 있다. 사회복지의 역사 속에서 빈곤의 재발견은 빈곤에 대한 대응이라고 할 수 있는 사회복지의 변화를 초래하기도 한다. 영국의 1890년대는 빈곤의 재발견 시대라 할 수 있다(박병현, 2015). 찰스 부스(Charles Booth)와 벤자민 시봄 라운트리(Benjamin Seebohm Rowntree)는 사회조사를 통해서 빈곤의 실상을 밝혀냈다. 부스는 1889년에 빈곤조사 보고서 「런던시민의 생활과 노동(Life and Labour of the People in London)」을 통해서 동부 런던에 거주하는 사람들의 약 35%가 빈곤하다는 사실을 보고했다. 라운트리는 1902년 요크 시의 빈곤조사에서 노동인구 중 28%가 저임금으로 인해 빈곤하다는 사실을 밝혀냈다. 이러한 빈곤의 재발견은 빈곤이 개인의 책임이 아니라 경제를 비롯한 사회구조적 문제임을 인식하게 하는 데 큰 역할을 했다.

개인주의가 강조되는 미국 역시 빈곤의 재발견을 통해서 빈곤과의 전쟁을 시작했었다. 마이클 해링턴(Michael Harrington)은 1962년에 『또 다른 미국(The Other America)』이라는 책에서 미국이 두 개의 미국으로 구성되어 있다는 충격적인 내용을 보고하였다. 풍요로운 미국과 고통받는 미국, 즉 적절한 교육, 주택, 고용 및 의료급여를 받지 못해서 박탈감과 굴욕감으로 고통받는 사람들이 사는 미국은 경제성장에 의해 가려져 있던 또 다른 미국의 단면이었다. 그리고 대부분의 미국인은 또 다른 미국의 존재에 대해서 알지 못하고 있다는 사실 역시 충격적이었다. 이 책은 지식인들의 빈곤에 대한 인식을 전환시키는 데 기여했고, 결국 존슨 대통령은 1964년에 사회복지에 대한 연방정부의 책임성을 강조한 '빈곤과의 전쟁'을 선포하기에 이르렀다. 이렇듯 빈곤의 재발견은 사회복지의 변화를 가져왔다.

바우만(Bauman, 2010)의 이야기를 들어 보자.

읽을거리 9-2   바우만 이야기

현대사회는 그 구성원들을 일차적으로 소비자로 기능하게 한다. 그들이 생산자 역할을 하는 건 이차적이고 부분적일 뿐이다. 사회규범에 따르기 위해서, 사회의 성숙한 구성원이 되기 위해서는 소비자 시장의 유혹에 즉각 효율적으로 반응해야 한다. '공급을 완전히 소화하는 수요'를 창출해야 하고, 경제 위기 때에는 '소비자 주도의 회복'에 동참해야 한다. 상당한 소득과 신용카드와 더 나아진다는 전망이 없는 빈곤층은 이 모든 일을 하기 힘들다. 따라서 오늘날 빈곤층이 위반하고 있는 규범, 규범을 지키지 않는 이들을 '비정상'으로 만드는 규범은 고용의 규범이 아니라 소비자 능력 또는 소비자 적성의 규범이다. 무엇보다도 오늘날의 빈곤층은 '실업자'가 아니라 '비소비자'다. 그들은 먼저 결함 있는 소비자로서 정의된다. 그들은 시장이 제공하는 재화와 서비스를 적극적이고 유능하게 사야 하는 가장 중요한 사회적 의무를 이행하지 않기 때문이다. 소비자 사회의 회계장부를 결산할 때, 빈곤층은 절대적인 채무다. 아무리 생각을 해도 그들은 현재 또는 미래의 자산으로 기록될 수 없다.

출처: Bauman (2010: 203).

이러한 새로운 빈곤을 초래한 사회경제적 변화는 무엇인가? 우리는 세계화에 주목한다. 특히 노동시장의 유연화 현상은 근로빈곤과 직접적 연관이 있다. 노동시장의 유연화로 인해 평생직장의 개념이 사라졌으며, 한국의 청년들은 청년실업의 위험에 직면하고 있다.

읽을거리 9-3   **2015년 청년실업률**

〈통계청, 2015년 고용동향 발표〉

2015년 청년실업률이 9.2%로 사상 최고치를 경신했다. 박근혜 정부가 국정과제로 내놓은 '고용률 70% 로드맵'은 3년 연속 목표달성에 실패했다.

13일 통계청이 발표한 2015년 12월 및 연간 고용동향에 따르면 지난해 취업자 수는 2,593만 6,000명으로 전년 대비 33만 7,000명 증가했다. 취업자 수 증가폭은 기저효과, 경기침체 등으로 전년 50만 명대에서 30만 명대로 내려앉았다.

지난해 고용률은 60.3%로 0.1%포인트 상승했다. 경제협력개발기구 비교기준이 되는 15~64세 고용률은 전년 대비 0.4%포인트 오른 65.7%를 기록했다. 하지만 박근혜 정부의 국정과제인 고용률 70% 달성 로드맵 내 2015년 목표치(66.9%)에는 훨씬 못 미친다. 3년 연속 목표달성 실패다.

산업별로는 제조업(15만 6,000명), 숙박 및 음식점업(8만 2,000명), 보건 및 사회복지서비스업(7만 7,000명) 등에서 취업자 수가 늘고, 농림어업(-10만 7,000명), 금융 및 보험업(-4만 8,000명)에서 감소했다.

종사상 지위별로는 상용근로자(43만 2,000명)와 임시근로자(5만 4,000명), 일용근로자(1,000명)가 모두 늘었다. 비임금근로자 가운데서는 자영업자(-8만 9,000명) 감소폭이 컸다.

지난해 실업자는 97만 6,000명으로 전년 대비 4만 명 증가했다. 청년층과 50대 이상 실업자가 각각 1만 2,000명, 4만 명 증가했다. 실업률은 0.1%포인트 오른 3.6%를 기록했다. 특히 15~29세 청년층 실업률은 9.2%포인트로 역대 최고치를 경신했다. 2년 연속 9%대다.

비경제활동인구(1,610만 5,000명) 가운데 취업이 가능하지만 일자리를 구하지 않는 구직단념자는 46만 4,000명으로 집계됐다.

한편 12월 취업자 수는 전년 동월 대비 49만 5,000명 늘어난 2,587만 9,000명을 기록했다. 고용률은 59.9%, 실업률은 3.2%를 나타냈다. 취업을 원하는 주부, 아르바이트 학생 등 '숨은 실업자'를 포함한 체감실업률(고용보조지표3)은 지난해 12월 10.7%를 기록했다.

출처: 아시아경제(2016. 1. 13.).

2. 세계화의 풍경

우리는 21세기 '세계화'된 세계에서 살고 있다. 2016년 현재 동남아시아 국가들의 TV에서는 한국 드라마가 방영된다. 많은 국가에서 온 여행자들이 태국 방콕의 카오산 거리[1]에 모여든다.

한국에서 팔리고 있는 중저가 옷의 생산지는 동남아시아 국가일 확률이 높다. 단일민족을 자랑하던 한국에서도 외국인 노동자와 다문화가정의 모습이

[그림 9-1] 카오산 거리

이제는 낯설지 않다. 이러한 현상들은 이제 지구촌에 우리가 살고 있음을 알려주는 풍경들이다. 다음 신문 기사를 보자.

읽을거리 9-4 **대한민국, 인종지도가 바뀐다**

영국계 엔지니어링 회사 직원인 크리스 데이비드(27) 씨는 7년 전 경남 거제시 대우조선해양에 기술자로 파견 왔다. 그는 오후 6시 퇴근하면 일주일에 서너 번은 옥포동에 있는 영국식 술집 펍(pub)을 찾아 영국인 친구들과 맥주를 마시며 이야기를 나눈다. 데이비드 씨는 "영국에서도 퇴근 후 펍을 찾았고 거제도에서도 같은 방식으로 살고 있다."며 "거제에는 영국 사람이 많고 식당이나 술집, 마트에서 영어로 소통이 가능해 불편함을 느낀 적이 없다."고 했다.

데이비드 씨처럼 거제에 사는 외국인은 1만 6,352명으로 전체 주민(24만 8,287명)의 6.6%를 차지한다. 학계에서는 이 비율이 5%를 넘으면 다문화사회에 진입한 것으로 본다. 행정자치부가 지난달 발표한 '2015년 외국인 주민 현황'에 따르면 한국에 사는 외국인은 174만 1,919명으로 전체 인구의 3.4%다. 하지만 전국 77개 시(市) 단위 기초자치단체별로 분석한 결과 거제시를 포함해 12곳은 이 비율이 이미 5%를 넘어선 것으로 나타났다.

이 12곳 중 10곳은 대부분 경기도에 있는 경공업 중심 도시(안산, 시흥, 포천, 화성 등)로 동남아 출신 근로자가 많이 거주하는 지역이었다. 유럽·호주 출신

---

1) 태국 방콕 카오산 거리는 전 세계 배낭여행자들의 베이스캠프처럼 보인다. 여행을 준비하거나 여행을 시작하는 사람들이 모여서 여행자로서의 정체성을 확인하는 시간을 보내는 곳이 바로 카오산 거리다. 카오산 거리에서 만나게 되는 사람들의 국적은 정말 다양하다. 서양 문화와 동양 문화가 절묘하게 어우러지는 곳. 이러한 풍경이 바로 세계화의 풍경이다. 이들에게 국적은 더 이상 절대적이지 않을 것이다. 세계 시민으로서 다양한 사람과 교류하는 여행 자체를 통해 자기 자신에 대한 규정이 조금씩 변해 갈 것이기 때문이다. 전 세계의 많은 젊은 여행자가 여행하면서 서로 이야기를 나누고 세계를 탐험하면서 궁극적으로 자기 자신을 알아 간다. 젊을 때 배낭여행의 경험은 한 개인의 삶에 깊은 여운을 남길 것이다. 이 글은 2015년 여름 태국을 여행하면서 쓰기 시작했다. 내가 머물고 있었던 Born Free Hostel의 주인인 Kevin은 스위스 사람, 여기서 일하는 Wichai(21세)는 네팔 사람이다.

엔지니어 등 화이트칼라가 주축이 돼 외국인 타운을 형성한 곳은 거제시가 유일했다. 실제 거제에는 데이비드 씨 같은 외국인들이 유럽식 라이프 스타일을 이식한 모습을 곳곳에서 찾아볼 수 있다. 외국인들은 주말이면 거제 앞바다에 요트를 띄우고, 럭비와 크리켓을 즐긴다. 서울에서 볼 수 없는 유럽식 수제 소시지도 흔하게 맛볼 수 있었다. 거제 옥포동 외국인 거리에서 영업 중인 펍과 외국 음식점은 약 100개에 달한다. 2010년 9,235명이었던 거제의 외국인은 지난 5년 사이 2배 가까이 늘었다.

외국인 비율이 5%에 미치지는 못하지만 전국 평균(3.4%)을 넘어 다문화사회 진입을 눈앞에 둔 시(市)도 19곳이었다. 대표적인 곳이 거제에서 북동쪽으로 30여 km 떨어진 김해시(4.4%)다. 김해 동상동 · 서상동 번화가에는 주말마다 전국에서 동남아 출신 외국인 3,000여 명이 몰려든다. 김해 사람들은 이 거리를 '제2의 이태원' 이라 부른다.

한국에 사는 외국인이 174만 명(전체 인구의 3.4%)을 넘어 다문화사회의 문턱에 다가서면서 외국인 마을도 전국 곳곳에 자리 잡고 있다. 국내 거주 외국인 174만 1,919명 중 45만 7,806여 명이 사는 서울은 외국인들이 곳곳에 특색 있는 타운을 만들면서 다양한 색을 가진 도시가 됐다. 한국에 거주하는 외국인의 과반(54.7%)을 차지하는 중국인들은 서울 연남동 · 대림동 · 자양동에 '세미 차이나타운'을 형성해 살고 있다. 연남동엔 화교(華僑), 대림동엔 조선족과 한족(漢族), 자양동엔 중국인 유학생들이 모여든다. 서울에 사는 프랑스인 4명 중 1명이 사는 서울 서초구 '서래마을' 은 서울의 미식(美食) 트렌드를 이끄는 '테이스티(tasty) 로드' 가 됐다. 전통적 외국인 거리로 꼽혀 온 이태원도 주(主)도로 남쪽과 북쪽으로 분화해 백인은 북쪽에, 동남아인 · 흑인은 남쪽에 모여 살고 있다. 용산구 동부이촌동 일대에는 일본인 1,500여 명이 산다. 동부이촌동 거리에는 이들이 전파한 정통 이자카야(居酒屋, 일본식 선술집)가 들어섰다.

지방에도 세계인 마을이 들어서고 있다. 인천 송도에는 무슬림 중고차 바이어들이 드나들면서 이태원 못지않은 이슬람 문화 중심지로 떠오르고 있다. 송도유원지 주변에만 이슬람 예배소가 두 곳이나 자리 잡았다. 예배소를 중심으로 파키스탄, 터키 등 무슬림 음식점도 들어섰다. 경기도 안산, 수원, 화성, 시흥, 부천, 평택, 성남 등 경공업 지역에는 동남아 출신 근로자들이 모여 사는 마을이 생겼다.

출처: 조선일보(2015. 8. 28.).

　한국에서 세계화가 사회의 화두로 등장한 것은 1995년에 OECD 회원국으로 가입하면서이지만, 온 국민이 세계화를 온몸으로 체험한 것은 1997년 말 외환 위기인 'IMF 사태'를 경험하고부터다. 한국 사회에서 신자유주의의 기원은 대체로 김영삼 정부의 후반기로 소급된다. 주로 노동시장의 유연화(해고와 감원을 더 자유롭게 하는 것), 작은 정부, 자유시장경제의 중시, 규제 완화, 자유무역협정(FTA)의 중시 등의 형태로 나타났다.

　이후 한국은 정말 많이 변화했다. 노동시장은 유연화되어 평생직장의 개념이 사라지고, 청년실업과 비정규직 문제가 시대의 화두로 등장했다. 송호근과 홍경준(2008)에 따르면 세계화는 노동시장의 유연성을 촉발시켜 경쟁력이 취약한 계층의 노동조건을 약화시킨다. 또한 금융시장의 통합과 투기자본의 활성화는 취업 불안정과 소득 불안정으로 이어지기도 한다.

읽을거리 9-5　　대학가는 미니 차이나타운

[중국 유학생 6만 명 시대…… 전용 노래방·PC방까지 등장]

　2016년 1월 22일 오후 5시 서울 광진구 건국대 근처의 한 PC방. 게임 중인 20대 젊은이들의 컴퓨터 모니터에 '沒紅(체력 소진)' '法力藥水(마법의 물약)' 등 중국어로 된 게임 용어가 쉴 새 없이 떠올랐다. 키보드 옆에는 '綠茶(녹차)' '奶茶(밀크티)'라고 적힌 플라스틱병도 보였다. 중국 본토 사람들이 즐겨 마시는 '캉스푸(康師傅)'란 회사에서 나온 음료였다. 계산대 부근의 안내문도 중국어로 돼 있었다.

　'탕런제왕바(唐人街網吧, 중국인 거리 PC방)'라는 간판을 내건 이 PC방의 주(主)고객은 건국대에 다니는 중국인 유학생이다. 건국대에 다니는 중국인 학생이 1,500명을 넘어설 정도로 늘자 이들을 겨냥해 PC방을 연 것이다.

　종로구 성균관대 부근에는 중국인 전용 노래방이 있다. 이 노래방은 성균관대 등 인근 대학에 다니는 중국인 유학생을 유치하기 위해 중국서 공수해 온 노래방 기계를 설치해 놓고 주(週) 단위로 중국 최신곡을 업데이트하고 있다. 이 노래방에서 아르바이트를 하는 시안(西安) 출신 유학생 류 모(24) 씨는 "많을 때는 중국인 유학생이 하루 100명이 넘을 정도로 장사가 잘된다."고 했다. 이 노래방 주인은 최근 경희대와 홍익대 부근에도 체인점을 냈다고 한다. 동대문구 경희대 앞에도 중국 본토 음식 100여 가지를 메뉴당 4,000~6,000원에 파는 중국인 유학생 전용 식당이 생겼다.

중국인 유학생이 늘면서 한국 대학가에 중국 바람이 불고 있다. 법무부에 따르면 한국에서 유학 중인 중국인 학생 수는 2005년 1만 953명에서 지난해 11월 기준 5만 9,911명으로 10년 사이 5배 가까이 늘었다. 양국 교류가 날로 확대되면서 한국으로 유학을 오는 중국 학생이 급증한 것이다.

대학교 안에서도 중국 바람이 거세다. 한 대학교 학생상담센터는 2년 전부터 '중국인 유학생을 위한 연애 특강' 등을 열고 있다. 중국 유학 경험이 있는 상담 심리전공 강사가 나서 남녀의 연애 심리와 상대에게 호감을 얻는 요령 등을 중국어로 강연한다. 일부 기독교 계열 대학에선 중국인 학생이 늘자 중국어로 진행하는 채플(종교) 수업을 개설하기도 했다.

중국인 유학생이 학생 사회에서 갖는 영향력도 커지고 있다. 지난해 11월 건국대 교정 곳곳에는 '和留學生在一起的學生會(유학생과 함께하는 학생회)'란 제목의 포스터가 붙었다. 이 대학 총학생회장 선거에 나선 박우주(26) 씨가 공약(公約)을 중국어로 번역해 내건 것이다. 박 씨는 "1,000명이 넘는 중국인 유학생이 사실상 캐스팅 보트 역할을 하기 때문에 이들의 표심을 잡기 위해 중국어판 포스터를 제작했다."고 말했다. 이후 총학생회장 선거에서 당선된 박 씨는 곧바로 총학 산하에 '글로벌국(局)'을 신설하고 중국인 유학생을 국장으로 임명했다.

한국 대학 입시에서도 중어중문학과가 어문계열의 간판 학과로 떠오르고 있다. 대입 전문 종로학원하늘교육은 2016학년도 대입 정시 모집 합격선을 추정한 결과 연세대 중어중문학과의 합격선이 96.1점(100점 만점 기준)으로 영어영문학과(95.6)를 넘어섰다고 밝혔다. 지난해 영문과 97.1, 중문과 97.0이던 것이 뒤집힌 셈이다. 고려대도 2014학년도부터 3년 연속 중문과 합격선이 영문과보다 높았다.

출처: 조선일보(2016. 1. 25.).

이 장에서는 세계화를 보는 관점들, 세계화의 결과들 그리고 세계화 시대의 사회복지에 대해서 살펴보고자 한다. 복합적 현상인 세계화에 대한 이해도 중요하지만, 사회복지학을 배우는 학생들은 세계화 시대에 사회복지가 어떻게 변화하고 있는가에 대한 통찰력도 중요하다.

세계화는 국제 사회에서 상호 의존성이 증가함에 따라 세계가 단일한 체계로 나아가고 있음을 가리키는 말이다. 각 민족국가의 경계가 약화되고 세계사회가 경제를 중심으로 통합해 가는 현상으로, 전 세계가 하나로 연결되고 그 속에서 상호의존성이 심화됨을 뜻한다. 즉, 그동안 달랐던 사회가 전 세계적으로 서로 밀접한 관계를 갖는 연속적인 과정을 일컫는다. 이 과정은 경제적·과학기술적·사회문화적·정치적 권력과 맞물려 있다.

세계화의 본질을 경제적 세계화로 보는 입장은 세계화의 흐름이 자본주의 경제의 세계화와 끊임없는 이윤 추구를 특징으로 한다고 주장한다. 경제적 세계화를 가속화시킨 것은 세계무역기구(World Trade Organization: WTO)다. 세계무역기구는 1986년부터 1994년까지 이루어진 우루과이라운드협상(UR)의 결과로 1995년 1월 1일 출범하게 되었다. WTO 체제의 원칙은 차별 없는 교역, 교역의 자유화, 예측 가능성, 공정경쟁의 촉진, 경제 개발 및 개혁의 장려이며, 설립목적은 무역 자유화를 통해 전 세계적인 경제발전을 이루는 것이다. 세계화는 20세기 후반 정치적 변화와도 밀접한 연관이 있다. 1991년 소비에트 연방의 붕괴를 정점으로 공산주의권이 붕괴하여 이들 구사회주의 국가가 자본주의로 이행하였다.

세계화의 과정은 일반적으로 경제적인 관계를 일컫는 경우가 많지만, 최근에는 문화적인 측면의 세계화에 대한 논의가 활발하다. 문화주의적 입장에서는 세계경제의 통합으로의 움직임이 세계화임을 인정하면서도 세계화가 이루어지는 방식은 문화적으로 다양하다고 주장한다. 〈표 9-1〉은 세계화의 개념에 대한 여러 학자의 의견을 정리한 것이다.

조지와 월딩(George & Wilding, 2004)은 세계화 과정의 주요 흐름을 여덟 가지로 포착한다. 첫째, 세계 곳곳에서 증대되고 심화되는 사회 간의 상호 연결,

| 표 9-1 | 세계화의 개념 |

학자	세계화의 개념
Waters	사회적·문화적 제도에 대한 지리적 구속력이 약해지고 그러한 사실을 사람들이 점점 많이 인식하게 되는 사회적 과정
Mittelman	한 나라의 경제·정치·문화·사상 등이 다른 나라로 침투해 가는 과정
Harvey & Giddens	양적 교류의 확대를 넘어서 현대적인 사회생활이 새롭게 재구성됨으로써 세계 사회가 독자적인 차원을 획득하는 과정
McGrew	세계의 한곳에서 일어나는 사건, 행위, 의사결정이 지구촌의 다른 쪽에 있는 개인과 공동체에 심대한 영향을 미치게 되는 전반적 과정
Harvey	기술의 변화로 인하여 시간과 공간이 보다 응축되는 현상
김영화 외	교통수단과 통신수단의 발달에 의해 경제적·정치적·문화적 부분에서 세계의 상호연관성과 동질화가 불균등하게 증가되는 것
이철우	상호의존성의 증가와 기술적 상호교류의 증대에 힘입어, 국경 없이 넘나드는 자본의 이동과 무역, 경제적 규제와 제도 및 정책 등이 일체화되는 과정
현외성 외	지식과 기술의 발전으로 인하여 시간과 공간이 압축되고 이를 통하여 국제사회에서 상호연관성과 상호의존성이 증가함에 따라 세계가 단일체계화되는 것

출처: 김영화, 신원식, 임성옥, 손지아(2013), 이철우(2013), 현외성, 최무열, 정재욱, 정인영, 김현주(2011)에서 정리함.

둘째, 통제 불가능한 세계 도처에서의 뉴스, 문화적 이미지, 금융자본의 흐름, 셋째, 다국적 기업들의 권력과 활동의 증대, 넷째, 불평등 증가를 수반한 경제성장의 증대, 다섯째, 지구촌 소비문화의 형성, 여섯째, 여행, 이주 등 이동수단과 전자 의사소통이 빨라짐으로써 나타나는 시간과 공간의 압축, 일곱째, 세계에서 발생되는 사건과 자국에 미치는 영향에 대한 대중의 관심 증대, 마지막으로 초국가적 정부기관과 비정부기관의 급격한 성장이 그것이다.

세계화를 추동하는 요인 중 대표적인 것은 전 세계 사람들의 상호작용을 가속화시키고 그 범위를 넓히는 정보와 통신 기술의 발전이다(Giddens & Sutton, 2013). 초국적 기업들 역시 세계화를 추동하는 주역 중의 하나다(Giddens & Sutton, 2013). 국제기업(international business)은 주로 하나의 국가에 근거지를 두고 있으면서 자원이나 수익의 상당 부분을 여러 나라에서 획득하는 기업을 말한다. 예를 들면, 미국의 월마트는 미국에 점포를 두고 있지만 판매하고 있는 많은 제품은 해외에서 생산되고 있다. 이에 비하여 다국적기업(multinational business 또는 multinational corporation: MNCs)은 범세계적 시장을 대상으로 하여 원재료를 매입하고, 자금을 조달하며, 제품을 제조하여 판매하는 기업을 말한다. 이처럼 다국적기업은 다수 국가에 영업 및 제조 거점을 확보하여, 즉 많은 나라에 직접 투자한 자회사를 가지고 국제적인 규모로 종합적인 경영활동을 전개하는 기업을 말한다. 국제기업의 최종 형태는 글로벌기업(global business)이다. 글로벌기업은 국가 간의 경계를 초월하여 경영하는 기업으로 하나의 모국에 헌신하지 않는 형태다. 이와 유사한 국제기업 개념으로 초국적 기업(transnational corporations: TNCs)이 있다. 초국적기업이란 동시에 한 국가 이상에서 중요한 생산을 행하면서 의사결정을 지역국가에 분권화시키고 있는 기업을 말하는 것으로서 네슬레 사가 가장 대표적인 예다.

세계화의 이데올로기적 요인으로는 신자유주의 이데올로기의 확산을 들 수 있다(이철우, 2013). 신자유주의는 1970년대부터 부각되기 시작한 경제적 자유주의 중 하나로, 19세기의 자유방임적인 자유주의의 결함에 대하여 국가에 의한 사회정책의 필요를 인정하면서도 자본주의의 자유 기업의 전통을 지키고 사회주의에 대항하려는 사상이다. 토머스 우드로 윌슨 대통령이 1920년대 제창했던 새로운 자유(The New Freedom) 정책, 그리고 정치적 · 문화적 자유에도 중점을 두었던 자유주의와는 다른, 고전적 자유주의에 더 가까운 것이며, 사회적인 면에서는 보수자유주의적인 가치를 지향한다.

신자유주의는 국가 권력의 개입 증대라는 현대 복지국가의 경향에 대하여 경제적 자유방임주의 원리의 현대적 부활을 지향하는 사상적 경향이다. 고전적 자유주의가 국가 개입의 전면적 철폐를 주장하는 데 반해, 신자유주의는 강한 정부를 배후로 시장경쟁의 질서를 권력적으로 확정하는 방법을 취한다. 신자유주의는 1980년대 영국의 대처 정부에서 보는 것처럼 권력기구를 강화하여 치안과 시장 규율의 유지를 보장하는 '작고도 강한 정부'를 추구한다.

표 9-2	세계화의 분류
세계화의 구분	내용
경제적 세계화	상품시장, 자본시장 등 모든 시장의 범세계적 차원에서의 자유화 및 이를 뒷받침하는 제도의 변화(신자유주의 경제 질서의 범세계적 확산)
정치적 세계화	정치행위, 정치의식, 정치적 쟁점들이 세계적 차원에서 이루어지는 것을 의미하는데, 경제정책 및 사회정책을 결정하는 데 있어서 국가라는 행위자의 역할과 중요성이 감소하고 초국가적 기구의 비중이 증가하는 현상
문화적 세계화	텔레비전, 인터넷, 이메일, 스마트폰, 소셜네트워크, 관광산업의 성장과 확산으로 사람들과 국가 간 접촉이 활성화되는 과정

출처: 현외성 외(2011).

3. 세계화와 사회복지

세계화는 두 얼굴을 가진 야누스적 모습을 하고 있다. 세계화에 대해서는 두 가지 대비되는 입장이 있다. 하나는 세계화의 긍정적 결과에 초점을 두는 입장이고, 다른 하나는 세계화의 부정적 영향을 강조하는 입장이다. 세계화를 긍정적으로 보는 입장에서는 세계화가 전 세계적으로 빈곤을 타파하고 인간의 생활수준을 향상시킨다고 본다(김동수, 정무성, 정진옥, 2013). 세계화가 가져오는 긍정적인 측면으로는 격심한 경쟁을 통한 효율의 극대화, 자원배분의 합리화, 규모의 경제이익 초래[2] 그리고 자유무역 이익의 실현을 생각해 볼 수 있다. 이러한 논리는 경제적 차원에서 자유시장경제를 강조하는 신자유주의적 보수주의자들의 견해라고 할 수 있다.

세계화의 부정적 영향을 강조하는 입장에서는 세계화 찬성론자들의 견해가 선진국의 논리를 반영하고 있는 신자유주의적 입장이며, 이는 개발도상국가

---

2) 세계화는 세계시장의 단일적 통합과 시장 광역화를 통해 규모의 경제이익을 발생시키며, 무역장벽을 소멸시키고 자유무역의 이익을 가져다주는 역할을 한다(김동수, 정무성, 정진옥, 2013).

들과 후진국들에 미칠 영향을 주목해야 한다고 본다. '빈곤의 세계화'를 논의하는 미셸 초스도프스키(Michel Chossudovsky, 1998)는 소말리아와 르완다 등의 빈곤이나 내란 사태가 IMF의 구조조정 요구로 인해 농업을 근간으로 하는 지역경제가 망가지면서 나타나는 현상이라고 진단한다. 또한 방글라데시의 홍수와 굶주림, 인도의 실업과 중소기업 대량도산도 신자유주의 구조조정 프로그램으로 인해 기존의 경제구조나 지역사회가 파괴된 현실과 밀접한 연관성이 있다고 주장한다.

이러한 세계화 시대의 사회복지는 어떻게 나타나고 있는가? 복지국가는 사회투자국가로 변화하는 경향성이 있으며, 한 국가의 사회보장의 근간인 사회보험과 공공부조제도 영역에서는 연금개혁과 근로연계복지가 특징적이다.

1) 사회투자국가

읽을거리 9-6　　사회투자국가의 6가지 특징

유럽을 본거지로 하는 '전통적 복지국가'는 시민들이 실업·노령·산재 등 사회적 리스크로 생활을 영위하기 힘들 때 국가가 소득 보전을 책임지는 시스템이었다. 1950~1970년대가 최전성기였는데 당시에는 이른바 '자본주의 황금기'로, 핵가족의 가장인 남성 노동자가 가족 부양이 가능한 규모의 임금을 받으며 안정된 직장에서 평생 일할 수 있는 시대였다. 여성들은 주로 살림을 도맡는 주부였다.

그런데 1980년대 이후 신자유주의 지구화로 일자리 불안, 노동시장 양극화, 핵가족 붕괴, 저출산·고령화 따위 새로운 사회현상이 나타나면서 전통적 복지국가의 지속 가능성에 대한 의문이 제기되기 시작했다. 급기야 1990년대 후반 영국 노동당은 복지국가를 소생시킬 수 있는 '제3의 길'로 사회투자국가론을 제기하기에 이른다.

다음은 김영순 교수(서울과학기술대학)가 논문(「사회투자국가가 우리의 대안인가」)에서 사회투자국가의 특징을 정리한 내용이다. 첫째, 사회투자국가에서 복지 지출은 명확한 수익을 낳는 것이어야 한다. 수익을 낳지 않는 복지 지출은 하지 않는다는 말도 된다. 둘째, 경제정책과 사회정책의 통합성을 강조한다. 그러나 경제정책이 사회정책보다 우선순위를 차지한다. 즉, 사회정책은 경제성장과 효율성 향상에 기여할 때에만 의미를 가지게 된다. 셋째, 사회투자의 핵심은 인적 자본에 대한 투자이며, 핵심 대상은 아동이다. 21세기 지식 기반 경제에서 가장 중요한 자원은 '인간의 지식'이고 그렇다면 육아·보육·교육 등에 대규모 사회 지출을 해야 한다는 아이디어. 이는 사회투자국가의 핵심 이데올로기인 '기회의 평등'을 실현하는 방법이기도 하다. 넷째, 사회 지출을 소비적 지출과 투자적 지출로 나눠 소비적 지출은 가능한 한 억제한다. 이는 생산성에 큰 도움을 주지 않는 빈곤층 성인 등에 대한 정부 지출을 줄인다는 말도 된다. 다섯째, 시민권을 '권리'로 간주한 전통적 복지국가와 달리 사회투자국가론에서 시민의 권리는 의무와 균형을 이루어야 한다. 예컨대 국가의 의무가 경제적 기회와 복지를 제공하는 것이라면, 노동을 통해 스스로를 부양하는 것은 시민의 의무라는 이야기다. 여섯째, '결과의 평등'보다 '기회의 평등'을 중시한다. 사회투자국가론은 국가가 시장에서 밀려난 실패자에게 소득을 보장해 주기보다, 청소년들이 지식 기반 경제에 적응해서 시장의 승리자가 될 수 있도록 돕는 일을 해야 한다고 주장한다.

출처: 시사인(2011. 1. 14.).

한국의 경우 복지국가가 완성되지 않은 상태에서 세계화로 인해 2000년대 노무현 정권 당시 사회투자국가가 강조되기도 했다. 지금 청년들에게는 세상의 흐름을 읽을 수 있는 시각이 필요하다는 것을 전제로 할 때 복지국가의 변화 양상은 생각해 볼 거리를 제공한다.

2) 연금개혁

20세기 후반부터 대부분의 OECD 국가는 공적연금제도를 개혁하기 시작하였다. 1980년대 영국 대처 정부의 공적연금 개혁, 남미 국가인 칠레의 공적연금 민영화 등이 연금개혁의 시대를 알리는 신호로 보인다. 공적연금제도는 복지국가의 핵심 제도라 할 수 있는데, 이러한 공적연금개혁은 복지국가의 재구조화 흐름과 맥을 같이한다.

복지국가의 재구조화는 1970년대의 석유 위기에 따라 복지국가의 재정적 차원에서 이루어진 정책 변화라고 할 수 있다. 복지국가와 경제는 선순환관계를 형성할 수도 있지만, 복지국가의 주요한 경제정책 기조라고 할 수 있는 케인즈주의가 석유 위기로 인한 스태그플레이션에 적절히 대응할 수 없을 때 복지국가와 경제는 긴장관계에 놓이게 된다. 통화주의를 근간으로 하는 영미권 국가들의 복지국가 재구조화 흐름은 경제사상적으로는 신자유주의를 특징으로 한다. 신자유주의는 작은 정부라는 지향하에 공급 측 경제학을 이론적 토대로 하여 세계화의 흐름 속에서 전 세계적으로 영향을 미쳤다고 할 수 있다.

이러한 경제적 상황요인과 더불어 인구 고령화라는 인구사회학적 변화가 연금개혁을 추동하는 주된 요인으로 작용하고 있다고 하겠다. 인구 고령화는 전 세계적인 새로운 사회적 위험으로 볼 수 있는데, 복지국가의 토대라 할 수 있는 소득보장제도의 지속 가능성과 적절성에 중대한 압력으로 작용한다.

OECD 국가들에서 공적연금제도는 제2차 세계대전 이후 성숙해지기 시작했다. 1950년대와 1960년대는 국가마다 시기별 차이는 존재하지만 공적연금제도의 적용대상 확대와 연금급여수준 인상이 진행되었다. 하지만 1970년대 오일 쇼크로 인해 재정 안정성의 문제가 대두되었고, 연금제도의 부분적 개혁이 시도되었으며, 1990년대와 2000년대 이후에는 저성장·고실업 등 사회경제구조의 변화와 인구 고령화로 인한 인구구조의 변화 등으로 구조적 연금개혁 혹은 모수적 연금개혁이 본격적으로 일어났다. 연금개혁은 21세기에도 여전히 현재진행형이다. 제도의 형평성을 이미 확보한, 연금제도 성숙도가 높은 국가들 사이에서도 제도의 적절성과 지속 가능성에 대한 논의가 활발해지고 있으며, 연금개혁은 공적연금의 기능을 축소하여 재정적 지속 가

능성을 확보하는 한편, 적절성 문제를 해결하기 위해 사적연금을 강화하면
서 다층체계로 전환하려는 경향이 나타나고 있다(김원섭, 김수완, 주은선, 최영
준, 2006).

　김원섭 등(2006)은 OECD 국가들의 연금 개혁 동향을 고찰하면서, 국가마다
다양한 연금개혁의 모습을 보이지만, 첫째, 1980년대 연금개혁은 모수적 개혁
(경로의존성)을 특징으로 하고, 둘째, 1990년대 이후 연금개혁은 구조적 개혁을
특징으로 하며 World Bank의 영향으로 다층노후소득보장체계로의 변화를 시
도하는 것으로 평가한다. 이러한 평가는 약간 과장된 것으로 보이는데, 모수
적 연금개혁은 1990년대 이후에도 많은 나라에서 진행되는 연금개혁 방식이
기 때문이다. 정리하면, 1990년대 이후 많은 나라에서 연금개혁의 정책수단으
로서 연금수급 개시연령 연기, 고령근로의 유인 강화, 자발적 조기퇴직 요건
강화, 직접적인 급여수준 삭감 등을 활용하였으며, 일부 국가(예: 스웨덴)에서
공적연금에 대한 구조적 개혁 역시 진행되어 왔다고 할 수 있다.

　지난 20여 년간 OECD 국가의 연금개혁은 연금의 지속 가능성 확보를 추구
하지만, 동시에 연금급여의 적절성 유지 그리고 저소득층의 소득보장 기능
강화도 고려한다. 국가마다 지속 가능성 측면과 적절성 측면에 대한 우선순
위의 차이는 존재하지만, 연금개혁의 주요 목표는 대체로 일치하는 것으로
나타난다.

　이러한 연금개혁은 한국의 경우에도 이루어졌다. 1998년과 2007년 두 차례
의 연금개혁을 통해 국민연금의 소득대체율이 낮아졌는데, 이는 국민연금의
재정 안정성에 초점을 둔 것이라고 할 수 있다. 급격한 고령화 속도를 보이고
있는 한국의 경우 앞으로도 연금개혁의 필요성은 계속 제기될 것으로 보인다.
특히 노인 빈곤율이 OECD 국가들 중 가장 높은 한국의 현실을 고려할 때 연
금개혁에 있어서 재정적 안정성뿐만 아니라 급여의 적절성도 중요한 목표로
설정되어야 할 것이다.

<table>
<tr><td>읽을거리
9-7</td><td>연금개혁</td></tr>
</table>

연금개혁은 크게 모수적 개혁(parametric reforms)과 구조적 개혁(structural reforms)으로 구분할 수 있다. 첫째, 모수적 개혁은 현행 연금제도의 기본 틀을 유지한 채, 연금수급연령 및 수급조건의 조정, 기여율 및 기여조건의 조정, 급여의 인덱스와 급여산식의 조정 등을 통해 제도를 손질하는 형태가 이에 해당한다. OECD 국가들의 연금 개혁 중 많은 국가가 선택한 개혁은 모수적 개혁으로 볼 수 있으며, 모수적 개혁은 크게는 수급연령 상향조정, 기여 측면의 변화 그리고 연금급여 측면의 변화로 나누어 볼 수 있다. 수급연령 상향조정은 많은 국가가 택하고 있는 연금개혁의 방식이며, 기여 측면에서는 급격한 기여율 상승이 정치적으로 어렵기 때문에 점진적으로 나타나도록 연금개혁이 설계되고 있다. 그리고 연금급여 측면의 변화는 조기노령연금 수급 조건을 강화하거나, 완전연금수급을 위한 최저기여기간을 늘리며, 연금급여를 산정할 때 자동안정화 장치를 두는 것이 구체적인 예라고 할 수 있다.

둘째, 구조적 연금개혁은 현행 제도의 틀을 바꾸는 개혁으로, 확정급여(DB)방식에서 확정기여(DC)방식으로, 전환이나 적립방식에서 부과방식으로의 전환 등이 구조적 개혁에 해당한다. 1998년 스웨덴의 NDC(Notional Defined Contribution) 방식으로의 개혁이 대표적인 구조적 연금개혁의 예라고 할 수 있다. NDC 방식은 재정적 지속가능성을 향상시킬 수 있으나, 개별 수급자들에게 경제 및 인구 변화에 따르는 재정적 위험이 전가될 수 있으며, NDC 방식하에서는 은퇴자들의 수명이 연장될수록 그들이 은퇴를 연기하지 않는 한 연금급여가 줄어들 수 있는 약점이 있다.

출처: 권혁창, 김평강(2013).

3) 복지개혁: 공공부조개혁

연금개혁이 사회보험에서 나타난 변화라면, 공공부조제도의 변화는 미국의 1996년 복지개혁에서 두드러지게 나타나기 시작했다. 미국 복지개혁의 주요

내용은 평생 공공부조의 혜택을 받을 수 있는 기간을 5년으로 제한했다는 것
(time limit), 그리고 급여를 받기 위해서는 근로활동에 종사해야 한다는 것, 이
렇게 크게 두 가지로 볼 수 있다. 이러한 근로연계복지(welfare to work)는 미국
뿐만 아니라 유럽에서도 활성화 정책(activation policy)으로 나타났다.

읽을거리 9-8 복지개혁

미국 TANF(Temporary Assistance to Needed Families) 제도는 미국 공공
부조제도의 급격한 변화를 가져왔으며, 영국을 비롯한 다른 나라의 근로연계복
지제도에 영향을 미쳤다. 취업우선전략을 특징으로 하는 미국 TANF 제도의 목
적은 TANF 수급자의 노동시장에서의 근로를 통한 자활을 도모하고 복지의존성
을 줄이려는 데 있다.

우리가 미국의 공공부조개혁(welfare reform)의 성과와 한계에 대해서 알고
있는 사실들은 다음과 같이 정리할 수 있다. 첫째, 급격한 TANF 수급자 수의 감
소다. 미국 공공부조제도의 수급자 수는 1994년을 정점으로 하여 지속적으로
2000년대 중반 이후까지 감소하였다.

둘째, 1990년대 말에 주로 이루어졌던 단기 탈수급자 연구 결과를 근거로 할
때, 탈수급자가 노동시장에서 자립을 성취했는가에 대해서는 논란의 여지가 있
다. TANF 탈수급 이후 탈수급자들의 단기 고용률은 상대적으로 높았다. 하지만
많은 TANF 탈수급자가 공공부조개혁 이후 노동시장에 진입하지만, 그들의 탈수
급 후 근로임금수준은 상대적으로 낮은 상태다. 노동시장에서 탈수급자가 자립
에 성공하는가는 여전히 논쟁거리로 남아 있으며, 미국 공공부조 개혁의 평가에
있어서 중요한 쟁점이라 할 수 있다.

출처: 권혁창(2011: 137-138).

자립과 노동을 강조하는 미국식 근로연계복지에 대해서는 조심스럽게 접근
할 필요가 있다. 한국에서도 외환위기 이후 2000년 공공부조제도가 생활보호

제도에서 국민기초생활보장제도로 변화하였고, 자활사업이 강조되는 등 근로연계복지로의 변화가 나타났다. 하지만 아직 효과성 차원에서 뚜렷한 성과를 내고 있다고 보기 어렵다.

4. 새로운 흐름

지금까지 우리는 새로운 빈곤 현상에서 출발해서, 그 원인이라 할 수 있는 세계화 그리고 세계화 시대의 사회복지의 변화에 대해서 살펴보았다. 이러한 시대의 흐름 속에서 우리는 무엇을 할 수 있을까?

특히 세계화 시대에 주목받는 사회복지 영역은 국제사회복지라 할 수 있다. 세계화 시대에 전 지구적으로 빈곤과 불평등 문제가 재조명되고 있는 현실에서(김동수 외, 2013), 국제사회복지사는 세계의 가난한 사람들을 돕기 위한 전문직으로 활동하고 있다.

한국은 한국전쟁 이후 전쟁의 폐허 속에서 외국의 도움을 받았던 국가였다. 이후 이루어진 급속한 경제성장을 바탕으로 제3세계를 돕는 국가가 되었다. 한국 정부 차원의 해외원조사업과 여러 시민사회의 국제구호, 개발 사업은 이미 활발히 진행되고 있다. 따라서 국제사회복지는 앞으로 예비사회복지사가 하나의 직업으로 관심을 가져야 할 분야라 할 수 있다. 21세기를 사는 (예비)사회복지사들은 '지구적으로 생각하고 지역적으로 실천하는' 방식을 습득할 필요가 있다.

생각해 보기

1. 다음 글을 읽고 빈곤의 세계화에 대해 논의해 보자.

미셸 초스도프스키는 우리가 아프리카 빈곤문제의 원인이라고 흔히 떠올리는 빈번한 가뭄과 오랜 내전, 지도자들의 부패 등은 왜곡된 진실에 불과하다고 주장한다. 그의 주장에 의하면 소말리아의 경우 1970년대까지만 해도 엄연한 식량자급자족 국가였으나, 1980년대 초 IMF와 세계은행이 국가경제에 개입하면서 소말리아 농업경제는 붕괴되기 시작했다는 것이다. 국제기구가 실시한 경제개혁들은 과거 유목민과 소농들 간의 전통적 거래를 파기시켰으며, 외국산 곡물의 유입으로 국내의 곡물 생산업자들은 설 자리를 잃게 하였다. 1981년 IMF의 강요에 따라 이루어진 소말리아 실링화의 평가절하 이후 연료비나 비료값 등 농업 생산비가 증가해 농민들이 타격을 받았으며, 이에 따라 도시구매력도 축소되었고 정부의 농업진흥, 사회간접자본시설도 대부분 붕괴되었다. 즉, 곡물시장의 탈규제화와 식량원조의 유입이 농촌과 도시 빈곤화의 직접적 원인이라는 것이다.

출처: Chossudovsky (1998).

【 참고문헌 】

권혁창(2011). 미국 TANF 탈수급자의 실질 근로소득 추이에 관한 연구. 사회복지연구, 42(4), 137-163.

권혁창, 김평강(2013). OECD 주요 국가들의 연금개혁의 효과성 연구. 서울: 국민연금공단 국민연금연구원.

김동수, 정무성, 정진옥(2013). 국제사회복지: 더불어 지구촌에 잘 살기 위하여. 서울: 신정.

김영화, 신원식, 임성옥, 손지아(2013). 현장에서 본 사회문제. 경기: 양서원.

김원섭, 김수완, 주은선, 최영준(2006). 주요 복지국가의 다층노후소득보장체계의 변화와 우리나라의 공·사 연금제도 발전방안. 서울: 국민연금연구원.

김호기 외(2007). 글로벌 시대에 살아남기. 서울: 동아일보사.

박병현(2015). 사회복지정책론: 이론과 분석(개정4판). 경기: 정민사.

송호근, 홍경준(2008). 복지국가의 태동: 민주화, 세계화, 그리고 한국의 복지정치. 경기: 나남출판.

이철우(2013). 신사회학 초대(3판). 서울: 학지사.

현외성, 최무열, 정재욱, 정인영, 김현주(2001). 사회복지학의 이해. 서울: 양서원.

Bauman, Z. (2010). 새로운 빈곤: 노동, 소비주의 그리고 뉴푸어(이수영 역). 서울: 천지인.

Chossudovsky, M. (1998). 빈곤의 세계화: IMF 경제신탁통치의 실상(이대훈 역). 서울: 당대.

George, V., & Wilding, P. (2004). 세계화와 인간복지(김영화 외 역). 서울: 삼우사.

Giddens, A., & Sutton, P. W. (2013). *Sociology*. Polity Press.

Martin, H.-P., & Schumann, H. (1997). 세계화의 덫: 민주주의와 삶의 질에 대한 공격(강수돌 역). 서울: 영림카디널.

시사인(2011. 1. 14.). 사회투자국가의 6가지 특징.

아시아경제(2016. 1. 13.). 2015년 청년 실업률.

연합뉴스(2015. 12. 25.). N포 세대.

조선일보(2015. 8. 28.). 대한민국, 인종지도가 바뀐다.

조선일보(2016. 1. 25.). 대학가는 미니 차이나타운.

제**10**장

통일사회복지

국내 사회복지학계에서 통일사회복지는 1990년대 독일 통일의 영향으로 관심과 논의가 시작되었다. 1990년대 이전까지는 국내 사회복지학계에서 통일사회복지에 대한 논의가 사실상 전무하였다. 이는 남북한의 적대적 관계에 기인하는데, 당시로서는 남북한 통일이 현실적으로 불가능하다고 보았다. 그러나 1990년대에 갑작스러운 독일 통일과 뒤이은 동유럽 사회주의권의 붕괴로 인해 냉전의 마침표를 찍는 세계사적 변화가 발생하였다. 나아가 독일 통일에서 나타난 동·서독 복지통합 문제를 실제 목격하면서 통일사회복지에 대한 중요성과 무게, 그 가치를 새롭게 인식하게 되었다.

한편, 통일 이후 필연적으로 사회복지를 중심으로 한 남북한 복지통합 문제가 대두될 수밖에 없다. 동시에 이는 이질적인 남북한 양자의 생활통합을 통한 내적 결합을 의미하는 것이기 때문에 고도의 사회복지 전문성, 남북한의 역사와 사회문화 토대를 이해하는 전문가 그룹의 개입이 반드시 필요하다.

그러므로 통일사회복지사는 통일 이후 열악한 북한 주민의 구호와 케어를 직접 담당해야 한다. 구체적인 통일사회복지사의 실천 분야는 ① 취약계층의 구호, ② 심리정신 상담, ③ 주거와 위생, 건강과 보건케어, ④ 노인, 아동, 장애인, 여성, 모자 사회서비스, ⑤ 빈곤과 실업, 소득 지원, ⑥ 가족해체 예방 등으로 대표된다.

통일사회복지사는 학문적 개념이라기보다는 정책적·행정적 개념이다. 통일사회복지사는 학교사회복지사, 다문화사회복지사, 교정사회복지사처럼 통일 및 통합 분야에서 전문적 역할을 수행할 '통일(통합)' 전문 사회복지사다. 이에 통일사회복지사는 사회복지사로서 사회복지 분야의 경험과 북한학 관련 과목을 추가로 이수하고, 통일 및 북한 관련 현장에서 소정의 실습을 거쳐 통일사회복지사 자격검정을 통해 자격증을 취득한 사람들로 필수 자격 요건을 마련해야 한다.

결국 통일에 대한 '민족복지' 차원의 과제인 통일사회복지는 아무리 강조해도 지나치지 않으며 아무리 준비해도 부족한 것임을 인지하고 향후에는 이를 실천하는 방향으로 사고와 행동의 '중심축'을 전환해야 한다. 이에 종국에 통일한국의 성공과 실패는 통일사회복지(사)에 달려 있다고 해도 과언이 아니다.

학·습·목·표

1. 통일사회복지를 이해하고 그 성격을 알아본다.
2. 통일사회복지의 분야에 대해 공부한다.
3. 남북한 사회복지서비스 전달체계를 이해한다.
4. 통일사회복지사의 역할과 기능을 알아본다.
5. 통일사회복지 과제와 전망에 대해 공부한다.

1. 통일사회복지 이해

　국내 사회복지학계에서 통일사회복지는 1990년대 독일 통일의 영향으로 관심과 논의가 시작되었다. 1990년대 이전까지는 국내 사회복지학계에서 통일사회복지에 대한 논의가 사실상 전무하였는데, 이는 냉전시대의 남북한 관계를 고려할 때 남북한 통일이 현실적으로 불가능하다고 보았기 때문이다. 그러나 1990년대에 갑작스러운 독일 통일과 뒤이은 동유럽 사회주의권의 붕괴로 인해 냉전의 마침표를 찍는 시대적 변화가 발생하였다. 한편, 독일 통일에서 나타난 동 · 서독 복지통합 문제를 실제 목격하면서 통일사회복지에 대한 중요성과 무게, 그 가치를 인식하게 되었다.

　이러한 배경하에 통일사회복지는 분단국이 통일한 이후 각기 존재하던 다양한 사회복지제도를 놓고 양자가 합일을 이루는 복지통합 과정으로, 사회복지가 어떻게 하나로 합치되는가를 연구 · 고찰하는 것이다. 따라서 역설적으로 통일사회복지는 분단국이 통일할 경우 궁극적으로 하나의 제도로 통합되는 전 과정에서 나타나는 다양한 사회복지 문제 전반을 의미한다. 결국 세계적으로 본다면 남북한, 독일과 예멘의 사회복지 통합과정, 향후 중국과 대만, 중국과 홍콩의 복지통합과정이 이러한 사례에 해당된다 하겠다. 이에 통일사회복지는 사회복지학에서 대단히 특이한 분야이며, 우리나라에 있어 한반도 통일을 감안한다면 매우 중요한 분야다.

　특히 통일사회복지는 한반도 통일을 대비한 새로운 전문 분야이자 통일 준비 차원에서 반드시 필요한 분야다. 독일 통일에서 보았듯이 통일 재원의 절반이 통일복지에 소요되었다. 특히 자본주의체제의 서독과 사회주의체제의 동독의 통일은 다양한 이질적인 제반 요소로 인해 통일후유증이 매우 심각하였고, 현재까지도 그 여파가 남아 있다. 그 원인은 양 체제의 제도적 차이와 장기간의 분단, 준비하지 못한 급작스러운 통일 때문이었다. 따라서 남북한은 이러한 독일의 선례를 교훈으로 삼아 준비된 통일을 맞이해야 한다. 이러한 점에서 통일사회복지는 통일의 성패를 결정짓는 중요한 사안이다.

　　그렇다면 통일사회복지에 대한 이러한 준비와 대비는 누가 해야 하는가? 한마디로 남북한 정부가 주력하고 민간이 조력하되, 민관 상호 간의 역할을 구분하여 지속적으로 노력해야 한다. 가령, 통일 이후 통일사회복지사는 열악한 북한 주민의 구호와 케어를 직접 담당해야 한다. 통일사회복지사의 실천 분야는 ① 취약계층의 구호, ② 심리정신 상담, ③ 주거와 위생, 건강과 보건케어, ④ 노인, 아동, 장애인, 여성, 모자 사회서비스, ⑤ 빈곤과 실업, 소득 지원, ⑥ 가족해체 예방 등으로 대표된다. 그리고 통일정부는 이에 대한 정책적·제도적·재정적 지원을 해야 한다.

　　현재 북한 주민 대다수의 복지현실은 매우 열악하다. 북한 주민의 식량, 보건, 위생, 주거, 소득 문제는 최빈국 수준이다. 이에 2000년대부터 유니세프를 비롯하여 다양한 국제기구와 국내외 민간단체가 북한 주민에 대한 지원과 구호활동을 하고 있다.

　　결국 통일 이후 북한 주민의 구호와 케어는 민관, 국제기구와의 협력이 반드시 필요하다. 또한 북한 주민 대다수는 오랫동안 폐쇄된 체제에서 열악한 생활을 해 왔다. 그러므로 남한 주민과 상당한 차이가 있는 가치관과 삶을 유지한 북한 클라이언트의 특성으로 인해 사회복지실천 현장에서 새로운 교육과 접근이 필요한 시점이다.

2. 통일사회복지 성격[1]

1) 통일사회복지의 가치

통일한국의 사회복지는 왜 중요하고, 얼마나 중요한가? 결론적으로 통일사

---

[1] 이 부문은 이철수(2014b)에서 발췌·요약함.

회복지는 아무리 강조해도 지나치지 않은데, 그 근거를 열거하면 다음과 같다. 첫째, 통일한국의 사회복지는 통일한국의 이념적 정체성은 물론이거니와 남북한 주민의 삶의 질을 결정하는 제도적 장치이자 요소다. 결국 통일한국 사회복지의 모습이 어떻게 결정·진행되고 자리매김을 하느냐에 따라 통일한국의 '국가정체성'이 나타난다. 즉, 통일한국이 어떠한 국가이고 어떠한 국가가 되기를 지향하는가에 대한 답은 통일한국의 사회복지에서 결정된다 하겠다. 그리고 이는 우리의 통일철학과 직결되는 사안이다.

둘째, 무엇보다 사회복지는 제도적 속성상 국민의 삶의 질과 직결된다. 사회복지제도는 사회정책이자 제도로서 통상 고용이 불안하고 소득과 복지 수준이 낮은 국가의 경우 상대적으로 민생 범죄율이 높고 치안이 불안하며 종국에는 사회 갈등과 불안을 야기한다. 이와 반대로 고용과 소득 및 복지 수준이 국민의 욕구에 부합하는 국가는 사회가 안정적인 경향이 있다. 따라서 특정 국가의 사회복지는 항시 그 국가의 사회문제와 상관관계를 성립한다. 그러므로 이러한 경향과 상관관계를 통일한국에 대입하면 통일한국 사회복지의 중요성은 중차대한 문제다.

주지하다시피 통일한국의 상대인 북한은 남한보다 절대적으로 고용이 불안하고 소득이 낮고 복지수준 또한 일천하다. 게다가 사회 전반에 부정과 부패, 비리가 만연하고 있다. 이는 북한 주민의 삶의 질을 방증한다고 하겠다. 단면적으로 볼 때, 북한의 복지수준은 북한 주민이 그리 만족할 만한 수준이 아니라는 것이다. 반면, 남한은 북한에 비해 고용, 소득, 복지 수준이 월등히 앞서기는 하지만 여전히 복지사각지대가 존재한다. 그러나 남북한 양자의 고용, 소득, 복지 수준만을 놓고 볼 때 남북한은 비교할 수 없을 정도의 수준 차이가 존재한다.

셋째, 이와 연장선상에서 주민 대다수가 빈곤층인 북한의 경우 통일 이후의 사회복지가 통일에 대한 인식과 평가를 하는 판단기준의 하나가 된다. 즉, 북한 주민이 통일 이후 받게 될 각종 복지혜택은 그들의 삶은 물론이거니와 생존권과 직결되는 사안이다. 이에 통일 이후 그들이 받게 될 각종 복지혜택의 수준은 통일 이전의 복지수준과 비교하는 판단근거가 된다. 그리고 이러한 비교를 통해 북한 주민들은 통일에 대한 감성적 수준의 판단을 할 것이다.

넷째, 통일한국의 사회복지는 (남)북한 주민의 가족해체와 불평등을 방지하는 '법적 기제'와 궁극적인 '내적 통합'의 제도적 수단이다. 그러므로 통일한국의 사회복지는 ① 국민들(특히 북한 주민)에게 개인과 가족의 생계 유지 지원, ② 남북한의 실질적인 통합요소 제시, ③ 정서적 일체감 충족, ③ 사회적 연대성 강화, ④ 통일에 대한 기대감 충족, ⑤ 통일의 불안감 해소 등 일차적인 요소로 매우 중요한 사안이자 정책과제다.

2) 통일사회복지의 스펙트럼

그렇다면 통일한국의 사회복지는 어떻게 접근해야 하는가? 이러한 문제는 결국 통일한국이 추구하는 ① 이상적인 복지국가 모형에 대한 중장기적인 목표 설정, ② 이를 뒷받침할 수 있는 남북한의 정치·경제력, ③ 현존하는 남북한 사회복지제도의 법적 수준과 향후 전개 방향, ④ 남북한 사회복지제도의 통합기준·속도·방식, ⑤ 남북한 사회복지의 양·질적 차이, ⑥ 더욱이 남한과 달리 심각한 북한 사회복지제도와 현실의 차이, ⑦ 이러한 것에 소요되는 재원조달 방안, ⑧ 남북한의 사회인구학적 변화 등 여러 요소를 고려해야 한다.

당연한 지적이지만 투명하고 관찰 가능한 남한의 사회복지와 달리, 북한의 경우 사회복지에 관한 '사회복지제도와 사회복지 현실의 격차'가 매우 심각하다. 또 이러한 현상이 상당 기간 지속되어 왔고 이른바 사회주의체제의 '복지의 정치성'이 매우 강하다는 점을 고려해야 한다. 하지만 통일이 될 경우 통합기준[2)]에 대한 일차 자료는 먼저 '복지제도'를 중심으로 할 수밖에 없다. 만약

---

2) 현재까지 특정 체제 간의 사회복지제도 통합에 대해 이론적으로 참조할 만한 '사회복지 통합이론'은 사실상 전무하다.

그렇다면 남한은 북한 사회복지의 실체와 다른 법적 기준을 가지고 접근하여 종국에는 정책적 오류를 범할 개연성이 있다. 즉, 남한 정부는 북한의 제도적 레토릭(rhetoric)과 실제(real)에 대한 간극을 간과할 개연성이 존재한다.

따라서 남한 정부는 이에 대한 철저한 사전 검증을 통해서, 즉 북한 사회복지제도와 현실의 격차를 고려하면서 통일 이후 북한 주민의 적절한 (최저)생계기준선과 이에 따른 정책집행 계획을 준비해야 한다. 나아가 국민이 용납하고 수용 · 부담할 수 있는 남북한 사회복지 통합 시나리오를 공개하고 검증해야 한다. 아울러 이를 기반으로 통일 이전에 통일비용 재원 마련과 조달, 전문 인력의 훈련, 관련 제 기관의 제반 교육 등을 반드시 수반해야 한다.

한편, 통일사회복지 전략에는 다양한 스펙트럼이 존재하는데, 이는 ① 사회정책, 노동(고용), 주택, (최저)임금수준, (최저)생계보장, 생활수준 향상, 소득보장정책, 취약계층 긴급구호, 저소득층 자활지원 등 사회복지와 연계된 분야와 이들을 동시에 같이 봐야 하는 한 축, ② 통일의 전제된 문제인 체제(이행)통합기준-속도-방식, 세부 분야별 통합기준-속도-방식 등 남북한의 통일 기준과 환경에 따른 상위 범주의 한 축, ③ 이러한 것에 소요되는 전체 재정부문 조달과 확충 방안의 한 축, ④ 아울러 이를 사전에 준비하고 교육 · 훈련하는 한 축이 모두 연계된 문제이며, ⑤ 이러한 축들을 정책적으로 혹은 의도적으로 분리 · 통합 · (한시적) 유예 적용할 것인지에 따라 각각의 접근과 해법을 달리하고, ⑥ 이것은 우리의 통일철학과 남북한의 현실, 통일의지와 능력에 대한 사실상 현실적 차원의 합리적인(실현 가능한) 조합의 문제다.

남북한의 사회복지 통합에 앞서 선결해야 하는 과제는 복지체제 이질성과 더불어 남북한에 상존하는 각 사회복지제도의 간극을 분석하는 것이다. 이를 통해 남북한 사회복지의 제도별 근친성과 이질성, 공통점과 차이점 등의 문제를 지적하는 것이 간극의 정도에 접근하는 바로미터다.

이러한 분석을 통해 발견된 제도별 간극은 궁극적으로 남북한 사회복지 통합 기준과 방식, 속도와 범위, 제도별 급여수준과 운영원리 등에 대한 합리적인 접근을 위한 근거다. 결국 상술한 논증을 바탕으로 할 때 통일한국에 있어

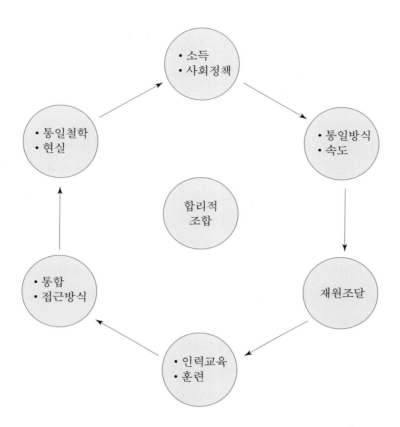

[그림 10-1] 통일사회복지 스펙트럼

통일사회복지는 통일의 가장 큰 내용물(민족복지를 결정하는)임을 인지해야
한다. 그리고 무엇보다 이는 평화롭고 질서 있는 통일을 담보할 수 있는 정책
적 수단이다. 참고로 통일사회복지의 스펙트럼을 도식화하면 [그림 10-1]과
같다.

3. 남북한 사회복지서비스 전달체계 비교[3]

1) 남한

남한의 사회복지서비스 정책은 1980년대 후반부터 사회복지서비스에 대한 행정 개념이 도입되고, 국가와 지방자치단체의 책임성을 강조하여 일선 행정 기관에 사회복지전담요원을 배치하는 등 그 중요성이 인식되기 시작하였다. 그동안 남한의 사회복지서비스 전달체계는 1990년대 후반 보건복지사무소 시범사업 실시, 2001년부터 지역사회복지협의체 구성 및 운영, 2003년에 사회복지사무소 시범사업 등을 추진하였으나 정착되지 못하였고, 2006년에 노무현 정부가 들어서며 사회안전망 개혁 프로젝트로 '희망한국 21-함께하는 복지'라는 전달체계가 도입되었다.

이어 이명박 정권이 들어서며 2008년에 '희망복지 전달체계'라는 이름으로 사회복지서비스 전달체계 개편 작업이 추진되었으며, 2010년에 '행복e음'이라는 사회복지통합관리망을 구축한 바 있다. 현재는 보건복지부에서 '사회복지시설정보시스템'을 구축하여 전국 사회복지 행정업무체계를 관장하고 있다.

한편, 공공부조나 사회복지서비스의 수혜자 체감도를 높이기 위해서는 사회복지서비스 전달체계의 구성이 관건인데, 남한의 사회복지정책은 대상자 및 급여의 확대, 재원의 확보에 우선순위를 두고 추진되어 사회복지서비스 전달체계 구축의 시행착오를 반복하였다. 남한의 사회복지정책은 사회보험, 공공부조, 사회복지서비스 분야로 구성되어 있다. 사회보험이나 공공부조 전달체계는 주로 공적 전달체계에 의존하고 있고, 사회복지서비스 전달체계는 사적 전달체계, 혹은 공·사적 전달체계가 혼용된 형태로 운영되고 있다. 공적

3) 이 부분은 이철수(2014a)에서 발췌·요약함.

전달체계는 다양한 '사회적 위험'에 대해 소득보장을 기반으로 보편적 · 균등적으로 대응하는 반면, 사회복지서비스 전달체계는 개별적 · 심리사회적 서비스를 주로 하고 있다.

남한의 사회보험과 공공부조 전달체계는 종적인 구조로 ① 중앙부처 → 지방자치단체 → 읍 · 면 · 동 주민자치센터, ② 중앙부처 → 산하 각 연금 및 보험 공단 → 공단 각 지부, ③ 특수직역 연금공단 → 가입자 등으로 전달체계가 다층화되어 있다. 반면, 사회복지서비스 전달체계는 공적 및 사적 전달체계가 혼합된 형태로, ① 중앙 기관 및 지방자치단체의 시설 설치(공적 소유권) → 민간 복지법인 위탁운영, ② 민간법인 설치(사적 소유권) → 민간 운영 형태로 횡적으로 구조화되어 있다.

2) 북한

북한의 사회복지정책은 사회주의체제가 구축된 정권 수립 초기에 적어도 제도적 측면에서는 대부분 도입되었다. 그러나 북한의 사회복지정책은 '평등한 권리와 공정한 분배'라는 마르크스 복지이념과 '사회주의적 질서의 실현'을 목표로 구성되었기 때문에, 기본적으로 보편성이나 포괄성과 같은 전달체계 원칙들은 구비된 측면이 있지만 수혜자 입장이 중시되는 사회복지서비스 전달체계의 '접근성의 원칙' '전문성의 원칙' '권리성의 원칙' '지속성의 원칙' 등은 아예 차단된 채 공적 전달체계만으로 구성되어 있다.

북한은 사회주의적 세계관에 기초하여 개별적 인권보다는 집단적 인권, 자유권보다는 사회권을 더 중시하는 경향이 있다. 또한 문화상대주의적 관점에서 국제사회가 권고하는 인권의 보편성보다는 '주권'의 중요성을 더 강조하기도 한다. 그러나 북한은 최근 들어 국제사회의 인권에 대한 압박이 거세지자 국제기구에 서둘러 가입하고, 세계인권선언 및 국제인권조약에 규정되어 있는 권리와 관련된 사회복지 분야별 법규를 정비하여 시행하려는 모습을 보이고 있다.[4]

특히 김정은은 국제사회의 인권 압박에 대한 대응책과 더불어 복지시책 강화의 일환으로 2013년에 「장애인보호법」을 개정하고, 더불어 2014년에는 평양 시내 및 원산 등에 육아원 및 애육원, 양로원 등을 신설하는 등 '취약계층을 보살피는 사회적 기풍' 확산을 강조하고 있다(연합뉴스, 2015. 3. 6.).

한편, 북한의 사회복지서비스 전달체계는 당의 예비적 정책 기획 아래 내각 중앙부처 → 도·시·군 → 읍·면·동(노동자지구) 등 공적 전달체계로 단일화되어 있다. 따라서 북한의 사회복지서비스 전달체계는 사적 전달체계(제도적으로)가 존재하지 않는다. 다만 산업재해보상제도나 의료보장제도 등은 그 전달체계에 있어 직업총동맹이 관여하는 것으로 되어 있지만, 이는 어디까지나 정치적인 조직으로 여겨지고 있으므로 진정한 사적 전달체계의 개입이라고 보기는 어렵다.

이처럼 북한에 사적 전달체계가 구축되어 있지 않다는 것은 최종적 사회복지 수혜자인 클라이언트의 사정에 맞는 복지 혜택이나 옹호기능이 부실하다는 것이고, 이는 필연적으로 '사회안전망'의 부재를 의미하는 것이기도 하다.

남한은 공공부조정책으로 최저생계비 이하 저소득층에게 제한급여정책을 펼치는 데 반해, 북한은 전 인민을 대상으로 정책을 포괄적으로 설계하여 사회복지서비스 전달체계 원칙 가운데 '포괄성의 원칙'은 구비하고 있는 것으로 보인다. 또한 개인 책임 및 시장주의 관점이 아닌 전체와 집단을 중시하는 사회주의 관점에서 전 인민을 대상으로 하는 전달체계이기 때문에 '보편성의 원칙'도 충족하고 있다고 할 것이다. 그러나 육아원, 양로원 등 일부 수용시설을 중심으로 하는 복지인프라가 매우 열악하여 '접근성의 원칙'이 없고 사회복지사와 같은 전문 인력들이 배치되고 있지 않아 '전문성의 원칙' 또한 다소 부재하다.

무엇보다 북한은 사회복지의 가장 근본원칙인 '책무성의 원칙'과 '지속성의 원칙'의 측면에서 볼 때 경제난 등으로 인해 급여의 적절성 및 안정성이 지

---

4) 북한은 1981년에 국제 자유권규약 및 사회권규약에 가입한 이후 1990년에 아동권리협약, 2001년에 여성차별철폐협약, 2013년에 장애인권리협약 등에 서명하고 당사국이 되어 정기보고서를 제출하는 등 국제사회의 인권 압박을 회피하기 위해 노력하고 있다.

커지고 있지 못하므로 국민복지의 기본선인 '사회안전망' 기능이 부실한 것으로 평가된다. 또한 북한은 최근 사회복지의 국제적 관점이기도 한 수혜자의 인권 입장에서 '권리성의 원칙'은 아예 구비하지 못하고 있는 것으로 평가된다.

참고로 북한의 사회복지시설 현황을 간략히 정리하면 〈표 10-1〉과 같다.

표 10-1   북한의 사회복지시설 현황

이용자 구분	시설 종류	내용 및 특성	운영 및 전달체계
노인	양로원	• 국가운영체계 • 남자 60세 이상, 여자 55세 이상 노인 가운데 무의탁자, 또는 가족이 유료위탁을 원하는 자 • 도 단위 1개소 설치	• 노동성 및 도인민위원회 노동국 • 시군인민위원회→도인민위원회(사정)
장애인	양생원	• 장애인 가운데 무의탁자 • 가족위탁 시 선별 수용 • 시·도 단위 1개소 설치	• 장애인에 대한 급여가 식량, 교육, 의료, 주거, 생활보호 등으로 이루어지므로, 교육성, 보건성, 노동성, 장애자연맹 등으로 분산됨
	특수애육원	• 장애인 고아 대상	
	특수학교	• 맹아학교(3개소-대동, 봉천, 함흥) • 농아학교(7개소-은천, 성천, 봉산, 봉천, 삼봉, 함흥, 원산)	
	49호보양원	• 정신지체장애자 수용 • 도 단위 1개소 설치	
아동	탁아소	• 생후 30일부터 만 3세 수용 • 1일 8시간에서 24시간 보호 • 일일·주·월 탁아소 등 3종류 운영 • 젖먹이반(1~6개월), 젖떼기반(7~48개월), 교양반(19~36개월), 유치원준비반(37~48개월) • 전국에 약 3만 7천여 개소(작업반 등 포함)	• 보건성(중앙차원) • 시·도·군 보건부서(지방) • 농촌지역-농업위원회 • 협동농장경영위원회 작업반 등
	애육원	• 만 4세 이상 6세 미만 고아 • 학령 전 유치원 교육 • 전국 12개 시·도 12개소	
	육아원	• 만 4세 미만 고아 • 전국 12개 시·도 4개소	
	유아상담소	• 생후 1일부터 만 3세까지 • 유아질병에 대한 예방 및 치료	

여성	여성상담소	• 여성건강보호를 위한 예방 및 치료 • 접수실, 휴식실, 부인과실, 임산부실 등 구비 • 전국 주요 도시 설치	• 노동권은 노동성 • 산전 · 산후휴가는 노동성 • 출산 · 의료보장은 보건성 소관
	산원	• 임산부의 분만 및 산후조리소 • 평양, 함흥 등 주요 지역 설치	
기타 복지 시설	휴양소	• 특급기업소 및 기업소 단위 근로자 대상 • 금강산, 묘향산, 송도원, 삼지연 등 약수, 온천지대 집중 설치 • 연중 14일간 이용 가능	• 노동성, 기업소, 직업 총동맹 등 소관
	정양소	• 명예군인 휴양소 • 전국 110여 개소	

* 비고: 북한의 복지시설은 총 200여 곳 미만으로 추산됨(탁아소 및 기업휴양소 제외)
　　　　서비스 전달체계는 공적 전달체계만 구성됨
출처: 통일연구원(2003~2015)을 참조로 재구성.

4. 통일사회복지사의 역할[5]

1) 통일사회복지사의 개념 및 역할

현대 사회복지는 클라이언트의 개인 · 개별집단 등 모델별 개입기술이 개별화되고 전문화되어 고도의 사정 기술 및 설계방법, 진단, 종결 기술 등 사례별 맞춤관리를 요구하는 방향의 전문사회복지사 시대로 진입하고 있다. 남한에서는 1980년대 후반부터 사회복지사제도가 도입된 이후 학교사회복지사, 다문화사회복지사, 교정사회복지사, 군사회복지사, 의료사회복사, 정신보건사회복지사, 산업사회복지사 등 전문사회복지사들의 활동 영역이 다양하게 확대되고 있다.

남북한이 정치 · 경제 등의 체제를 통일한 이후에는 필연적으로 사회복지를

5) 이 부분은 장용철(2015)에서 발췌 · 요약함.

중심으로 한 남북한 복지통합 문제가 대두될 것이다. 이는 이질적인 남북한 양자의 생활통합을 통한 내적 결합을 의미하는 것이기 때문에 고도의 사회복지 전문성 및 남북한의 역사와 사회문화 토대를 이해하는 그룹의 개입이 반드시 필요하다.

따라서 통일 이전인 남북분단단계에서 통일사회복지사가 양성되지 못할 경우 통일의 진행단계와 통합단계에서 사회복지서비스 전달체계의 부재로 인해 상당한 혼란이 초래될 것임은 자명하다. 결국 통일사회복지사의 부재는 남북한 사회복지 통합을 국제구호단체나 NGO 전문가들에게 맡기는 상황을 초래하여 통합 비용의 비효율적 지출에 따른 남한 구성원들의 통일비용 부담을 가중시킴은 물론 사회복지통합의 기간을 지체시키거나 시행착오를 불러올 수 있다. 그렇기 때문에 통일사회복지사 양성은 우리의 입장에서 매우 시급한 과제가 아닐 수 없다.

'통일사회복지사'는 학문적 개념이라기보다는 정책적·행정적 개념이다. 통일사회복지사는 학교사회복지사, 다문화사회복지사, 교정사회복지사처럼 통일 및 통합 분야에서 전문적 역할을 수행할 '통일(통합)' 전문 사회복지사다. 이에 통일사회복지사는 사회복지사로서 사회복지 분야의 경험과 북한학 관련 과목을 추가로 이수하고, 통일 및 북한 관련 현장에서 소정의 실습을 거쳐 통일사회복지사 자격검정을 통해 자격증을 취득한 사람들로 필수 자격 요건을 마련해야 한다.

따라서 통일사회복지사는 통일과 통합 전문 사회복지사로서 남북한 사회복지통합의 과정에서 '민족복지'의 발전과 복지국가 건설을 위해 인적·물적 전달체계 및 실천가 역할을 수행할 전문 사회복지사라고 정의할 수 있다. 결국 상술한 바와 같이 통일사회복지사는 대표적으로 통일 이후 북한 주민의 구호와 케어, 민관, 국제기구와의 협력 분야에 종사하게 된다. 보다 구체적으로, 통일사회복지사는 현 분단단계에서나 통합단계에서 〈표 10-2〉에 제시한 것과 같은 역할을 수행한다.

표 10-2	통일사회복지사의 활동 영역과 역할

구분	역할
통일사회복지 전후기획 〈정책지원〉	• 북한과 통일 관련 공공기관, NGO 등에서 복지통합의 기획과 실무 담당 • 북한 사회복지 인프라 구축 기획과 전문 관리운영체계 개입 담당 • 남북한 복지통합 프로그램의 개발과 보급, 훈련 담당
북한 사회복지 현장 〈실천지원〉	• 북한이탈주민 전문 사회복지서비스 기관 종사
통일사회복지 정보화 〈데이터베이스지원〉	• 남북한 통합 사회복지 전달체계 구축과 실행, 연구 담당 • 북한 인도주의적 지원 현장 모니터링
통일사회복지 공공영역 〈공적활동지원〉	• 통일초기단계부터 북한지역 사회복지전담공무원으로 활동 • 사실상의 국제사회복지사 역할

2) 통일사회복지사 양성 방안

통일사회복지사를 양성하기 위해서는 현행 사회복지 1급 자격시험에 별도의 과목을 신설하는 방안이 있다. 가령 여기에는 통일사회복지론이라는 과목을 추가하는 것이 바람직하다. 물론 그 응시 자격은 통일사회복지론을 이수한 자에게 주어진다. 이를 통해 사회복지현장에서 사회복지사로 근무하면서 현재 전국적으로 배치된 북한이탈주민지원센터에서 근무하고 탈북자들을 위한 업무에 종사하며 미래를 대비해야 한다. 다시 말해, 통일 이전에는 한국 사회복지현장에서 탈북민을 대상으로 케어하고 통일 이후에는 북한지역주민을 위해 활동하는 것이 통일사회복지사인 것이다.

다른 한편으로 「남북교류협력에 관한 법률」 등 관련 법령을 개정하거나 「남북교류 촉진 및 통일기금법」 등 새로운 법령의 입법화 작업을 하면서 공식적으로 해당 인력을 양성하는 방안이 있다. 또한 과도기적으로 사회복지 관련 학과가 있는 대학이나 대학원에서 특성화 교육과정을 통해 양성할 수 있는 방안이 있다. 또한 공식 자격검정 실시 이전이나 특성화 교육과정 이전에 시범적으로 한국산업인력공단을 통해 통일사회복지사협회 등 민간단체의 주관에 의해 필요 인력을 양성할 수 있다.

다만 필수적으로 고려해야 할 사항은 반드시 사회복지사 1, 2급 자격증 소지자에게 지원 자격을 부여해야 하고, 교육과정 개발을 통해 북한학과 통일 관련 학과목 이수(18학점 이상) 및 관련 단체 또는 복지시설에서 최소 120시간 이상 실습 이수를 필수 자격 요건으로 해야 한다는 것이다.

통일사회복지사의 양성규모는 인구학적 구성비율로 볼 때 2011년 현재 남한의 사회복지시설 종사자가 약 8만 5천여 명이므로 거시적 관점에서 통일 이후 통합 단계에서 북한 지역에 약 4만여 명의 사회복지사가 당장 필요할 것으로 추정되지만, 우선 통일 초기 1단계에서는 약 5백여 개의 시설에 약 3천여 명 정도의 통일사회복지사가 필요할 것으로 추정된다. 따라서 통일사회복지사는 기존의 사회복지사의 전문 영역에 분단 상황인 남북한의 특수한 현실을 반영하여 통일 전후 새로운 사회복지현장에 대한 예측과 대비에 반드시 필요하다.

5. 통일사회복지의 과제와 전망[6]

통일사회복지의 통합 대상인 북한은 사회복지 제도와 현실의 심각한 괴리, 남북한 복지제도 운영원리와 제도의 차이, 현격한 남북한 소득과 복지의 격차 등의 심각한 문제가 있다. 반면, 남한은 제도적 변화를 추동하고 있는 현실이 남북한 사회복지통합의 장애요소로 지적된다. 그러므로 남북한 사회복지통합은 통합 시점의 남북한 복지 상황과 그 기준에 의거할 개연성이 있다. 이러한 점에서 남북한 사회복지통합에 대한 지속적인 준비가 통합의 안정성을 담보하는 지렛대가 될 것이다.

----

6) 이 부문은 이철수(2014a)에서 발췌·요약함.

한편, 남북한 사회복지 '제도통합' 전략과제는 통시적·병렬적으로 다음과
같이 요약된다. 첫째, 노동소득과 복지소득(자산)이 실현 가능하고 합리적인
남북한 사회복지 통합방안 전략 도출,[7] 둘째, 통일에 따른 사회복지제도 부문
의 국민적 불안감과 후유증의 최소화, 셋째, 제도별·단계별·대상별 통합(방
식·모형): 구호-안정-이행-통합 시나리오 사전 대비, 넷째, 남북한 주민의 통
일에 대한 심리적·경제적 기대감 충족, 불안감 해소 방안, 다섯째, (남)북한
주민의 사회안전망 확충과 북한 주민의 생활 안정과 지원, 여섯째, 이를 통해
궁극적으로 통일한국의 복지모형 연구·제시다.

또한 무엇보다 중요한 것은 이를 실현하기 위한 '실천적 과제'인데, 이는 다
음과 같이 정리된다. 첫째, 무엇보다 남한의 제도적 우위 유지·발전과 사회
복지 분야의 교류를 시도해야 한다. 이에 남한 사회복지제도를 확충하여 사회
안전망을 더욱 촘촘히 하고 복지사각지대를 최소화하는 동시에 남북한 사회
복지 교류를 통해 북한 주민의 복지 현실과 욕구 등을 통일 이전에 파악하여
복지통합의 척도로 삼아야 한다.

둘째, 지속적인 대북 지원을 통한 통일의 기대감과 북한 주민의 자립·자활
을 유도해야 한다. 역설적으로 대북지원을 통해 북한 취약계층 규모가 소규모
화되거나 북한의 보건의료망이 복구되어 원활한 기능을 할 경우 통일복지 부
문의 비용은 상쇄된다. 그러나 지금과 같은 북한의 열악한 보건·복지 현실이
지속될 경우 통일복지 부문의 비용은 증가할 것이고, 이것이 통일정부의 부담
으로 전가될 것이다.

셋째, 이에 따라 향후 대북 지원은 전략적으로 지역·계층·대상·분야를
더욱 확대해야 한다. 특히 만성적인 식량 부족에 따른 북한 청소년의 성장장
애, 발달장애, 높은 유아사망률과 장애아 출산율 등은 통일 이후 고스란히 통
일정부의 비용지출을 더욱 야기할 것이다. 이 경우 통일정부는 현재보다 높은

---

7) 가령 이는 북한 근로자에 대해 가구별·세대별로 통합적 소득보장정책을 적용하되, 이때 평균
   임금액에 따른 근로소득과 통일 이후 지급받는 복지소득, 통일 이후 (재)평가된 자산소득 등 총
   소득에 근거하여 개인별 각종 제도별 복지(수급)급여를 계상하자는 것이다.

비용을 지출할 수밖에 없다. 이러한 점에서 대북지원의 확대는 민족복지 차원의 미래형 투자임을 명심해야 한다.

넷째, 사회복지의 개인책임 강화를 통한 북한 주민의 복지인식 확장을 유도해야 한다. 이는 변화한 북한 주민의 복지인식을 더욱 고착화하는 것을 의미한다. 또한 통일 이후 불필요한 복지부문의 지출을 사전에 방지하자는 것이다.

다섯째, 통일사회복지 연구기관과 전문가를 육성하여 남북한 복지제도의 통합과 전략 및 체제전환 등을 연구해야 한다. 현재 극소수의 통일사회복지 전문가와 전무한 통일사회복지사로는 통일사회복지실천을 현실적으로 뒷받침할 수 있는 여건과 능력이 매우 부족하다. 따라서 정부는 통일사회복지의 중요성을 인식하고, 이러한 집단을 전략적으로 양성해야 한다. 즉, 통일사회복지사라는 인력 양성과 이들을 위한 체계적인 교육 프로그램이 필요하고, 이를 실천해야 한다.

여섯째, 이러한 재원들을 통해 정부는 남북한 사회복지 통합 전략과 모형을 단계별·제도별·대상별 시나리오 등을 연구하여 제시해야 한다. 이를 통해 정부는 합리적인 남북한 사회복지통합 방안을 제시하여 통일의 후유증을 최소화해야 한다. 따라서 정부는 통일사회복지에 대한 연구기관과 연구인력을 확보하여 중장기적으로 남북한 사회복지 통합모형과 통일한국의 복지국가 모형 등에 대한 연구를 통해 통일 이전에 이를 완비해야 한다.

나아가 이러한 연구를 통해 남북한 사회복지통합을 거시적-미시적 수준에 국한되지 않고 실질적으로 집행 가능한 제도와 현실적으로 적용 가능한 세부 프로그램으로 발전시킬 수 있는 다양한 시나리오에 의거한 다층전략을 준비해야 한다. 따라서 우리는 이것이 사실상의 통일 준비에 해당됨을 인지하고 꾸준히 강화해 나가야 한다.

결국 통일에 대한 민족복지 차원의 과제인 통일사회복지는 아무리 강조해도 지나치지 않으며 아무리 준비해도 부족한 것임을 인지하고, 향후 이를 실천하는 방향으로 사고와 행동의 '중심축'을 전환해야 한다. 종국에 통일한국의 성공과 실패는 통일사회복지(사)에 달려 있다고 해도 과언이 아니다.

생각해 보기

1. 앞으로 통일사회복지를 위해 우리는 무엇을 준비해야 하는지 논의해 보자.

2. 기존의 사회복지사와 통일사회복지사의 차이점은 무엇인지 논의해 보자.

3. 국제구호전문가와 통일사회복지사의 공통점과 차이점은 무엇인지 논의해 보자.

4. 통일 이후 한국 사회복지현장의 변화가 어떻게 진행될 것인지 논의해 보자.

5. 북한이탈주민의 지원을 위해 사회복지사가 조력해야 할 분야는 무엇인지 논의해 보자.

【 참고문헌 】

이철수(2012). 긴급구호 북한의 사회복지: 풍요와 빈곤의 이중성. 서울: 한울아카데미.

이철수(2014a). 통일한국 사회복지 통합 쟁점연구 거시-구조적 관점을 중심으로. 2014년 북한연구학회 동계학술대회 발표문. 서울: 북한연구학회.

이철수(2014b). 통일한국의 사회복지 통합 방안. 월간 북한, 통권 제511호.

이철수 외(2013). 통일한국의 사회보장체계 구축을 위한 기초연구. 서울: 한국보건사회연구원.

장용철(2015). 북한 사회복지서비스 전달체계 구축방안 기초연구. 통일복지포럼 발표문.

통일연구원(2003~2015). 북한인권백서. 서울: 통일연구원.

연합뉴스(2015. 3. 6.). 북한 김정은, '취약계층 보호' 강조.

제**11**장

폭력과 사회복지

이 장에서는 폭력문제의 발생 원인과 후유증에 대한 설명을 시작으로 폭력에 대한 사회복지의 개입과 문제점을 정리한다. 폭력문제의 발생 원인에는 대인갈등상황, 권위보존동기, 폭력의 확장과 전수, 쾌락으로서의 폭력이 포함될 수 있다. 이러한 원인은 폭력 발생의 심리적 복잡성을 기준으로 정리한 것으로서, 쾌락으로서의 폭력의 경우 폭력과 관련한 인간의 가학적 심리에 대한 분석과 통찰을 요구하는 주요인으로 주목되어야 할 것이다. 이러한 폭력의 후유증은 외상후 스트레스 장애를 중심으로 다루며, 악몽, 회피, 과민 각성 상태의 장기화 등을 포함한다. 폭력이 종료되어 신체적 상해는 그쳤다 하더라도 폭력의 결국은 정신적인 것이다. 피해자들은 가해자가 상상하지 못한 심각한 정서적 상처와 후유증을 경험하게 된다. 이러한 폭력문제를 해결하기 위하여 이 장에서는 가정폭력문제, 아동학대문제, 학교폭력문제 및 노인학대문제에 대한 사회복지적 접근을 살펴본다. 대부분의 폭력문제는 사법부의 영역이기는 하나, 이 네 가지 영역은 사회복지의 접근과 공조되고 있는 점을 감안하여 정리한다. 특히 가정폭력과 아동학대 및 노인학대의 경우 가급적 가족해체를 방지하면서도 폭력을 해결하기 위한 개입이 가장 바람직하지만, 제도적인 한계로 인하여 사회복지사의 개입에서 발생하는 문제점을 정리한다. 또한 학교폭력의 경우 피해자와 가해자 쌍방에 대한 정확하며 공정한 조사가 저해되고 있는 문제점 등을 정리한다. 이러한 문제점과 현실적인 한계를 중심으로 토론을 제안하고 향후 개선방안을 도출하고자 한다.

학·습·목·표

1. 폭력의 발생 원인과 폭력이 피해자에게 미치는 영향을 이해한다.
2. 폭력 가해자의 심리적 유형과 특성을 이해한다.
3. 폭력문제의 특징과 관련 제도 및 서비스를 이해한다.
4. 폭력문제를 해결할 수 있는 사회복지사의 역할을 파악한다.

1. 폭력은 왜 발생하는가

개인의 자유를 억압하고 신체적 가해를 통해 자신의 유익을 달성하려는 지배적 행위인 폭력은 당연히 근절되어야 하고 범법적 행위로 규정되어야 한다. 그러나 우발적 폭력이나 대등한 관계에서 찰나 발생한 폭력은 합의와 조정이 가능하지만, 나름의 구조를 지닌 채 이루어지는 학교폭력, 가부장이라는 이데올로기의 우위를 점하는 위치에서 발생하는 아동학대와 가정폭력, 피해자가 가해자를 보호해야 하기 때문에 학대 상황의 노출을 극도로 꺼리는 노인학대 등은 가해자에 대한 법적 처벌로 종료하기에는 복잡하기 그지없는 사건들이다. 여기서는 해결책을 찾기 위해 원인부터 되짚어 본다는 취지에서 폭력의 발생 원인을 이론적으로 고찰하고, 폭력이 피해자에게 미치는 외상을 살펴보고자 한다. 이를 통하여 여러분은 폭력에 대한 사회심리학적인 분석을 시도하며, 폭력의 궁극적인 외상은 피해자의 멍과 골절이 아니라 정신에 있다는 점을 이해해야 할 것이다. 왜냐하면 폭력의 결국은 인간으로서 지녀야 하는 기본적인 품위와 자존감을 붕괴시키는 데 있기 때문이다.

1) 폭력 발생의 원인

(1) 대인갈등 상황-분노가 차오르다

칼로 물 베기인 부부싸움이나 연인 간의 말싸움, 양육을 거스르는 아이에 대한 체벌 등의 폭력은 상호관계의 갈등 상황이라는 인식이 오랫동안 지배적이었다. 이와 같은 인식하에서는 폭력의 원인으로 폭력의 상황, 특히 각자 관계의 갈등 상황에 주목할 수 있으며, 더 나아가 심각한 살인 등의 폭력범죄 역시 가해자와 피해자의 상황적인 상호작용의 결과라고 볼 수 있다. 사람들은 서로 간의 대면적 접촉에서 상호작용을 하는 가운데 의견의 불일치나 사소한 말다툼의 갈등 상황을 접할 수 있는데, 이때 모욕적 언행이 오가고 갈등이 증폭

되면서 폭력이 발생할 가능성이 높다고 보는 것이다.

이 입장에서는 폭력이 가해자에게만 책임이 있는 것은 아니고 피해자도 어느 정도 책임이 있으며, 그것이 가해자와 피해자의 역동적 상호작용의 결과라는 점에 주목할 수 있다. 따라서 이때에는 가해자의 권력이나 피해자의 신체·심리·사회적 특성보다 그들이 처한 갈등 상황이 더욱 중요하다. 예를 들어, 불쾌지수가 높은 여름이면 언론에 자주 오르는 사건으로서, 행인 간의 시비가 멱살잡이로 확전되어 마침내 지구대가 출동하는 사건이 딱 이 범주에 포함된다.

외부의 부정적 자극이 폭력을 유발할 수 있다는 주장은 그동안 심리학 연구에서도 강조되어 왔다. 초기의 좌절-공격이론에서는 목표 좌절이나 외부의 불쾌한 자극이 공격 행동의 주요 동기로 작용한다고 보았으며, 외부의 부정적 사건과 자극, 좌절이 폭력의 촉발요인이 될 수 있다고 주장하면서, 특히 부정적 사건과 자극이 폭력을 유발하는 데에는 분노와 같은 불쾌한 감정이 그 매개요인으로 작용함을 강조했다(이성식, 2003). 즉, 폭력은 부정적 자극에서 화, 분노에 따른 우발적이고 격정적인 행위라는 점이 강조되었다.

(2) 권위보존동기-쓴맛을 보여 주다

언급한 폭력의 원인을 대인갈등 상황으로 보는 관점은 가해자가 자신의 입지를 이용하여 방관자들을 자기 편으로 끌어들이거나 침묵을 통한 동조를 하도록 만드는 행위를 간과할 여지가 있다. 이에 반하여, 폭력에 대한 다른 시각으로 폭력을 목표 좌절이나 부정적 생활사건에서 기인한 분노와 화에서 비롯되는 격정적이고 우발적인 행동으로 보기보다는 어떠한 목적을 달성하기 위해 행사하는 도구적 행위로 보는 시각 역시 존재한다. 예컨대, 상대방의 모욕으로부터 손상된 자아를 회복하기 위해서나 모욕적 언행을 행한 상대를 응징하기 위해서 혹은 갈등 상황을 종결시키려는 목적에서 폭력이 사용되는 것이라고 볼 수 있다(이성식, 2003). 사회적 상호작용론자들은 폭력이 상대방의 모욕으로부터 경험되는 손상된 자아에서 비롯되는 것이라는 점에 주목했다. 인

상관리이론에서는 사람들이 자신의 이미지가 다른 사람의 모욕으로 인해 크게 위협을 받게 될 때 자신의 이미지를 회복하고 자아를 보존하려 하는데, 그 상황을 종결시키고 손상된 자아와 자존심을 회복하고자 폭력을 사용한다고 보았다(이성식, 2003).

예컨대, 사안마다 사리를 따지는 부인에게 폭력을 행사하여 가부장의 위엄을 지키고 논리적인 설명을 해야 하는 피곤한 상황을 종결하는 남편의 심리가 전형적이라고 할 수 있다. 직장 상사가 업무의 원칙을 논하는 부하 직원에게 비논리를 논리로 변장시켜 공개적으로 면박을 주고 결재서류를 집어던지는 행위, 부부싸움을 말리며 엄마 편을 드는 장녀에게 느닷없이 고함을 지르고 물건을 집어던지는 아버지 등 손상된 자아감, 즉 모욕감을 만회하기 위하여 폭력을 행사하는 경우는 흔하다.

폭력을 통하여 권위를 보존하고자 할 때는 상대방보다 권력을 더 가져야 한다는 전제가 있다. 예를 들어, 학생이 교사에게 손상된 권위를 보존하기 위하여 폭력을 행사하는 경우보다 교사가 학생에게 손상된 권위를 보존하기 위하여 체벌을 포함한 폭력을 행사하는 경우가 더 많다. 권위보존동기에 의한 폭력은 대개의 경우 개인적인 차원에서 이루어질 것 같지만, 선동과 결합될 경우 걷잡을 수 없는 광기의 집단행동이 될 수도 있다.

(3) 폭력의 확장-나도 약한 인간을 때려 주고 싶다

가부장적 문화와 폭력이 결합되어 있는 사회에서 개인은 갈등의 첫 번째 해결책으로 폭력을 선택할 가능성이 높으며, 그 사회 구성원은 폭력에 대한 규범적인 거부감을 가지면서도 폭력에 대한 심리적 선망을 동시에 갖게 될 가능성 역시 높다. 즉, 개인도 사회도 친폭력 성향을 갖는다는 의미다. 특히 청소년들의 폭력에 대한 학습은 폭력의 확장을 낳는다. 가족 내에서도 상하 권력관계가 엄하고, 명령규율이 있으며, 윗사람에게는 복종해야 하고 아랫사람에게는 함부로 대해도 된다는 문화가 있을 때, 청소년은 권위주의 의식을 학습하고 내면화할 가능성이 높다. 이렇게 성장한 청소년들은 나이 어린 상대의 순응하지 않는 행동이나 돌출행동을 용납하지 못한다(김은경, 2000). 즉, 폭력이 갈등 상황을 종식하고 의사소통의 한 방법으로 통할 수 있다는 것을 가정에서 보고 자란 청소년이 모욕감을 수반한 체벌을 학교에서 경험하며 성장한 경우, 나보다 약하지만 나처럼 순응하지 않은 약자를 보면 자동적으로 폭력을 행사할 수 있게 된다는 것이다.

폭력 발생의 기원을 가족에서 찾는 경우, 폭력은 학습의 결과인지 혹은 유전의 결과인지 혼돈스럽다. 원인이 무엇이든 폭력은 폭력을 낳는다는 결과는 변하지 않지만 그래도 우리는 지적인 호기심을 가지게 된다.

자신의 관점과 타인의 관점을 별개로 구분하여 다른 사람의 지식, 감정, 생각 등을 그 사람의 관점에서 이해하는 능력을 조망 수용(perspective taking)이라고 한다(김병수, 2015). 조망 수용은 타인의 지각 경험을 추론하는 데 필수적이며 결정적인 능력이다. 학습을 통해 폭력을 해결책으로 지각하고, 뇌손상으로 인하여 폭력에 경도된 개인이 조망 수용을 가질 것이라 기대할 수 없다. 아렌트(Arendt)는 다른 사람의 입장에서 생각할 능력이 없는, 옳고 그름을 판단할 능력이 없는 아이히만(Eichmann)의 무능함과 폭력 허용과 폭력 확장을 연결하고 있다. 폭력은 사회학습의 대상이 되기도 하며, 피해자들의 뇌손상이라는 신경생물학적인 방법을 통해서 우리 사회에 확장될 수 있다.

(4) 쾌락으로서의 폭력-괴물이 되다

먼저, 2014년 7월 31일 방송된 JTBC 뉴스룸의 방송내용을 살펴보자.

읽을거리 11-1 군대폭력

육군 28사단 윤 일병 사망 배경이 밝혀져 충격을 주고 있다. 지난달 31일 군인권센터는 지난 4월 사망한 28사단 포병연대 의무대 윤 일병에게 상습적인 폭행과 가혹행위가 있었다고 기자회견을 통해 밝혔다. 지난 4월 윤 일병은 냉동식

품을 먹던 중 선임병들에게 가슴, 정수리 등을 가격당해 쓰러졌다. 음식물이 기도를 막아 산소 호흡 곤란을 겪었고 끝내 사망했다. 윤 일병은 부대로 전입해 온 지난 3월 초부터 사건 발생일인 4월 6일까지 매일 폭행을 당한 것으로 알려졌으며, 인상이 좋지 않고 대답이 늦다는 이유로 사망 전까지 매일 괴롭힘을 당한 것으로 밝혀졌다. 선임병들은 폭행을 당해 다리를 절고 있는 윤 일병에게 다리를 절뚝거린다며 다시 폭행했으며, 힘들어하는 윤 일병에 링거 수액을 주사한 뒤 원기가 돌아오면 다시 폭행을 가하는 등 잔혹하게 윤 일병을 괴롭힌 것으로 전해졌다. 이어 허벅지 멍을 지운다며 윤 일병의 성기에 안티푸라민을 발라 성적 수치심을 주기도 했으며 치약 한 통 먹이기, 잠 안 재우고 기마자세 서기 등의 가혹행위를 자행한 것으로 나타났다. 또한 드러누운 얼굴에 1.5L 물을 들이붓고 개 흉내를 내게 하며 바닥에 뱉은 가래침까지 핥아 먹게 했다는 사실이 전해졌다. 특히 28사단 간부 유 모 하사(23)는 윤 일병에게 폭행을 가하는 것을 묵인하는 것도 모자라 폭행에 직접 가담한 것으로 알려져 더욱더 충격을 줬다.

임태훈 군인권센터 소장은 "상습적 폭행, 사고 직후 폭행사실을 감추자고 입을 맞추는 등 조직적인 증거인멸, 의식을 잃은 윤 일병에게 '차라리 죽어 버렸으면 좋겠다.'는 말을 했던 정황 등으로 봐서 가해자들의 공소장을 상해치사가 아닌 살인죄로 변경해야 한다."고 주장했다. 이어 "전화통화 결과 사단장과 군단장 등이 윤 일병 사건을 잘 파악하고 있지 못한 사실을 확인했다. 군 수사 당국이 사건을 축소한다는 의혹에서 벗어나기 위해 공소장 변경 및 사건의 진상을 더욱 철저하게 조사해야 한다."고 덧붙였다.

이 기사를 읽어 보면, 윤 일병의 사례가 폭력에 대한 앞의 세 가지 상황과 동일하다고 보기에는 부족하다는 것을 알 수 있다. 윤 일병 가해자들은 분노나 권위보존의 동기, 학습의 산물로서 폭력을 확장했다기보다는 윤 일병에 대한 폭력을 즐겼다고 볼 수 있다. 가해자들은 다양한 방법으로 괴롭혔고 실험적인 시도를 하였다. 부상으로 괴로워하고 공포에 질리며 마침내 가해자 앞에 완벽하게 무력해져 자기를 보호하고 방어하기 위한 최소한의 노력조차 하지 않는 철저한 약자를 보면서 오직 즐겁기만 한 것 같다. 이런 사례를 볼 때마다 우리는 다음과 같은 탄식을 내뱉는다. 아…… 인간일까?

이후 재판과정에서 이 가해자들은 살인의 의도가 없다는 명목으로 무기징역을 선고받았다. 이 가해자들에게 윤 일병이 죽을 때까지 살인의 의도가 없었다는 것은 결코 틀린 말이 아닐 수 있다. 인간의 행위동기 중 살인의 의도보다 더욱 강력한 것은 쾌락의 동기다. 이들은 그냥 폭력을 즐긴 것이다. 다만 통상적인 성인의 인지수준을 가지고 있다는 전제하에, 앞의 기사에서 밝힌 정도의 가해행위로 인간이 죽을 수 있을 것이라는 판단을 한 적은 있었을 것이다. 다만 폭력이라는 쾌락에 빠져 있을 때 향후 발생할 피해자의 죽음은 귀찮고 하찮은 일이며, 무엇보다 동조하고 가담해 준 동료와 선후배가 있기 때문에 죽음에 대한 책임감과 두려움은 둔감해졌을 수 있다.

우리나라에서 발생한 이 사건을 우리는 어떤 관점으로 바라보아야 할까? 우리 곁의 괴물에 다가가 보자. 윤 일병 가해자들에 대한 철저한 수사보다 군문제의 노출을 극도로 꺼리는 군부대의 폐쇄적인 분위기가 이러한 가학적 즐거움, 쾌락으로서의 폭력을 키우는 온상이 되어 버릴 수 있다.

한편, 진주 KBS 〈아침의 현장 시사논단〉에서 2015년 5월 27일에 방송된 내용을 살펴보자(〈읽을거리 11-2〉 참조).

읽을거리 11-2　　아동학대

경남 칠곡에 거주하는 임 씨는 2013년 8월 14일 오후 당시 8세인 의붓딸 A양을 때린 뒤 복통을 호소하는데도 병원에 데려가지 않아 장간막 파열에 따른 복막염으로 숨지게 한 혐의 등으로 구속 기소된 사건이 발생하였다. 또한 당시 만 12세였던 A양 언니에게 동생을 죽였다는 허위 진술을 강요하게 하여 공범으로 기소되게 하였으며, 추가 수사 과정에서 A양 언니는 공범이 아닌 피해자로 밝혀지기도 하였다. 또한 친아버지 김 모 씨는 범행에 가담한 혐의로 함께 구속 기소되었는데, 8세 의붓딸이 복통을 호소하며 죽어 가는 장면을 핸드폰을 이용하여 동영상으로 촬영하여 희생자의 언니에게 보여 주었다.

사망한 A양 언니의 진술에 의하면 "집에서 화장실을 가게 되면 소변이 묻은 휴지랑 대변 묻은 휴지를 먹어야 했다."고 말했다. 또한 그는 "욕조에 물을 받아서 내 머리를 넣었다. 이틀 동안 굶었던 적도 있다. 그러면 뒤에 열중 쉬어를 하고 청양고추 10개를 먹어야 했다. 자세가 흐트러지면 목도 조르고, 졸리면 실핏줄이 터졌다. 계단에 발을 대고 엎드려 뻗쳐 한 상태에서 날 밀었다."고 털어놨다.

한편, 지난 5월 대구고법 제1형사부(부장판사 이범균)는 상해치사와 「아동복지법」 위반 등의 혐의로 구속기소된 임 씨에게 원심(징역 19년)을 파기하고 징역 15년을, 친부 김 모 씨(39)에게는 징역 6년의 원심을 파기하고 징역 4년을 각각 선고한 것으로 전해졌다.

출처: 진주 KBS(2015. 5. 27.).

이 아동학대 역시 체벌이나 훈육이라고 볼 여지는 전혀 없다. 그리고 앞에서 언급한 폭력의 대인갈등 상황, 권위보존동기 혹은 폭력의 확장을 적용하기는 어렵다는 것을 알 수 있다. 이 계모는 강력한 권력을 지녔기 때문에 애초에 대인갈등이 발생할 여지가 없으며, 남편까지 자신의 편이므로 어린 자매가 계모의 권위에 모멸감을 줄 도전을 했을 여지도 없다. 폭력의 확장으로 설명하기 위해서는 계모가 맞고 살았다든가 학대의 행위가 단순 폭력이어야 할 것이다. 칠곡 계모는 폭력을 포함하여 포괄적인 괴롭힘을 다양하게 구사하며 남편과 함께 아이를 죽음으로 몰고 갔다. 이 역시 쾌락으로서의 폭력, 반항할 수 없는 아이를 상대로 죽음에 이르기까지 괴롭히는 즐거움에 도취된 사례라고 볼 수 있다.

폭력을 이끈 동기 중 가장 강력한 동기는 무엇일까? 폭력에 쾌락이 없었다면, 인간이 폭력에서 즐거움을 느끼지 못하는 존재였다면 폭력을 교사하고 지시한 권력이 오랫동안 존재할 수 없었을 것이다. 앞서 언급한 대로, 최소한 그 폭력이 전해지고 유지될 수 있도록 동조하거나 방관하며 폭력에서 양산된 즐거운 부산물을 별생각 없이 누린 평범한 다수가 존재하는 한 쾌락으로서의 폭력은 근절되기 어렵다.

이 폭력의 진짜 주인, 폭력의 정점에 있는 사람을 꼭 정치적 권력을 지닌 사람으로 규정하는 것은 편협한 시각이다. 그 사람은 집단 따돌림을 이끄는 중학생일 수도 있고, 윤 일병을 엽기적으로 괴롭힌 이 모 병장일 수도 있으며, 칠곡 계모일 수도 있다. 평범하며 우리와 일상을 공유한 그들이 폭력의 주인일 수 있다. 고민하지 않을 때 혹은 폭력 피해자의 입장에서 생각하지 않을 때 나도 모르게 괴물에게 봉사하게 된다.

2) 폭력 피해자의 외상후 스트레스 장애와 양상

(1) 외상후 스트레스 장애

다음은 핑커(Pinker)가 저술한 『우리 본성의 선한 천사(The better angels of our nature)』(2011)라는 책에 등장한 폭력 피해자들의 진술 내용이다.

> 사건은 상대가 내게 피해를 끼친 행동보다 훨씬 더 예전부터 시작되었다. 그 행동은 오랜 학대의 역사에서 가장 최근의 사건이었을 뿐이다. 가해자의 행동은 비합리적이고, 무분별하고, 이해되지 않는다. 아니면 그는 비정상적으로 가학적인 인간이다. 나는 아무런 죄가 없는데도 그는 내가 고통스러워하는 것을 보고 싶어서 그렇게 행동한 것이다. 그가 입힌 피해는 막대하고, 고칠 수 없고, 영원히 여파가 남을 것이다. 그도 나도 결코 그 일을 잊어서는 안 된다.

폭력 상황이 종료되었어도 피해자의 피해는 끝난 것이 아니다. 외상후 스트레스 장애(Post Traumatic Stress Disorder: PTSD)는 1984년에 개정된 『정신장애 진단 및 통계편람 제3판(Diagnostic and Statistic Manual of Mental Disorders, 3rd Edition: DSM-III)』에서 처음 등장한 용어다. 이는 당시 사회의 이슈였던 홀로코스트 생존자, 베트남 참전군인, 증가하는 가정폭력과 성폭력 피해자들이 보이는 다양한 증상을 명명할 수 있는 용어가 되었다. 특히 단회적인 사건이 아니라 지속적으로 피해 상황에 노출될 때는 복합 외상후 스트레스 장애가 되며, 심리적 후유증의 정도는 더욱 증가된다(이지민, 홍창희, 2008). 폭력 상황에 반복적으로 노출된 피해자들은 그 상황에서 저항이 아무 소용이 없었다는 무력감을 내면화하게 되고, 폭력 상황에 적절히 대처하지 못한 자신을 탓하며 피해의 원인을 자신에게 돌림으로써 결과적으로 자기 자신에 대한 적극적인 방어나 주장이 약화되는 취약한 정신건강 상태에 이르기 때문에 이후 피해 가능성이 증폭되는 악순환을 겪게 된다(김승권, 이경혜, 김유경, 조애저, 2002).

이처럼 반복적으로 피해를 경험하는 것도 심각하지만 폭력에 노출된 첫 경험의 발생시기가 개인발달의 단계에서 초기일수록 상처가 깊고 후유증도 광범위해진다(변은주, 2014). 아동기의 학대 피해 경험은 외상후 스트레스 장애와 해리장애를 수반하여 자아개념에 부정적인 영향을 미치게 된다(Dorahy et al., 2015). 무엇보다 폭력 가해자가 누구인가에 따라 외상후 스트레스 장애의 정도는 증폭될 여지가 있다. 가해자가 부모일 경우 피해자의 후유증이 극단적으로는 자살까지 이어질 수 있다(Pompili et al., 2009).

(2) 폭력 피해의 지속적인 재경험-쫓아오는 악몽

폭력 피해자들은 폭력이 발생했던 당시의 상황이나 장면을 자신이 원치 않는 순간에도 반복적이고 강제적으로 회상하는 경험을 한다. 아무리 기억하지 않으려 해도 선명하게 떠오르는 기억이 피해자를 괴롭힌다. 때로는 사건에 대한 반복적이고 괴로운 경험을 악몽의 형태로 꾸기도 한다(변은주, 2014). 이러한 악몽은 피해자가 폭력을 현재적 사건으로 반복해서 경험하도록 이끈다. 대부분 악몽의 내용은 폭력 가해자가 등장하거나 폭력 가해 상황이 반복되거나 폭력에 대해 저항하지 못하는 자신의 무력함을 드러내는 경우가 많다. 이로 인하여 피해자들은 수면을 거부하거나, 심각한 불면증에 시달리기도 한다. 불면증은 여러 가지 후유증을 만들어 낸다. 가장 흔한 알코올 문제를 포함하여 일상생활 수행기능을 서서히 마비시킨다. 폭력은 끝났으나, 그 괴로움은 불면증이 종료되기 전까지 끝난 것이 아니다.

악몽 역시 마찬가지다. 그런데 꿈이라는 것은 무의식이나 자기선망의 반영으로서 그 장면 자체로서 의미가 있기보다는 개인이 부여한 맥락의 의미가 보다 중요하다. 문제는 폭력 피해자가 자신의 악몽을 무의식의 발로로 해석할 수 있는 지식과 능력이 있는가다. 대부분은 악몽의 장면을 그대로 해석하여 자신을 괴롭힐 수 있고, 폭력 가해자에 대한 증오심을 폭발시키기도 한다. 무력하게 폭력을 당한 자기 자신을 미워하기도 하고, 지켜 주지 못한 자녀들에 대한 지나친 연민을 가지면서 양육자로서 합리적인 태도를 상실하기까지 한다.

따라서 이 악몽을 폭력의 현재형으로 볼 것인가, 끝난 사건이므로 꿈으로만 존재하는 허상의 방증으로 보아야 할 것인가가 보다 중요하다. 변은주(2014)는 폭력 피해자가 악몽을 경험하는 것을 후유증의 부정적인 면으로 보았다. 반면, 체임버스와 벨릭키(Chambers & Belicki, 1998)는 후유증을 극복한다는 것은 그 고통의 흔적이 완전히 없어졌다는 것이 아니며, 사회적 역할을 수행하는 데 있어서 그 고통을 어떻게 조절하고 처리하는가와 관련된다고 하였다. 또한 그들은 수면과 꿈의 의미는 피해자가 그 고통에 어떻게 대응하고 있는가를 보여 주는 대표적인 상징이 된다고 하였다. 그래서 피해자가 여전히 악몽에 시달리더라도 실천가가 그 악몽에 대한 피해자의 분석과 성찰을 보다 합리적으로 이끌어 내는 것이 중요하다고 보았다. 악몽 같은 폭력은 종료되었다는 것, 나를 괴롭혀 왔던 가해자들은 더 이상 존재하지 않는다는 것, 이제는 꿈에나 등장해서 나를 괴롭힐 뿐, 현실에는 나에게 어떠한 영향력도 행사할 수 없다는 것을 언급할 필요가 있다. 무엇보다 악몽에서 나타나는 피해자의 대응이 어떻게 변화하고 있는지를 확인하고, 악몽의 빈도가 줄어들고 있다는 것뿐만 아니라 피해자가 악몽 속에서 직면적이고 저항적인 태도를 보이는 것 역시 폭력 피해 후유증으로부터 벗어나고 있는 것임을 알려 주어야 할 것이다.

보워터(Bowater, 2009)는 폭력 피해자들이 사건 종료 후 꾸는 악몽은 회복의 단계라고 보았다. 특히 성폭력 피해자들의 악몽은 과도한 자기억압과 폐쇄를 해제하고 자신을 통찰하고 직면할 수 있는 단서가 된다고 하였다. 사회복지사로서 실천 현장에서 폭력 피해의 악몽을 토로하는 클라이언트를 만나게 되면

주의 깊게 경청하고 악몽을 통하여 클라이언트의 태도와 깊은 생각을 통찰하고 분석할 필요가 있다. 보워터와 셰라드(Bowater & Sherrard, 1999)는 힘들었던 폭력 피해로부터 회복되기 시작하는 것에 대한 단서가 악몽에 반영될 수 있음을 주의해야 한다고 한다. 피해자가 폭력 피해 후유증과 함께 보이는 모든 반응을 병리적으로만 보지 않아야 한다. 병리적인 과정에서도 인간은 본연의 강인함으로 되돌아가려는 탄력적인 속성이 있다.

(3) 폭력 피해 상황을 떠올리는 관련 자극 회피-마치 없었던 일처럼

우리는 자신에게 아픔을 준 대상을 피하고 싶어 한다. 폭력 피해자들은 사건에 대한 대화를 하지 않으려 한다. 그 대화가 반드시 사건에 대한 정서와 느낌을 불러일으키기 때문이다. 피해자가 마주하기 힘든 것은 사건 자체라기보다는 그 사건이 주는 의미와 정서 경험이다. 폭력 사건을 직시하는 것이 너무나 힘든 경우 마치 사진의 한 부분을 가위로 오려내듯이 기억을 지워 버려 자신을 보호하려는 해리상태, 즉 일종의 기억상실이 발생하기도 한다(변은주, 2014). 여기서 주목해야 하는 것은 우리가 회피하고 싶은 것은 폭력 사건이 수반한 의미와 정서적인 불쾌함과 모멸감이라는 것이다. 인간다운 최저한의 상태를 보장받지 못하게 되는 그 모든 경험은 오랫동안 우리를 쓰라리게 하고 오랫동안 마주하기 힘들게 한다. 피해자가 피해 상황을 마주하기 힘들 때, 가해자에 대한 처벌도 치료도 중지되거나 불가능해지기 마련이다.

폭력이란 직접적으로는 신체적인 것이지만, 궁극적으로는 정신적인 것이다. 그 누구도 모멸감 앞에 무력했던 나 자신을 용서할 수 없을 때가 있다. 가해자보다 더 미운 것은 자기 자신일 수 있다. 회피 혹은 철퇴란 가해자에 대한 두려움으로부터 도망치는 것이면서 동시에 자기경멸과 모멸감이라는 극단적인 부정적 감정으로부터 자신을 격리시키는 행위일 수 있다. 사회복지사들의 어떠한 개입이 이러한 자기감금과 격리로부터 피해자들을 자유롭게 할 수 있을까? 폭력의 대가는 가해자가 지불해야 한다는 것에서 시작해야 한다.

(4) 과민 각성 상태의 장기화 - 마치 여전한 일처럼

과민감화는 폭력 피해자들의 심리상태를 나타내 주는 대표적인 말이다. 폭력 피해자들은 신체의 모든 감각이 활성화되어 있는 상태, 매우 예민해진 상태이기 때문에 사소한 자극에도 놀라거나 과민한 반응을 보인다. 또한 적절치 못한 분노를 폭발시키기도 하고, 지나친 경계의 태도를 보이기도 한다. 주위 사람들의 불편감도 증가하여, 결과적으로 원만하지 못한 대인관계가 수반되기도 한다. 또한 과민한 각성 상태가 지속되기 때문에 정작 에너지를 발휘해야 하는 순간에는 집중하지 못하게 된다(변은주, 2014). 특히 만성적이거나 극단적인 폭력에 노출되었던 경우 피해자의 각성 상태는 더욱 길어질 수 있으며, 이로 인해 자해행위, 알코올 및 약물 중독, 범죄행동 등의 부정적인 행동양상을 보이기도 한다(Carter, Weithorn, & Behrman, 1999).

무엇보다 과민 각성 상태가 지속될 때, 피해자는 가해자가 아닌 주변인들이나 심지어 사회복지사에게 공격적인 태도를 보이고 분노를 표출하기도 한다. 아동의 공격성은 애착의 문제, 즉 부모의 부적절한 양육과 관련될 수 있음에도 불구하고, 전문가들은 이를 품행장애 혹은 행동장애로 진단하기도 한다(McLean, Riggs, Kettler, & Delfabbro, 2013). 또한 폭력 피해아동이 보이는 과민 각성 상태와 공격성은 해결되지 않는 적대감과 분노와 관련된다(Bandura, Caprara, Barbaranelli, & Regalia, 2001). 당연한 말이다. 별 이유 없이 자신을 지속적으로 가격하고 자기 인생에 큰 상처를 남긴 가해자들에 대한 적대감과 분노는 폭력 상황이 종료되었어도 지속될 수밖에 없다. 또한 폭력을 알고 있었음에도 불구하고 소극적으로 대처하였거나 방관했던 교사에 대한 적개심, 아버지의 폭력으로부터 자신을 제대로 지켜 주지 못한 어머니에 대한 분노로 인하여 아동이나 청소년은 평상심을 되찾는 데까지 많은 시간을 보낸다.

폭력 피해자가 유지하는 과민 각성 상태는 폭력이 종료되었다는 것을 신뢰하지 못하기 때문에 발생하는 불안과 공포의 극단적인 형태라고 볼 수 있다. 고통스러운 사건은 종료되었고 가해자가 더 이상 나에게 해를 끼치지 못한다는 상황에 대한 인식이 부족할 경우, 과민 각성 상태는 지속될 것이다. 과민감화는 앞에서 언급한 불면증을 수반할 수 있다. 이 경우 피해자는 말할 수 없는 고통을 겪는다. 잠을 자는 동안 과민감화가 중단될 수 있다고 볼 경우, 불면증이 있는 피해자는 폭력 피해의 후유증에서 마음 편할 수 있는 시간을 전혀 얻지 못하는 셈이다. 안식이 전혀 없다는 것이다. 이와 같은 상태가 장기화되면 자살 등의 극단적인 상황까지 나타나기도 한다.

폭력이 종료되고 한참 지난 후 나타나는 피해자의 자살은 제3자의 입장에서는 이해하기 힘들 수 있다. 외상후 스트레스 장애라는 말을 생각해 보자. 외상후에야 나타나는 장애라는 말이다. 폭력에 따른 장애는 폭력이 종료되고 나서야 비로소 피해자의 몸과 마음을 부식하기 시작한다. 사회복지사로서 폭력 피해자들을 원조해야 할 경우 그들의 후유증에 보다 집중해야 하는 이유가 여기있다.

우리는 지금까지 폭력의 발생 원인과 폭력 피해의 후유증을 살펴보았다. 가해자들은 자신의 폭력을 가볍게 보고, 폭력 상황이 종료된 것으로 피해자와 화해했다고도 여긴다(Pinker, 2014). 가해자는 자신의 과오를 최소화해야 하는 입장이기 때문에 그렇게 생각할 수 있다. 그러나 사회복지사가 가해자와 같은 생각을 가져서는 곤란하다. 폭력 상황이 종료되면 폭력 피해 후유증이 피해자에게 찾아올 수 있음을 인식해야 한다. 폭력 상황에 대한 조사와 피해자의 후유증을 원조하는 제도와 서비스에 대한 내용은 다음 절에서 다룰 것이다.

2. 폭력문제와 사회복지

인간이 진화를 반복한다는 증거 중 하나는 폭력을 위법 혹은 불법으로 규정하고 있다는 점에 있다. 폭력문제가 심각한 사회문제로 인식되어 국가 차원에서 개입하고 있는 것도 인류 역사에서 그다지 오래된 일이 아니다. 도킨스(Dawkins, 2010)는 인간을 포함한 생물은 반격의 성향이 있다고 규정하였다. 반격, 누군가가 나를 때리면 나 역시 당하고만 있지 않는다. 왜냐하면 누군가가 나를 때릴 정도의 폭력성을 지니도록 진화하는 동안 그가 포함된 사회 역시 평균적으로 그만큼의 폭력성을 띠도록 진화했다는 것이 도킨스의 주장이다. 그래서 폭력은 사회적 합의와 국가의 개입에 의해 통제되는 것이 바람직하다. 사회복지적 개입의 여지가 있는 폭력문제는 가정폭력, 아동학대, 학교폭력 및 노인학대가 대표적이다. 여기서는 각각의 폭력문제를 해결할 수 있는 관련 제도와 서비스를 고찰할 것이다. 특히 제도와 서비스가 정비되어 있지만 현재 지적되고 있는 한계점 역시 살펴봄으로써 보다 발전적인 대안도 토론하도록 할 것이다.

1) 가정폭력문제와 사회복지

가정폭력은 일반적으로 "가정 구성원 사이의 신체적, 정신적, 또는 재산상의 피해를 수반하는 행위"(「가정폭력범죄의 처벌 등에 관한 특례법」 제2조 제1호)이며, 여기에서 "가정 구성원이란 배우자, 전배우자, 사실혼관계에 있는 자, 사실혼관계에 있었던 자, 부모, 자녀, 형제자매와 기타 동거하는 친족관계에 있는 자를 포함한다."(동법 제2조 제2호). 법적으로 규정된 가정폭력범죄에는 상해, 폭행, 유기, 학대, 아동혹사, 체포, 감금, 협박, 강간 및 추행, 명예훼손, 모욕, 주거·신체수색, 강요, 공갈, 재물 손괴 등이 해당된다.

가정폭력은 폭력이라는 위법적 행위가 발생했다는 점에서는 일반적 폭력과 동일하지만, 다음과 같은 차이가 있음을 주지하는 것이 중요하다. 첫째, 폭력의 원인과 계기의 차이다. 대개의 일반 대인폭력의 경우는 스트레스나 분노, 좌절 등을 부적절하게 드러내는 방법으로서 단기간 또는 일회적인 성격의 속성이 지배적이다. 반면, 가정폭력의 경우 공포감을 유발함으로써 상대방의 태도를 지배·통제하기 위해 가하는 도구적 폭력의 속성이 더 강하다(김은경, 2001).

둘째, 일반 대인폭력은 가해자와 피해자 모두 '폭행'은 잘못된 행동이며 범죄라는 사실을 인식하는 경향이 있다. 반면, 가정폭력은 가해자들이 자기의 행동이 잘못된 것인지조차 모르거나, 심지어 상황에 대한 가해자와 피해자의 인식이 정반대인 경우도 있다(김은경, 2001). 가해자는 자신이 가해자라는 것을 인정하지 않고, 피해자는 자신의 잘못으로 인해 유발된 폭력이라고 진술하기도 한다.

셋째, 일반 대인폭력은 노출될 가능성이 비교적 높지만, 가정폭력은 은폐되거나 사소하게 취급되는 경향으로 인해 공식적인 사법체계나 사회복지체계에 노출될 가능성이 매우 낮다(김은경, 2001). 이러한 가정폭력의 폐쇄성은 낮은 보고율로 이어지며, 피해자의 피해 상황이 심각해지고 가정이 해체의 위기에 처할 지경에 이르러야 드러나는 경우가 많다.

부모의 폭력을 보면서 성장한 아이들 역시 직접적인 폭력의 피해자만큼 심각한 후유증과 폭력에 대한 왜곡된 인식을 갖는 경향이 있다. 어머니를 때린 아버지를 증오하면서도 폭력을 의사소통의 방법으로 학습하고, 맞은 어머니를 연민하면서도 한심하게 생각하고 공격한다. 부모가 자녀에게 제공해야 하는 최소한의 보호적 양육을 받지 못했다는 것에 분노하고, 심각한 애정결핍을 보이며, 건강한 사회적 관계를 맺지 못한다. 모든 폭력은 부정적이지만, 가족 관계에서 발생한 폭력은 세대 간 여러 양태로 전수되며 부정적인 영향을 미치기도 한다.

한편, 가정폭력문제를 처리하는 데 있어서 가해자에 대한 사회복지적 접근이 가능한 방안으로 상담조건부 기소유예가 있으며, 그 외에는 사법 처리의 영역이다. 그런데 이 상담조건부 기소유예에 관해서 우려를 표하거나 명확한 반대 의견을 개진하는 경우가 빈번하다. 왜 그럴까? 얼핏 들어서는 나쁜 제도가 아닌 것 같은데, 먼저 다음의 경우를 살펴보자.

첫째, 기소유예는 경미한 범죄에 대하여 검사 차원에서 이루어지는 기소편의적 법률행위에 해당된다. 다만 상담이나 선도를 전제하는 상담조건부 기소유예는 법률적 근거가 없다. 따라서 일단 법적 근거를 마련해야 한다. 위법적 범죄행위인 가정폭력문제에 개입하는 사법기관이 법률근거가 없는 법률행위를 한다는 것 자체가 역설이다. 따라서 검찰에 의한 사법권 행사라는 비난을 불식시키기 위해서는 상담조건부 기소유예에 대한 법적 근거를 입법적으로 명확히 하는 것이 바람직하다. 「형사소송법」에 상담조건부 기소유예를 규정하는 개정작업이 이루어지지 않는다면 「가정폭력방지특별법」에 상담조건부 기소유예에 관한 규정을 신설하는 것도 한 방안일 것이다.

　둘째, 폭력 가해자들에 대한 효과적인 상담 프로그램이 정착할 수 없는 여건이 문제가 되고 있다. 상담의 강제력이 부족하기 때문에 가해자들은 가정폭력의 심각성 인식을 거부하거나, 심지어 상담에 참여하지 않더라도 규제가 부족한 실정이다. 또한 폭력 가해자와 피해자가 함께 상담 프로그램에 참여하기 때문에 피해자의 안전 확보가 미흡하며, 지속적인 불안감을 조성할 수 있다(김은경, 김혜정, 박소현, 유숙영, 2014).

　마지막으로, 가정폭력 사건에 대한 기소유예는 경미한 가정폭력문제에 관해 한정적으로 시행되어야 하는 것이 바람직하지만, 검사의 자의적 판단에 의해 기소유예로 치우칠 우려가 있다. 정현미(2006)에 의하면 특례법 시행 이후 현재까지 가정보호사건 송치율과 기소율은 감소하고 기소유예와 불기소율은 지속적으로 상승하고 있다.

　이러한 문제가 지적되는 그 이면에는, 가정폭력문제를 엄단하고자 특례법을 제정하는 등의 선언적 조치는 완료하였으나, 일반적인 폭력범죄에 비해 가정폭력에 대해서는 범죄로서의 심각성을 인정하지 않는 사법기관의 인식이 존재한다. 또한 가정폭력 피해자의 고통 역시 일반범죄 피해자보다 경미하지 않다는 인식이 부족한 것도 원인으로 존재한다.

　상담이나 사회복지 서비스를 조건으로 기소유예를 실시한다는 것은 그 자체로 나쁜 것이 아니다. 기소유예되어 가해자는 범죄자라는 낙인을 받지 않고 가족은 해체되지 않는 것이 가장 바람직하다. 이에 대해서는 이견이 있을 수 없다. 그런데 그것이 얼마나 현실적으로 가능할 것인가가 관건이다. 특히 상담의 강제력이 없고, 가해자의 태도와 인식의 변화를 이끌어 낼 수 있는 방안이 부재한 현실에서는 더욱 그러하다. 어떻게 보면 상담조건부 기소유예제도는 법적으로 판단한 후 해결과 수습은 사회복지 분야로 넘겨 버리는 회피에 불과할 수도 있다.

가정폭력문제를 해결하기 위한 사회복지사의 노력은 이 맥락에서 이루어질 수 있다. 자, 여러분이 사회복지사가 되어 가정폭력문제를 해결하기 위한 입장이라고 생각해 보자. 상담조건부 기소유예로 만난 가해자 및 피해자와 마주했다. 앞으로 어떠한 개입을 해 나가며 어떠한 기관과 연계해 나갈지 토론해 보자.

2) 아동학대문제와 사회복지

우리나라의 「아동복지법」을 살펴보면 "아동학대란 보호자를 포함한 성인에 의하여 아동의 건강, 복지를 해치거나 정상적 발달을 저해할 수 있는 신체적·정신적·성적 폭력 또는 가혹행위 및 아동의 보호자에 의하여 이루어지는 유기와 방임을 말한다."라고 명시하고 있다(「아동복지법」 제3조 제7항). 또한 아동학대에 대한 벌칙은 「아동학대범죄의 처벌 등에 관한 특례법」 제2장 제4조, 제5조, 제6조, 제7조, 제8조 및 제4장 제19조에서 명시하고 있다. 현재 우리나라의 「아동복지법」상의 아동학대에 대한 정의는 적극적이며 작위적인 학대 행위인 신체적 학대에서 보다 소극적이고 부작위적인 방임까지를 포함하고 있으며, 아동발달의 전 영역에 연관되는 광의의 정의라 할 수 있다. 이상의 법적 정의를 종합하면, 아동학대란 가정 내 부모 및 양육자를 일차적으로 포함한 성인이 아동에게 가하는 신체적·성적·정서적 학대와 더불어 물리적·교육적·정서적·의료적 방임 행위를 말한다고 할 수 있다(문선화, 구차순, 박미정, 김현옥, 2015). 현재 우리나라에서 아동학대는 네 가지 유형의 학대 행위가 중합된 개념으로 통용되고 있으며, 구체적인 개요는 다음과 같다.

첫째, 신체적 학대란 아동의 신체에 손상을 주는 학대 행위로 「아동복지법」에 규정되고 있다(「아동복지법」 제17조). 한편, 2000년의 「아동복지법」 개정 전부터 신체적 학대란 보호자에 의하여 가해진 비우발적 상해로 정의되어 왔으나, 최근 보호자에 대한 개념 역시 성인 일반으로 확장되며 우발적 상해 역시 신체적 학대에 포함되고 있는 추세다. 구체적인 학대의 유형으로, 감정적으로 아동을 때리거나 벌하는 것으로서 회초리나 손 이외의 도구를 사용하거나 손바닥, 종아리, 엉덩이 등 이외의 다른 부위를 때리는 모든 행위와 그 외의 잔학한 처벌이나 벌한 결과 신체적 상해를 주는 것을 포함하며, 심지어는 과도한 일을 시키는 것까지를 모두 포함하여 신체적 학대라고 할 수 있겠다(허남순, 1993).

둘째, 정서적 학대란 아동의 정신건강 및 발달에 해를 끼치는 학대 행위로 「아동복지법」에 규정하고 있다(「아동복지법」 제17조). 또한 정서적 학대는 아동에게 가해진 신체적 구속, 억제 혹은 감금, 언어적 또는 정서적 위협, 기타 가학적 행위로서 아동의 인격, 존재, 감정이나 기분을 심하게 무시하거나 모욕하는 행위, 신체적 혹은 성적 학대에 대한 위협이나 위해 행위를 포함한다(이배근, 2004). 이러한 정서적 학대는 아동에게 습관적으로 고함을 지르거나 무시하는 행동과 폭언, 의식적으로 또는 무의식적으로 아동을 거부하는 행동이나 표정과 언어, 또는 아동의 특별한 정서적 문제에 대하여 적절한 전문가의 도움을 구하지 않거나 적절히 반응하지 못하는 등의 직접적인 정서적 학대와 아동에게 직접적으로 행하는 것은 아니지만 가족 간의, 특히 부부간의 불화에 따른 구타, 폭언 등으로서 아동에게 정신적 손상을 가하는 간접적인 정서적 학대로 구분된다.

셋째, 성적 학대란 아동에게 성적 수치심을 주는 성희롱, 성폭행 등의 학대 행위와 아동에게 음행을 시키거나 음행을 매개하는 행위로 「아동복지법」에 규정하고 있다(「아동복지법」 제17조). 이러한 성학대는 성인이 성기나 기타의 신체적 접촉을 포함하여 강간, 성적 행위, 성기 노출, 자위행위, 성적 유희 등 성인의 성적 충족을 목적으로 아동에게 가해진 신체적 접촉이나 상호작용을 포함한다(이배근, 2004).

마지막으로, 방임이란 자신의 보호, 감독을 받는 아동을 유기하거나 의식주를 포함한 기본적 보호, 양육 및 치료를 소홀히 하는 행위로 「아동복지법」에 규정하고 있다(「아동복지법」 제17조). 이러한 방임에는 보호자가 고의적이든 비고의적이든 아동에 대한 양육 및 보호를 소홀히 함으로써 아동의 건강이나 복지를 해치거나 정상적 발달을 저해할 수 있는 모든 행위를 말한다. 방임에는 의료적 처치의 거부 등 신체적 방임, 유기, 장기간 아동을 위험한 상태로 방치하는 등의 부적절한 감독, 교육적 방임 등이 있다(이배근, 2004). 허남순(1993)은 방임이 11세 미만의 아동을 며칠씩 혼자 두거나, 고의로 학교에 보내지 않거나, 몇 끼씩 음식을 주지 않거나, 신체적 고통이나 증상이 있음에도 의료적 보호를 제공하지 않음으로써 아동에게 정신적으로 또는 신체적으로 심각한 손상을 주는 행위로서 유기도 이 범주에 해당한다고 하였다. 이러한 방임은 작위적인 신체적 학대 등과는 달리 부작위적 성향이 강하고, 양육의 연장선상에서 발생되는 것으로 이해된다. 따라서 양육 책임을 다한다는 것과 최소한으로 한다는 것, 적절한 양육과 부적절한 혹은 태만한 양육의 구분에 대한 동의를 이끌어 내기가 곤란하다는 점 때문에 방임에 관한 정확한 정의는 어렵다고 할 수 있다(Pecora, Whittaker, & Barth, 2000).

한편, 국가와 지방자치단체는「아동복지법」제22조에 근거하여 학대피해아동의 발견, 보호 및 치료에 대한 신속한 처리 및 아동학대 예방을 전담하는 아동보호전문기관을 설치하도록 되어 있다. 이에 따라 아동보호전문기관은 아동학대 신고접수, 현장조사 및 각종 서비스 제공 등의 업무를 수행하며 아동학대 예방을 위한 교육 및 캠페인을 진행하고 있다. 2015년 7월 현재 전국적으로 설치된 아동보호전문기관의 수는 54개소에 달하고 있다. 또한 아동학대범죄의 처벌 및 그 절차에 관한 특례와 피해아동에 대한 보호절차 및 아동학대행위자에 대한 보호처분을 규정함으로써 아동을 보호하여 아동이 건강한 사회 구성원으로 성장하도록 함을 목적으로 2014년에「아동학대특례법」을 제정하였다. 이 법은 아동보호전문기관과 사법기관 간 공조의 법적 근거가 되고 있다.

그러나 학대피해아동에 대한 사례관리는 여전히 가장 어려운 업무로 여겨진다. 아동의 학대 후유증에 대한 지난한 개입과 학대 상황에 대한 아동의 법정진술을 어디까지 인정받을 것인가에 대한 고민도 이 업무에 포함된다. 또한 아동을 보호할 수 있는 지역사회의 자원이 없다는 것에 대한 사회복지사의 당혹함이 모두 드러나는 지점이 이곳이다. 특히 우리나라와 같이 아동보호전문기관의 상당수가 민간기관임을 감안할 때, 학대피해아동을 보호하고 상담할 수 있는 자원과 여건은 매우 열악하고 이로 인한 사회복지사의 좌절과 소진은 여전히 해결되지 않고 있다.

앞서 언급한 가정폭력문제와 같이 아동학대문제 역시 특례법이 등장하여 선언적 포장은 완료되었으나, 학대피해아동을 원조할 수 있는 체계의 실질적 정비는 오리무중인 것이 현실이다. 왜 그럴까? 가부장적 속성이 강한 우리나라에서 아동은 성인과 같은 인권적 존재로 평가받기보다, 미래에는 성인세대를 이어 갈 '자식'으로, 현재에는 성인만큼 유용하지 않은 '부담'으로 간주되고 있음을 부인할 수 없다.

공권력과 강제력이 구동되어야 친권을 방어할 수 있는 아동보호 업무를 민간기관 위탁 형식으로 실시했다는 점을 상기해 보자. 왜 우리나라는 이러한 방식을 채택하였을까? 아마도 국가의 책임과 예산의 부담을 회피하면서 아동보호사업을 펼치고자 했던 데에서 근원적인 문제가 비롯되었을 것이다. 폭력문제에 대해 국가가 책임을 다하지 않을 때, 민간기관의 사회복지사는 여러 어려움에 봉착하게 될 것이다. 개인 역량에 의존해야 하는 부담이 극대화된다는 것이다. 아마도 우리나라의 아동보호사업은 천천히 개량되어 갈 것이다. 학대피해아동을 보호하고 재활할 수 있는 보다 많은 방안을 강구해 보자.

3) 학교폭력문제와 사회복지

학교폭력은 대상이나 형태, 범위, 폭력의 정도 등에 따라 다양한 형태로 나타난다. 학교폭력은 신체적으로나 심리적으로 오래 지속되는 폭력으로, 실제 상황에서 방어능력이 없는 학생을 대상으로 개인 또는 집단에 의해 행해지는 것이다. 우리나라는 2012년에 학교폭력의 예방과 대책에 필요한 사항을 규정함으로써 피해학생의 보호, 가해학생의 선도·교육 및 피해학생과 가해학생

간의 분쟁조정을 통하여 학생의 인권을 보호하고 학생을 건전한 사회 구성원으로 육성하기 위하여 「학교폭력예방 및 대책에 관한 법률」(이하 「학교폭력예방법」)과 그 시행령을 제정하였다.

「학교폭력예방법」에서 규정한 학교폭력이란 학교 내외에서 학생을 대상으로 발생한 상해, 폭행, 감금, 협박, 약취·유인, 명예훼손·모욕, 공갈, 강요·강제적인 심부름 및 성폭력, 따돌림, 사이버 따돌림, 정보통신망을 이용한 음란·폭력 정보 등에 의하여 신체·정신 또는 재산상의 피해를 수반하는 행위를 의미한다. 이러한 학교폭력에는 학교 내외에서 2명 이상의 학생이 특정인이나 특정 집단의 학생들을 대상으로 지속적이거나 반복적으로 신체적 또는 심리적 공격을 가하여 상대방이 고통을 느끼도록 하는 일체의 행위인 집단 따돌림, 인터넷, 휴대전화 등 정보통신기기를 이용하여 학생들이 특정 학생들을 대상으로 지속적·반복적으로 심리적 공격을 가하거나, 특정 학생과 관련된 개인정보 또는 허위사실을 유포하여 상대방이 고통을 느끼도록 하는 사이버 따돌림을 포함한다(「학교폭력예방법」 제2조).

우리가 학교폭력에 대해 가지는 기본적인 의문은 무엇일까? 왜 공부하러 간 학교에서 친구를 때릴까? 맞은 학생은 도대체 무슨 이유로 맞고 살았을까? 수많은 학생은 왜 폭력을 보고도 가만히 있었을까? 김미숙과 김정숙(2012)에 의하면 학교폭력 가해자의 폭력 이유로는 '장난'이 가장 많은 비중을 차지하며, 그다음은 피해학생이 잘못했다는 생각과 오해와 갈등의 순으로 분석되었다. 또한 학교폭력 피해학생의 대처방법으로는 도움을 요청하지 않는 경우가 가장 많았으며, 도움을 요청하지 않은 것은 두려움과 도움을 요청해도 소용없을 것이라는 생각 때문이라고 한다. 학교폭력 목격자인 학생들 역시 폭력의 심각성을 인식하지 못해서가 아니라 두려움, 즉 보복을 당할 것을 염려하였거나, 관심이 없다거나, 누구에게 어떻게 말해야 할지를 몰랐기 때문에 모른 척했다고 한다. 즉, 학교폭력은 가해자는 집단을 이루어 장난을 주 이유로 특정인을 괴롭히고, 괴롭힘을 당하는 특정인과 목격자들은 두려움과 무력함에 빠져 제대로 된 대응을 하지 못하는 경우가 가장 흔하다고 볼 수 있다.

　학교폭력은 우리가 앞서 살펴본 네 가지 폭력 발생 원인을 모두 포괄하는 속성을 지닌 복합적 폭력이라고 여겨진다. 특히 장난 삼아 누군가를 괴롭힌다는 의미는 청소년 시기부터 쾌락으로서의 폭력을 경험하고 있다는 것을 포함한다. 이러한 청소년들을 대상으로 폭력의 사실관계를 정확히 가리기 위해 조사하고, 폭력의 심각성에 대한 책임을 묻고, 처벌의 대가를 지불하도록 하는 과정은 민주주의와 시민으로서의 의무를 요구하고 가르치는 교육적 가치가 있다. 따라서 우리가 앞으로 살펴볼 학교폭력에 관한 제도 및 서비스의 초점은 정확한 조사가 진행될 수 있는 시스템으로서 기능할 수 있는가가 관건이다.

　한편, 학교 내에서 학교폭력이 발생한 경우 상담기구 또는 소속교원은 가해 및 피해 사실 여부를 확인하고, 학교폭력과 관련된 조사 결과 및 활동 결과를 학교장 및 학교폭력대책자치위원회(이하 자치위원회)에 보고한다. 자치위원회란 학교폭력의 예방 및 대책에 관련된 사항을 심의하기 위하여 학교 내에 설치된 기구이며, 위원장 1인을 포함하여 5인 이상 10인 이하의 위원으로 구성하되, 전체 위원의 과반수를 학부모 전체회의에서 직접 선출된 학부모 대표로 위촉하여야 한다(「학교폭력예방법」 제12조, 제13조).

　이러한 자치위원회의 권한은 막강한 편이다. 피해학생의 보호와 가해학생에 대한 조치를 학교장에게 요청한다. 또한 자치위원회의 조사나 조치 결과 폭력이 「형법」 또는 「형사특별법」상 개별범죄의 구성요건에 해당하는 경우에는 수사기관에 신고하고, 「형법」과 「형사특별법」 그리고 「소년법」이 적용되어 형사절차로 진행된다. 수사기관의 수사 결과 소년으로서 벌금 이하의 형에 해당하는 범죄이거나 보호처분에 해당하는 사유가 있다고 인정하는 경우에는 사건을 가정법원 소년부 또는 지방법원 소년부 등 관할 소년부에 송치해야 한다(「소년법」 제49조 제1항). 상해나 성폭력행위 등과 같은 비친고죄의 경우도 「학교폭력예방법」에 의한 절차는 무의미하며, 일반 형사절차에 의해 사건이 처리된다.

　이 간략한 절차는 얼핏 정돈되어 보여서 가해자와 피해자 모두에게 공정한 결과를 가져올 것 같다. 이제 여러분이 폭력문제의 가해자 혹은 피해자가 되어

자치위원회 앞에 서 있다고 가정해 보자. '내 친구 엄마가 나를 온정적으로 대해 주어서 가해자인 나는 마음을 놓을 수 있다. 다행이다. 그러나 피해자는 뭐지?' '우리 아버지와 친한 친구가 자치위원회에 있어서 피해자인 내 상황을 잘 알고 있는 듯하다. 내가 충분한 진술을 하지 않더라도 그간의 괴로움을 다 알고 있는 것 같다. 아…… 다행이다.' 이것이 정말 만족스러운 결과일까? 앞서 언급한 바와 같이 청소년들은 폭력의 조사과정 자체를 통해서 민주주의를 배울 수 있다.

상당히 많은 학생은 자치위원회의 결정에 불복하여 그다음 단계인 재심을 다음과 같이 청구한다. "자치위원회 또는 학교의 장이 내린 조치에 대하여 이의가 있는 학생 또는 그 보호자는 그 조치를 받은 날부터 15일 이내, 그 조치가 있음을 안 날로부터 10일 이내에 피해자는 지역위원회에, 가해자 측은 시·도 학생징계조정위원회에 재심을 청구한다. 지역위원회 등은 재심청구에 대해 30일 이내에 청구한 사안을 심사·결정하여 청구인에게 통보하여야 한다. 지역위원회 등의 결정에 이의가 있는 청구인은 그 통보를 받은 날부터 60일 이내에 행정심판을 제기할 수 있다."

통상적으로 지역위원회 등은 청구받은 재심을 결정하는 과정에서, 조치를 특정하기보다는 조치의 범위를 정하고 청구인의 소속학교의 자치위원회 측으로 통보하는 경우가 많다. 이 경우 자치위원들은 애초에 피해자나 가해자 측으로부터 이의를 제기받았던 바로 그 위원들로 구성되어 위원회를 개최해야 하는 문제가 발생한다. 우리나라의 대법원이 파기환송을 결정하면 해당 사건을 담당하였던 고등법원의 그 부서가 아닌 다른 부서에서 사건을 담당한다. 이 절차는 무엇을 의미할까? 오직 법원에서 이루어지는 관행이므로 청소년 폭력문제에는 적용할 필요가 없는 원리일까? 공정성은 지엄한 사법부나 일선 학교에서나 공히 적용되어 준수되어야 하는 철학이나 실천적 가치다.

「학교폭력예방법」에 의해 자치위원회의 위원 구성은 전문성을 고려하지 않은 채 이루어진 것이 사실이다. 학부모 대표가 상당수 포함되어야 하는 것은 무슨 의미가 있을까? 폭력문제는 그 본질상 범죄적 속성이 있으므로 사법부에 해당되어야 하는 만큼 엄격하고 공정하게 이루어져야 한다. 또한 처리 결과는 해당 학생의 생활부에 기록으로 남아 진로 등에 꾸준한 영향을 미친다. 따라서 자치위원회의 역할과 기능은 매우 중요하다. 학교 안의 사법부라고 여겨져야 한다.

　구체적으로, 자치위원회에 상정되기 전 담당교사에 의한 조사가 공평하게 이루어졌는가부터 먼저 검토되어야 한다. 지역위원회에 의해 재심결정이 내려진 경우 더욱 공정하고 엄밀하게 의결이 이루어져야 한다. 무엇보다 재심 결정을 내려야 할 때는 교체된 위원들로 자치위원회가 구성되어야 하지만, 이는 「학교폭력예방법」과 관련 법률에 의해 규정되어 있지 않으며 이 정도로 공정성에 의지가 있는 학교는 없다. 오히려 그 반대일 것이다. 학교는 위원들을 교체해 가며 사안의 공정성을 기하려는 태세보다 동일 위원들로 가급적 학교에 책임이 없는 방향으로 문제를 끝내려는 태세가 더욱 강할 수밖에 없기 때문이다.

　학부모들의 전문적 역량이 청소년 분야의 훈련된 전문가보다 우월하다고 확신한다는 것은 아무래도 무리다. 학부모라는 입장에서 가질 수 있는 온정과 학교 측과의 이해관계 그리고 자치위원회에 출석하여 감정을 호소하는 가해자와 피해자 측에 대한 심정이 전문성을 앞설 여지가 많을 수밖에 없다. 이것은 학부모들의 문제가 아니라 이를 권하고 있는 동법의 문제이며, 그 문제점의 여파는 고스란히 학생들에게 돌아가게 된다. 학교폭력을 해결하고 예방해야 하는 학교현장이 가지는 한계와 폭력예방법의 모순, 청소년의 폭력문제에 대한 투박한 처리가 폭력을 더욱 키울 수 있다. 학교가 좀 더 개방적으로 학생 인권에 기초한 시스템을 구축해야 하는 장면이라 여겨진다.

4) 노인학대문제와 사회복지

　서구사회에서는 1980년 말부터 노인학대문제가 사회문제로 대두되었으며, 2002년부터 세계노인학대방지망(International Network for the Prevention of

Elder Abuse: INPEA)을 구축하여 다양한 예방 및 개입 프로그램을 개발하고 국제적 대응방안을 마련하고 있다. 우리나라의 경우 1990년대 후반부터 노인학대문제가 주목받기 시작하였다. 노인학대문제에 대응하기 위하여 정부는 2004년 1월에 「노인복지법」 개정을 통해 노인학대의 개념 정의, 긴급전화의 설치 및 노인보호전문기관의 운영, 노인학대 신고의무제도의 도입, 학대행위자에 대한 처벌 근거의 마련 등을 골자로 공적 대응체계를 마련하여 시행해 오고 있다(이현주, 2013).

우리나라의 「노인복지법」에서 노인학대란 노인에 대하여 신체적 · 정신적 · 성적 폭력 및 경제적 착취 또는 가혹행위를 하거나 방임을 하는 것이라고 정의되어 있다(「노인복지법」 제1조2 제4호). 「노인복지법」 제39조에서 밝힌 노인학대의 구체적인 유형은 노인의 신체에 폭행을 가하거나 상해를 입히는 신체적 학대, 노인에게 성적 수치심을 주는 성폭행 · 성희롱 등의 성적 학대, 자신의 보호 · 감독을 받는 노인을 유기하거나 의식주를 포함한 기본적 보호 및 치료를 소홀히 하는 방임, 노인에게 구걸을 하게 하거나 노인을 이용하여 구걸하는 행위 및 노인을 위하여 증여 또는 급여된 금품을 그 목적 외의 용도에 사용하는 행위로 분류된다.

정경희(2010)에 의하면 학대피해노인은 전반적으로 자녀 · 친척 · 친구 · 이웃 모임 · 기관 참여 등 다양한 측면에서 사회적 연계망이 취약하고, 학대피해에 대하여 외부에 도움을 요청하지 않는 경향이 있으며, 대응을 하지 않거나 주변 사람에게 신세 한탄을 하는 등 적극적 대응을 하지 못하고 있다고 한다. 특히 학대피해노인의 다수가 노인학대를 개인적인 일이라고 생각하거나 학대를 당한 것이 부끄럽다고 생각하고 있어 개입을 더욱 어렵게 만든다고 한다.

한편, 「노인복지법」 제39조에 의거하여 국가는 지역 간의 연계체계를 구축하고 노인학대를 예방하기 위하여 노인보호전문기관을 설치 · 운영하고 있다. 노인보호전문기관은 노인학대 신고접수, 현장조사 및 각종 서비스 제공 등의 업무를 수행하며 노인학대 예방을 위한 교육 및 캠페인을 진행하고 있다.

노인학대는 다른 가정폭력과 달리 희생자와 가해자를 엄격히 분리하고 가해자에게 법적 책임을 묻는 방향으로 나아가기보다는 각 사례별로 다양한 접근이 필요하고, 법이나 제도가 궁극적으로 가족 간의 화합을 위한 방향으로 나아가야 할 필요가 높다. 왜냐하면 한국과 같이 혈연의식이 강한 문화에서 가족의 화해와 가족의 복지를 도외시하는 노인학대 대처방안의 피해자는 결국 노인인 경우가 많기 때문이다. 물론 예외적인 노인학대 역시 많이 발생한다.

노인학대에 대한 개입이 어려운 것의 핵심은 한국 문화에서 부모가 자녀를 고발한다는 것이 극히 이례적이라는 데 있다. 학대로 인한 고통을 피하고 싶고 원조를 받고자 하는 욕구도 있으나, 학대 상황을 구체적으로 진술하여 자신의 자녀를 곤란하게 만들거나 학대를 신고하여 자녀를 부모를 학대한 범죄자로 규정하고 싶어 하지는 않는다는 것이다. 따라서 노인학대는 가정폭력이나 아동학대 혹은 학교폭력문제와 다른 관점에서 접근해야 하는 폭력문제로 여겨진다.

우리는 여기에서 폭력문제를 다루는 사회복지기관으로서 4개 현장을 살펴보았다. 폭력은 그 속성상 사회복지 영역보다는 사법기관 중심으로 해결되어야 하는 사회문제다. 다만, 가족관계에서 발생하거나 미성년자에게 발생한 문제인 경우 사회복지 영역과 사법기관이 공조적으로 접근하고 있다고 볼 수 있다. 두 기관이 함께 접근할 경우 기관 간 권력의 차이는 늘 미세하거나 중대한 문제를 파생시켜 논란거리가 되어 왔다. 또한 폭력문제라는 것은 늘 때린 사람과 맞은 사람이 있어서 강제력과 공정성을 전제하여 다루어져야 한다. 사회복지의 일반적인 원조서비스 영역과는 접근방법에서 차이가 있을 수 있다는 것이다.

우리나라는 폭력문제에 대해 사회복지적인 접근이 가능할 수 있는 제도적 장치를 마련하는 데까지는 이르렀다고 할 수 있다. 이것은 놀라운 사회적 진화라고 볼 수 있다. 사회복지적 법과 정책이라는 제도를 만들어 냈다는 의미에는 적어도 폭력문제가 법적인 처벌만으로는 완결되고 단절될 수 있는 문제가 아니라는 점, 피해자들의 고통과 후유증을 해결하기 위해서는 사법기관 외의 별도의 접근이 있어야 한다는 점에 대한 사회적 합의가 뒤따랐다고 볼 수 있다. 그러나 아쉬운 점은 여전히 존재한다. 사회복지기관과 사법기관 간의 힘의 차이와 불협조가 문제를 양산하기도 하고, 사회복지기관이나 교육기관 내에서 야기되는 불성실함이 피해자를 재차 피해자로 만들기도 하며 가해자에 대한 접근을 실패로 이끌기도 한다. 아마 무수한 시간이 흘러도 우리는 늘 완벽하지 않은 제도와 현장에 대한 끝없는 토론을 해야 할 것이다.

생각해 보기

1. 여러분이 목격한 폭력의 가해자와 피해자의 특징을 토론해 보자.

2. 작년 1년 동안 여러분이 누군가를 때려 주고 싶다는 생각을 한 적은 몇 번이며, 어떤 방법으로 이를 참았는지 혹은 정말 때렸는지 토론해 보자.

3. 진화심리학자 스티븐 핑커(Steven Pinker)는 '공감적 염려' 가 폭력을 줄이는 중요 요소라고 주장한 바 있다. 이 개념이 무슨 뜻인지 조사한 후, 폭력문제 해결을 위해 우리 사회와 사회복지사에게 이 개념이 왜 요구되는지 토론해 보자.

【 참고문헌 】

김미숙, 김정숙(2012). 아동 · 청소년 학교폭력 실태와 정책과제. 보건복지포럼, 188, 67-77.

김병수(2015). 권력이 사이코패스를 만든다. 인물과사상, 205, 171-183.

김승권, 이경혜, 김유경, 조애저(2002). 성폭력 예방 프로그램 매뉴얼 개발연구. 여성부.

김은경(2000). 체벌의 신화와 실제. 한국 사회학, 34, 85-107.

김은경(2001). 가정폭력범죄의 형사절차상 위기개입 방안연구. 한국형사정책연구원 연구보고서.

김은경, 김혜정, 박소현, 유숙영(2014). 현행 가정폭력처벌특례법의 운용실태 및 입법적 개선방안 연구 한국형사정책연구원, 형사정책연구원 연구총서.

문선화, 구차순, 박미정, 김현옥(2015). 한국 사회와 아동복지. 경기: 양서원.

박영란(2007). 여성주의 관점에서 본 가정폭력 피해자의 욕구와 피해자 보호정책 패러다임의 변화. 한국여성학, 23(3), 189-214.

변은주(2014). 폭력피해 여성들의 심리적 후유증과 치유. 여성연구논집, 25, 5-17.

유시민(2014). 나의 한국현대사: 1959-2014, 55년의 기록. 경기: 돌베개.

이배근(2004). 아동학대의 이론과 실제. 서울: 신흥메드싸이언스.

이성식(2003). 청소년 폭력원인으로서 대인갈등상황에서의 권위보존동기. 한국 사회학, 37(2), 179-200.

이지민, 홍창희(2008). 성매매 여성들의 복합 외상후 스트레스 장애. 한국심리학회지 상담 및 심리치료, 20(2), 553-580.

이찬진(1999). 가정폭력관련법 입법경위를 통해 본 법시행상의 문제점-가정폭력관련법 시행상의 문제점과 개선방안 세미나 자료집. 법무부.

이현주(2013). 학대의 세대전이를 통해 본 노인학대-노인보호전문기관상담원의 상담자료 분석활용. 사회과학연구, 29(3), 409-431.

정경희(2010). 노인학대 현황과 정책과제. Issue & Focus, 56, 1-8.

정현미(2006). 가정폭력과 상담조건부기소유예제도. 형사정책연구, 17(4), 133-159.

허남순(1993). 아동학대의 실태 및 대책. 한국아동복지학, 창간호, 23-45.

Bandura, A., Caprara, G. V., Barbaranelli, C., & Regalia, C. (2001). Socio-cognitive self-regulatory mechanisms governing transgressive behavior. *Journal of Personality and Social Psychology, 8,* 125-135.

Bowater, M. (2009). Shutting out the dog: The value of nightmares in recovery from sexual abuse. *Transactional Analysis Journal, 39*(2), 149-152.

Bowater, M., & Sherrard, E. (1999). Dreamwork treatment of nightmares using transactional analysis. *Transaction at Analysis Journal, 29*, 283-291.

Carter, L. S., Weithorn L. A., & Behrman, R. E., (1999). Domestic violence and children: Analysis and recommendations. *The Future of Children, 9*(3), 4-20.

Chambers, E., & Belicki, K. (1998). Using sleep dysfunction to explore the nature of resilience in adult survivors of childhood abuse of trauma. *Child Abuse & Neglect, 22*(8), 753-758.

Dawkins, R. C. (2010). 이기적 유전자: 진화론의 새로운 패러다임(홍영남, 이상임 공역). 서울: 을유문화사. (원저는 1976년에 출판).

Dorahy, M. J., Middleton, W., Seager, L., McGurrin, P., Williams, M., & Chambers, R. (2015). Dissociation, shame, complex PTSD, child maltreatment and intimate relationship self-concept in dissociative disorder, chronic PTSD and mixed psychiatric groups. *Journal of Affective Disorders, 172*, 195-203.

Hill, D. W., Welch, J. E., & Godfrey III, J. A. (1996). Influence of locus of control on mood state disturbance after short-term sleep deprivation. *Sleep, 19*, 41-46.

Jones, K., Cooper, B., & Ferguson, H. (2012). 사회복지와 비판적 우수실천(김경호, 김현옥, 장남서, 류방, 박일현 공역). 경기: 공동체. (원저는 2005년에 출판).

McLean, S., Riggs, D., Kettler, L., & Delfabbro, P. (2013). Challenging behaviour in out-of-home care: Use of attachment ideas in practice. *Child and Family Social Work, 18*, 243-252.

Pecora, P. J., Whittaker, A. M., & Barth, R. (2002). *The child welfare challenge: Policy, practice and research.* NY: Aldine de Gruyter.

Pinker, S. (2014). 우리 본성의 선한 천사(김영남 역). 서울: 사이언스북스. (원저는 2011년에 출판).

Pompili, M., Iliceto, P., Innamorati, M., Rihmer, Z., Lester, D., Akiskal, H. S., Girardi, P., Ferracuti, S., & Tatarelli, R. (2009). Suicide risk and personality traits in physically and/or sexually abused acute psychiatric inpatients: A preliminary study. *Psychological Reports, 105*, 554-568.

진주 KBS(2015. 5. 27.). 아침의 현장, 시사논단.

제**12**장

다문화사회와 사회복지

이 장은 다문화주의에 대한 개념적 고찰부터 한국 사회의 대표적인 다문화 계층인 국제결혼여성, 다문화아동 및 외국인 노동자들의 현실과 지원정책 및 서비스에 대한 설명으로 이루어진다. 다문화주의란 한 사회 내 다양한 인종이나 민족 집단의 문화를 단일한 문화로 동화시키지 않고 서로 인정하고 존중하면서 공존하게끔 하는 데 그 목적이 있는 이념체계다. 이러한 다문화주의는 오랫동안 단일민족국가로 유지되어 왔던 우리나라의 입장에서는 낯설고 받아들이기 힘든 개념으로서, 우리나라의 문화에 적응하고자 하는 외국인들은 많은 어려움을 경험하게 된다.

첫째, 결혼이민자 혹은 국제결혼여성의 경우 갈수록 그 수는 증가하고 있다. 이들이 귀화 신청 자격을 갖추기까지 법적으로 4년의 기간이 요구되고 있으며, 이 기간 동안 '외국인'으로서 체류하기 위해서는 반드시 출입국관리사무소로부터 결혼이민비자인 F6 비자와 외국인등록증을 발급받아야 한다. 이로 인하여 국제결혼여성들은 남편과 시댁으로부터 부당한 대우를 받더라도 참아야 하며, 무엇보다 결혼상태지속이라는 사생활을 보고해야 하는 반인권적 입장에 처하게 된다.

둘째, 부모가 불법체류자인 외국인 노동자 부부이거나, 비자기간이 지나 불법체류자가 된 국제결혼여성과 가출할 때 함께한 아이들에 해당되는 미등록 이주아동의 문제를 정리한다. 출생신고가 되어 있지 않다는 점에서 이 아동들은 공보육, 공교육, 공공보건 및 의료의 혜택을 전혀 받지 못하는 유령인간으로 우리 사회에 존재하게 된다.

마지막으로, 외국인 노동자의 경우 고용허가제의 폐해로 인하여 근로자로서 노동권을 보장받지 못할 뿐만 아니라 노동권을 요구할 수도 없는 입장에 처하게 되는 경우가 많다. 또한 내국인의 고용과 근로를 일차적으로 보호하기 위한 외국인 노동자에 대한 고용허가제가 사용자들이 권리를 남용하는 문제로 이어지는 과정을 정리한다. 다문화와 관련한 세 계층이 경험하는 현실과 제도의 문제점 등을 정리하면서 토론과제를 제시하며, 향후 개선방안을 도출하고자 한다.

학·습·목·표

1. 다문화주의와 문화적응에 대해 개념적 고찰을 한다.
2. 한국 사회의 다문화 특징에 대하여 이해한다.
3. 다문화 외국인 관련 정책 및 서비스에 대해 고찰한다.
4. 합법적 정책 및 서비스의 대상자가 되지 못하는 다문화 외국인의 복지문제를 분석한다.

우리에게 완벽한 조국이나 완벽한 부모는 애초부터 없다. 조국도 나에게 완벽한 국민이기를 요구할 수 없고, 부모 역시 나에게 완벽한 자녀이기를 기대할 수 없다. 쌍방을 선택할 수 없었기 때문에라도 완벽하지 않다는 이유로 비난할 수는 없다. 그러나 유시민(2014)의 지적대로 삶의 가장 근원적인 부조리가 불공평한 태어남인 것은 사실이다. 누구도 가난한 나라의 가난한 가정에서 부모와 형제들을 먹여 살려야 하는 운명으로 태어나고 싶지 않다.

한편, '정상'이란 '우리와 같음'을 의미하는 사회에서는 '완벽'이라는 개념은 모호하더라도 '비정상' '이상'의 개념은 곧 '우리와 다름'을 의미하는 것이 된다. '다르다'는 말은 '틀렸다'는 의미가 아님에도 불구하고, '비정상' '이상'이라는 의미에는 곧 '틀렸다'는 의미가 내포되어 버렸다. 그래서 '다르다'는 의미는 '틀렸다'가 되는 사회에서 '우리와 다른 사람들'은 '틀린 사람'이 되어 버리기 일쑤다.

민족과 문화에 관련해 우리나라는 단일민족국가이며 한민족문화라는 단일성을 오랫동안 유지했다. 단일민족국가라는 것이 왜 자랑스러운 것인지 생각할 겨를 없이 자랑스러워했고, 단일민족국가에 익숙해 왔다. 또한 개인의 입장에서는 취향 중 하나인 문화가 사회적으로는 배제의 기준이 되어 우리 사회를 진영으로 나누는 잣대가 되어 왔다. 친숙한 우리는 자연스럽지만, 낯선 그들은 어색한 타자가 되고 있다.

한국 사회가 서서히 다인종국가, 다문화사회가 되어 가면서 수많은 다문화아동이 등장하고 있다. 한국과 같이 민족과 문화의 단일성이 강한 나라에서 다문화아동의 정체성 혼란은 더욱 커질 수 있다. 우리는 그동안 다문화아동에게 한국 문화를 열심히 주입하는 데 초점을 두었다. 다르다는 것은 틀리다는 것이 아님을, 그래서 그냥 자연스러운 조화를 더욱 지향해야 한다는 가치에 대해서는 다소 인색하였다.

사실 한국 사회가 다문화에 대해 아주 자연스러운 태도를 가진다 하더라도 다문화아동은 정체성의 혼란을 경험할 수 있다. 그들은 어머니의 나라와 아버지의 나라는 다르며, 내 나라는 어디인가에 대해 혼란스러울 수 있다. 그러나 다양한 사람이 관계와 소통을 통해서 서서히 자신의 정체성을 형성할 수 있는 기반은 누구에게나 공평해야 하며, 사회는 정체성 형성을 위한 공정한 출발선을 보장하는 체계를 끊임없이 구성하고 재구성해야 한다.

이는 말처럼 쉽지 않다. 내국인과 외국인의 취업과 교육에 대한 이해관계가 밀고 당기기를 멈추지 않고, 국가 예산 할당과 정책에 대한 의견도 학문 간 다르며 부처 간 다르다. 우리는 다문화사회에 나타난 가급적 모든 갈등의 맥락을 이해하고 해결의 중심에 다가가는 노력을 해야 한다. 다문화라는 것으로 상징된 낯선 체계를 만나고 조화를 이루어 가는 과업이 비로소 우리 사회에 주어졌다.

이 장에서는 다문화주의와 한국 사회에 대한 이야기를 서설하면서 우리나라가 다문화주의에 대해 가지는 특징을 비판적으로 제시하고, 다문화와 관련해 한국 사회가 보이고 있는 비복지적 요소에 대한 논쟁을 정리하고 토론과제를 제시하고자 한다.

또한 다문화사회를 이루는 여러 외부인 중 탈북자 혹은 새터민은 제외하고, 외모부터 이민족인 국제결혼여성과 외국인 노동자 및 그들의 자녀에 대한 사회복지에 초점을 둔다. 새터민 역시 적지 않은 적응의 과업을 고민하고 있기는 하나, 고용허가제와 불법체류, 간이귀화 등의 문제를 경험하는 이민족 다문화 외국인과는 상이하기 때문이다.

1. 다문화와 한국 사회

여기에서는 다문화주의에 대한 개념적 고찰을 시작으로 한국 사회에 등장한 결혼이민자 여성과 다문화아동 및 외국인 노동자들의 현황과 특징에 초점을 둔다.

1) 다문화주의와 문화적응

(1) 다문화주의란 무엇인가

2000년대에 들어서 한국 사회에서는 다문화주의 또는 다문화사회에 대한 관심이 크게 증가하였다. 외국인 노동자, 국제결혼여성, 다문화아동 등이 우리 사회에 점차 증가하기 시작하면서 자연스럽게 다문화주의에 대한 관심을 가지게 된 것이라 여겨진다. 다문화주의란 한 사회 내 다양한 인종이나 민족 집단의 문화를 단일한 문화로 동화시키지 않고 서로 인정하고 존중하면서 공존하게끔 하는 데 그 목적이 있는 이념체계다. 동시에 그 이념체계를 실현하고자 하는 정부 정책과 프로그램을 가리킨다. 이러한 다문화주의는 기본적으로 한 사회 내의 모든 인종, 민족 집단이 문화적 차이에 상관없이 동등한 권리를 가지고 정치와 공동생활에 참여할 수 있도록 노력한다는 특성을 갖는다(강휘원, 2006). 또한 여러 인종, 민족 집단이 문화적 차이에도 불구하고 자신들이 속해 있는 국가와 사회에 대해 소속감을 갖도록 노력한다는 목적을 갖는다(윤인진, 2008).

테일러(Taylor, 1994)는 다문화주의를 문화적 다수집단이 소수집단을 동등한 가치를 가진 집단으로 인정하는 인정의 정치(politics of recognition)라고 정의하였다. 인정의 정치학의 주제는 인간으로서 모든 개인의 존엄뿐 아니라 특수한 문화의 가치까지도 제도적으로 인정하는 맥락 속에서 '평등한 존중'이라는 이상을 실질적으로 실현하는 것이다. 이것은 사회가 인간 가치를 어떻게 실현하느냐에 따라 그 사회를 평가한다는 것을 의미한다. 물론 평가방법은 인간 가치라는 '기본선'을 구현하는 사회의 공적 제도를 평가하는 것이다(Taylor, 1994). 이러한 사회의 공적 제도란 모든 시민이 공유하는 선, 즉 수입이나 건강관리 · 교육 · 양심 · 언론 · 출판 · 결사의 자유 투표권 그리고 공직 선출권 등을 포함한다. 따라서 주류문화로부터 체계적으로 배제된 소수자 문화가 평등하게 존중받기 위해서 인정의 정치학은 기성문화에 대한 다문화주의의 도전을 이해하고 차이를 적극적으로 사유할 수 있는 시민의 정체성과 입장에 초점을 두어야 할 것이다(이상환, 2005). 또한 인정의 정치는 단지 소수집단이 다른 집단의 권리를 침해하지 않는 한도에서 자유롭게 사는 것을 인정하는 수준에 그치는 것이 아니라, 다수집단이 소수집단의 문화가 존속하도록 적극적인 조치를 취하는 것을 포함한다(윤인진, 2008). 구체적인 예로서, ① 인종·민족·문화적으로 다원화된 인구학적 현상, ② 사회문화적 다양성을 긍정적으로 인식하고 가치 있게 여기고 존중하려는 사회적 이념, ③ 사회문화적 다양성을 보호하고 인종, 민족, 국적에 따른 차별과 배제 없이 모든 개인이 형평한 기회에 접할 수 있도록 보장하는 정부의 정책과 프로그램이라고 이해할 수 있다 (Troper, 1999).

이 경우를 우리나라에 적용하여 살펴보자. 인구학적으로 다원화되었다고 하기에는 외국인 비율이 현재 그다지 높지 않다. 통상적으로 이민사회로 분류되기 위해서는 주민등록인구 중 외국인이 10%가 되어야 하는데(송종호, 2007), 현재 우리나라는 3% 정도로 추산되고 있기 때문이다. 그러나 한국 사회가 다원화사회를 향해 나아가고 있다는 것은 누구도 부인할 수 없다. 따라서 시간의 문제로 여겨질 뿐 가까운 미래에 우리나라 역시 인구학적으로 다원화사회가 될 것으로 예측하는 것이 타당하다.

또한 우리나라가 사회문화적 다양성과 그 가치를 인정하고 존중하는가를 살펴보자. 문화적 관용성의 측면에서 볼 때, 우리나라는 다문화주의적 가치관이나 행동양식과는 거리가 멀다(윤인진, 2008). 우리 사회는 오랫동안 단일민족의 신화가 존재했고, 소수자를 배려하고 보호하는 데 미흡했다. 강한 동질성과 동질의식은 '다른 것=틀린 것'의 도식을 양산하고 소수자에 대한 인색한 관용과 배타적 태도를 견지해 왔다고 여겨진다. 그런데 단일민족의 신화가 강해서 소수자에 대해 배타적이었는지, 소수자에 대한 배타적 태도를 통해서 우리 민족의 우월성을 우긴 것은 아닌지 냉정한 성찰이 요구된다. 특히 출신국의 발전수준에 따라 외국인을 차별적으로 대우하는 태도는 비합리적이다. 익숙한 우리는 늘 낯선 그들을 평가하고 규정할 수 있는 사회적 지배의 입장에 있고, 낯선 그들은 규범준수의 도덕성과 노동이행의 성실성을 꾸준히 보여야만 조금씩 우리의 영내로 진입할 수 있다는 도식을 간이귀화와 고용허가제에서 읽을 수 있다.

한편, 다문화주의를 지원하는 정부의 정책과 프로그램은 우리나라에서 합법적 제도로 존재하고 있다. 「다문화가족지원법」이 제정되었고, 동 법에 의거하여 다문화가족지원센터를 거점으로 다문화가족에 대한 다양한 지원 서비스가 실시되고 있다. 그러나 앞서 언급한 합법적 제도가 겨냥한 그 범위에 포함되는 다문화 외국인이 적다는 것이 문제다. 고용허가제와 간이귀화의 조건이 엄격하여 수많은 외국인이 불법체류자로 규정되고 있으며, 미등록 이주아동이 발생하고 있다. 또한 합법적인 다문화서비스라고 하더라도 그들의 고유한 문화와 정체성을 인정하고 존중하기보다는 한국 주류사회문화에 일방적으로 동화되도록 요구하는 성향이 강하다.

고용허가제와 간이귀화에 관해서는 뒤에서 상술할 것이므로 여기서 용어 정의는 생략하기로 하되, 한국식 다문화주의 정책의 이면인 불법체류 외국인의 문제에 대해서는 좀 더 살펴보도록 하자. 윤인진(2008)의 보고에 의하면 불법체류 외국인의 경우에는 그들이 한국에서 장기간 거주하고 경제적으로 기여했더라도 한국 사회의 구성원으로 인정하지 않고 단속 및 강제퇴거하는 출입국 관리행정에서 크게 벗어나지 못하고 있다. 또한 한국의 다문화주의는 인구학적 특성 변화를 국민 의식과 정책 및 제도가 따라가지 못하는 걸음마 단계에 있다고 평가한다. 따라서 앞으로 한국 국민과 정부가 의식과 제도 측면에서도 명실상부하게 다문화주의적이 될지 아니면 외양만 다문화적이고 실제로는 여전히 혈통적 민족주의를 유지할 것인지를 주의 깊게 관찰할 필요가 있다.

(2) 문화적응의 개념과 유형

문화적응이란 다른 문화를 가지고 있는 개인들로 구성된 집단이 지속적으로 새로운 문화권과 직접적인 접촉을 할 때 결과적으로 어느 한쪽 혹은 양자 모두 원래의 문화적 양상의 변화를 경험하는 현상을 의미한다(Berry & Sam,

1997). 이러한 문화적 상호 수용과 적응은 수년 혹은 수백 년이 소요되는 긴 과정이며, 문화적으로 다양한 집단이 공존하는 한 지속되는 과정일 것이다. 예를 들어, 문화적응은 언어의 상호 습득, 음식에 대한 선호의 공유, 의복이나 사회적 상호작용의 형태 수용 등으로 나타난다. 즉, 주류층과 소수민족 간의 취향이나 가치관, 욕구 등에 대한 끊임없는 상호작용이라 볼 수 있다.

베리(Berry)와 샘(Sam)은 동화와 문화적응을 다음과 같이 구분하였다. 동화는 문화적응의 한 단계 혹은 한 면에 불과하며, 자신의 문화를 버리고 새로운 문화를 받아들인 사람이 되는 것을 의미한다. 반면, 문화적응은 이중문화적 혹은 다문화적 사람이 되는 것을 의미한다고 볼 수 있다. 이는 자신의 문화를 잃지 않고 새로운 모습을 가지게 되는 것을 의미한다. 이러한 문화적응의 결과는 자신의 문화는 잃고 다른 문화를 받아들이는 수용(acceptance), 두 문화가 섞여 전체로서 기능하는 문화를 만들어 내는 적응(adaptation), 억압이나 의도치 않은 외래문화 수용에 대한 반대급부로서의 반동(reaction) 등으로 나타난다 (윤인진, 2008). 우리나라를 예로 들어 설명해 보자면, 수용은 생활과 노동을 위해 우리나라의 문화에 빨리 다가오려는 다문화 여성이나 외국인 노동자가 보일 수 있는 현상이고, 반동은 혈통적 한국인이 낯선 다문화 여성과 외국인 노동자들에 대해 가지는 거부감을 의미하며, 적응은 다문화 집단과 한국인 모두 서로를 인정하고 받아들이는 양상이라고 볼 수 있다.

이론상으로는 문화적응이 주류집단과 소수문화집단에 함께 나타나는 현상이지만, 실제에서는 많은 경우 소수집단에 요구되는 경우가 많다. 즉, 적응은 다문화 외국인의 과제로 남겨지는 경우가 많다는 것이다. 그러나 장기적인 관점에서 보자면 이질적인 문화의 유입은 그것이 단지 작은 규모에 불과할지라도 결과적으로 주류집단에 영향을 미칠 수밖에 없고, 주류집단의 문화적응 또한 과제로서 부각될 개연성이 높다. 최근 주류집단에 대한 다문화교육을 의무화하는 한국의 「다문화가족지원법」 개정은 이러한 현실 변화의 일단을 보여주고 있다.

베리(2006)는 소수인종 문화집단의 문화적응 전략을 다음과 같이 두 가지속성을 통하여 네 개의 차원으로 제시하였다. 구체적으로 자신의 문화적 유산과 정체성을 지키고자 하는 상대적 선호와 주류 사회에 참여하고 주류 사회와 접촉하려는 상대적 선호를 교차시켜 다음의 차원을 제시하였다.

- 통합: 소수문화집단에 속한 개인이 주류를 포함한 다른 집단과의 일상적 상호작용과 자신의 문화유산 유지 모두에 관심을 갖고 있는 경우를 말한다. 베리가 말하는 통합은 각 문화집단이 자신의 문화적 특징을 유지하면서도 상호관계를 활발히 갖는 다문화적 통합을 의미한다고 할 수 있다. 여기에 해당되는 소수문화집단의 개인은 주류 사회의 네트워크에 참여한다.
- 동화: 자신의 문화적 정체성 유지를 원하지 않으면서 다른 문화와 일상적 상호작용을 추구하는 경우를 일컫는다.
- 분리: 자신의 고유문화를 유지하는 것에 대해 가치를 부여하면서 다른 집단과의 상호작용을 피하는 경우다.
- 주변화: 자신의 문화 유지에 대한 가능성이 없거나 관심도 없으며, 주류 문화의 차별이나 배제로 인해 다른 집단과 관계를 갖는 것에 대해서도 거의 관심이 없는 경우를 의미한다. 이 같은 경우 소수문화집단에 속하는 개인은 사회적 표류를 경험하거나 소속감을 전혀 느끼지 못하는 문화적·심리적 고립감을 가질 수 있다.

2) 한국의 다문화 현황과 특징

(1) 결혼이민자의 현황과 특징

한국에 거주하는 결혼이민자의 경우 1990년대까지는 종교단체를 통해 입국한 일본 여성이 다수를 차지하고 있었으나, 2000년대 초부터 중국 및 필리핀 국적의 결혼이민자의 증가가 두드러졌으며, 최근에는 베트남, 캄보디아, 몽골, 타이 등 국적이 다양해지는 경향을 보이고 있다. 또한 2002년 이후 매년 28% 이상의 높은 증가율을 보이던 결혼이민자는 최근 국제결혼 건전화를 위한 결혼이민 사증발급 심사 강화 및 국제결혼 안내 프로그램 이수 의무화 조치 등으로 인하여 최근 3년간 평균 증가율이 0.6%다. 〈표 12-1〉을 보면 알수 있듯이 2014년에는 15만 994명으로 전년 대비 0.09% 증가하는 데 그쳤다. 성별로는 여성이 12만 8,193명으로 전체의 84.9%로 절대 다수를 차지하고 있으며, 남성은 2만 2,801명으로 15.1%에 불과하다. 국적별로는 중국 40.2%, 베트남 26.3%, 일본 8.3%, 필리핀 7.3%순으로 체류하고 있는 것으로 조사되었다.

결혼이주여성의 한국 국적 취득과 관련하여, 현행 「국적법」 제6조 제2항에서는 결혼이주여성에게는 일반귀화요건보다 완화된 간이귀화요건이 허용되며, 간이귀화요건이 충족되지 않더라도 결혼이주여성과 자녀의 인권보호를 위하여 국적취득을 받을 수 있도록 규정하고 있다. 현행 「국적법」상 결혼이주자는 간이귀화요건에 따라 기본적으로 국내 거주 2년이라는 거주요건을 충족해야만 귀화신청자격이 부여되는데, 귀화신청 후 귀화허가 통지를 받기까지는 통상 1년 반에서 2년여의 기간이 소요되므로 결혼이주여성이 한국 국적을 취득하기까지는 대개 4년 정도가 소요된다. 4년 동안 '외국인'으로서 체류하

표 12-1	2014년 우리나라 결혼이민자의 현황					(단위: 명)
연도		2009	2010	2011	2012	2013	2014
합계		125,087	141,654	144,681	148,498	150,865	150,994
성별	남자	15,876	18,561	19,650	20,958	22,039	22,801
	여자	109,211	123,093	125,031	127,540	128,826	128,193
국적	중국	65,992	66,687	64,173	63,035	62,400	60,663
	베트남	30,173	35,355	37,516	39,352	39,854	39,725
	일본	5,074	10,451	11,162	11,746	12,220	12,603
	필리핀	6,321	7,476	8,367	9,611	10,383	11,052
	기타	17,527	21,685	23,463	24,754	26,008	26,951

출처: 통계청 'e나라지표' 중 결혼이민자 통계자료.

기 위해서는 반드시 출입국관리사무소로부터 결혼이민비자와 외국인등록증을 발급받아야 한다. 거주비자에 부여되는 1회 체류기간은 3년이며, 기간 종료 전에 반드시 체류 연장신청을 하여 허가를 받아야 한다. 기간 내 연장신청을 하지 못하면 '불법'체류자의 신분이 되며, 입국으로부터 단속과 강제추방의 대상이 된다.

결혼이주여성은 한국 국적을 취득하기 전까지는 외국인의 신분으로 체류를 연장해 가며 국내에 체류하기 때문에, 정상적인 결혼생활의 경우에는 문제되지 않으나, 국적을 취득하기 전에 이혼을 하면 본국으로 귀국해야 하거나 불법체류자가 되는 것이다. 국제결혼이주여성에 대한 이러한 국적취득방식은 국적취득까지 그들의 법적 지위를 대단히 불안정하게 만든다. 또한 이러한 법적 지위의 불안은 결혼이주여성의 가정 내에서의 정당한 권리 주장을 어렵게 할 염려가 있다(박승용, 2014). 또한 결혼이주여성이 체류 기간 연장 신청이나 국적취득 신청을 할 때에는 한국인 배우자의 동행과 신원보증이 필수적으로 요구되고 있어, 결혼이주여성이 한국인 배우자에게 갖는 의존적인 불안정을 더욱 심화시키고 있다.

(2) 다문화아동 현황과 특징

〈표 12-2〉에서 알 수 있듯이 다문화사회로의 빠른 이행과 함께 다문화의 배경을 가진 아동의 수도 급격히 증가하고 있다. 다문화아동이란 두 가지 이상의 문화권에서 성장하고 생활하는 아동을 이른다. 예를 들면, 이주민 부모 사이에서 태어난 아동, 국제결혼으로 인하여 서로 다른 문화권의 부모 사이에서

표 12-2 **다문화아동 현황(2014. 1. 1. 기준)**

구분	계	만 6세 이하	만 7~12세	만 13~15세	만 16~18세
다문화아동	204,204	121,310	49,929	19,499	13,466
비율	100%	59.4%	24.5%	9.5%	6.6%

출처: 다문화가족 지원포털 다누리 홈페이지 자료.

태어난 아동, 문화가 다른 나라에서 살다가 현재 살고 있는 곳으로 이주한 아동 등이다. 우리나라의 경우 우리 사회에 살고 있는 북한 출신 아동(새터민 아동·청소년), 한민족 이주아동(조선족, 고려인 아동), 국제결혼가족 아동, 외국인 가정의 자녀들이 대표적인 다문화아동이라고 할 수 있다.

국가가 공식적으로 집계할 수 있는 다문화아동은 출생신고를 한 경우에 해당되며, 부모가 불법체류자인 경우 신분노출을 두려워하여 아동에 대한 출생신고를 현실적으로 할 수 없을 때 자동적으로 아동은 미등록 이주아동이 되어 존재 자체가 불법인 유령인생을 살게 된다. 이러한 미등록 이주아동은 대략 2만 명 미만으로 추산되고 있으며, 의료와 보육 및 교육 전반에 있어 어려움을 겪는 것으로 보고되고 있다.

(3) 외국인 노동자의 현황과 특징

〈표 12-3〉은 2014년 5월 현재 외국인 노동자의 현황을 나타낸 것이다. 체류자격별 15세 이상 외국인은 방문취업, 재외동포, 비전문취업, 결혼이민, 영주, 유학생, 전문인력 순으로 많았다. 또한 고용률의 경우 비전문취업, 전문인력, 방문취업은 높았으며, 유학생과 결혼이민의 고용률은 낮게 나타났다.

최근까지 우리나라가 외국인 노동자로 인정한 경우는 현재의 국적을 기준으로 「출입국관리법」에 의거한 외국인 노동자로서, 미등록 노동자는 당연히 포함되지 않았다. 미등록 외국인 노동자는 유령 노동자이기 때문에 그들의 노동 산물은 한국 사회가 누리더라도 그들의 노동권리는 현실적으로 보장받지 못하고 있다. 2015년 7월 19일 한겨레 신문에 실린 다음의 기사를 읽어 보자(〈읽을거리 12-1〉 참조).

표 12-3	외국인 노동자 체류자격별 경제활동실태(2014. 5. 기준)			(단위: 천 명, %)	
구분	15세 이상 외국인			경제활동 참가율(%)	고용률(%)
	경제활동인구	비경제활동인구			
	취업자				
외국인 합계 (구성비)	896(100.0)	360(100.0)		71.4	67.9
	852(100.0)				
체류 자격 — 비전문취업 (구성비)	247(27.6)	0		99.8	99.7
	247(28.9)	(0.1)			
방문취업 (구성비)	224(25.0)	37		85.9	81.0
	212(24.8)	(10.2)			
전문인력 (구성비)	48(5.3)	0		99.7	99.6
	47(5.6)	(0.0)			
유학생 (구성비)	9(1.0)	72		11.2	9.6
	8(0.9)	(19.9)			
재외동포 (구성비)	164(18.3)	95		63.3	57.3
	148(17.4)	(26.4)			
영주 (구성비)	76(8.5)	26		74.1	70.1
	72(8.4)	(7.4)			
결혼이민 (구성비)	66(7.3)	64		50.7	47.2
	61(7.2)	(17.8)			
기타 (구성비)	63(7.0)	65		49.1	44.9
	58(6.8)	(18.1)			

출처: 통계청 사회통계국 고용통계과 홈페이지 자료.

읽을거리 12-1   '외국인 노동자'

로저는 스물일곱 살이던 1991년 12월, 관광비자로 한국에 입국하여 아는 사람 소개로 서울 면목동에 있는 가죽점퍼 공장에서 일을 시작했다. 이후 1993년 5월 마석가구공단으로 일자리를 옮긴 건 시도 때도 없이 터져 나오는 면목동 사장의 막말 때문이었다.

흩날리는 톱밥과 먼지, 접착제와 가구용 도료의 매운 냄새, 매일 이어지는 힘겨운 야근에도 로저를 매일 공장으로 이끈 동력은 가족을 부양해야 한다는 책임감이었다. 필리핀 민도로 섬엔 그의 엄마와 동생들 그리고 아들 둘이 산다. 로저의 노동이 그들 삶의 '경제적 기반'이다.

1995년 로저가 가구공단에서 필리핀 대표가 되자마자 다른 나라 공동체 대표와 공동회의를 열어 외국인 노동자들의 도박과 술 자제령을 내리고 일부 말썽꾸러기들한테는 공동체 차원에서 대응했다. 공단은 그렇게 평온을 찾았다. 필리핀 노동자들이 그를 '메이어(시장님)'라고 부르기 시작했다.

마석가구공단에서 남양주 외국인 노동자복지센터 관장을 맡고 있는 이정호 신부는 "로저는 필리핀 노동자들이 사고나 어려운 일을 당하면 제 월급을 털거나 공동체 모금을 해서 도왔다. 로저는 1996년께 공단 입구에서 일어난 교통사고로 불타는 차량에 홀로 뛰어들어 한국인들을 구하는가 하면 올해 3월에는 공단에서 일어난 화재 진압에 출동했다 무너진 담벼락에 깔린 소방관을 구조하기도 했다. 그래도 로저는 한국 정부에 '불법체류자'일 뿐이다."라고 하였다.

그런 그를 가장 힘들게 한 건 출입국관리사무소의 '불법체류자' 단속이다. 24년을 버틴 그도 4월 20일 공장에 들이닥친 단속반원의 손길을 피하지 못했다.

"다른 나라 보면 (불법 체류) 몇 년 되면 비자 줘. 근데 한국은 10년, 20년 돼도 비자 안 줘. 이 세상에 불법 사람이 어딨어?" 미국·오스트레일리아를 비롯해 인력 수입국인 유럽 등지에선 종종 미등록 외국인한테 영주권을 주는 대사면을 실시한다. 버락 오바마 미국 대통령도 지난해 말 한국인 수만 명을 포함해 불법 체류 외국인 400여만 명이 체류비자 발급 혜택을 입을 수 있는 사면 방침을 발표했다. 하지만 이주노동자 180만 명 시대를 맞은 한국에선 그저 남의 나라 얘기다. 범죄와는 담 쌓은 채 24년 동안 성실히 일하고 공동체에 기여한 로저 같은 이도 언제든지 걸리면 쫓겨난다.

이재정 경기도교육감이 12일 공단 내 성당에서 로저를 만나 '미안하다'고 말한 배경이다. 성공회대 총장 출신으로 마석가구공단에 있는 성공회성당 미사를 종종 집전해 로저를 잘 아는 이 교육감은 19일 〈한겨레〉와 한 통화에서 "로저처럼 착하고 헌신적이며 공동체 결속을 위해 구심점 노릇을 해 온 사람을 품지 못하고 쫓아내 미안하고 이런 우리 사회가 안타깝다."며 "우리도 이젠 범죄를 저지르지 않고 한국에서 5년 넘게 일하는 미등록 이주노동자한테 영주권을 줄 때가 됐다."고 말했다.

출처: 한겨레신문(2015. 7. 19.).

이 기사에서 알 수 있듯이 고용허가제¹⁾ 등에 따라 불법체류자로 규정된 미등록 외국인 노동자들의 노동권을 보장하는 것은 요원하다. 특히 직장 정주법으로 볼 수 있는 고용허가제는 외국인 노동자의 유입에 맞서 우리나라 근로자의 취업기회를 보장하려는 취지에서 실시되었으나, 지금은 외국인 노동자의 탄압과 노동착취를 조장하는 제도로 비판받고 있다. 문제는 여기서 그치지 않는다. 부모가 불법체류자가 될 때 아동은 미등록 다문화아동이 되며, 공보육과 의무교육, 공공의료 등을 제공받지 못하는 이른바 복지와 교육의 사각지대에 그대로 노출되어 버린다.

우리는 여기에서 한국 사회의 다문화주의와 문화적응에 대하여 개념적으로 고찰하였으며, 한국 사회에 현재 공존하는 다문화 외국인들의 현황을 파악하였다. 유시민(2014)은 과거 한국 사회는 평등하게 가난했던 독재국가였고, 현재 한국 사회는 불평등하게 풍요로운 민주국가라고 규정하고 있다. 우리는 약간 다르게 생각할 수도 있다. 과거에는 분배구조의 미분화상태였고 지금은 분배의 분화상태이며, 분배의 미분화상태를 평등하다고 보는 것은 미화된 표현이 아닐까 여겨지기 때문이다. 다만 유시민이 말하고자 하는 것이 한국 현대사 변천에 대한 직설이라기보다 경제개발을 위하여 평등과 인권을 값싸게 처리해 버린 우리 사회에 대한 역설이라고 파악되기도 한다. 그래서 유시민이 말한 과거의 평등에 큰 비중을 두기보다는 우리 사회는 어떠한 방법으로 산업발전을 이루어 부를 축적했는가를 고찰해야 할 것이다.

유시민은 우리나라의 산업화에 대해 다음과 같이 말한다.

---

1) 외국인 노동자는 1년마다 사업주와 고용계약을 갱신하도록 하며 최대 5년 이내의 고용을 유지할 수 있다. 사업주는 외국인 노동자를 대상으로 임금·근로시간·휴일 등의 고용조건에 대한 근로계약을 체결해야 하며, 근로조건이나 노동관계법·사회보험의 적용에서 내국인 근로자와 부당한 차별을 할 수 없다. 대부분의 유럽 국가에 시행되고 있는 노동허가제의 경우에는 외국인 노동자의 자유로운 직장이동을 허용하는 반면, 우리나라의 고용허가제는 외국인 노동자들이 정해진 기간에 지정된 사업체에서만 일할 수 있는 것으로 규제하고 있다.

노동자들은 잠을 쫓기 위해 타이밍이라는 이름의 알약을 먹으면서 철야작업을 했고 공장 관리자들은 옷핀으로 팔을 찔러 피로에 지쳐 조는 여성 노동자들을 깨웠다. 이것은 자본의 원시 축적과 생산능력의 확대에 관한 이야기다.

산업화를 이룬 방법 중 하나로 이와 같은 일화도 있었을 것이다. 다만, 과거 우리의 산업화는 노동자의 희생을 통해 번영을 이룬 속성이 있었다는 것이며, 지금 우리의 산업구조 역시 누군가의 희생이나 헌신을 요구하는 특징이 존재한다. 동시에 과거에는 저임금·저학력 한국인 노동자들이 종사했던 그곳을 외국인 노동자들과 결혼이민자들이 점하고 있다는 것이 차이로 여겨진다. 그래서 이들에게 온정적이어야 하며 고용허가제를 철폐하고 「국적법」에 의한 결혼이민자의 불리도 완전히 없애야 한다고 주장해야 할까?

사회복지학을 공부하는 입장에서 우리는 고용허가제를 다른 학문적 시각, 이를테면 경제학 등의 입장에서 바라보며 균형을 맞추어야 한다. 또한 「국적법」에 의한 결혼이민자의 불리도 조정되어야 하되 완전한 철폐를 주장하는 것은 한국 사회의 다문화문제를 다른 대척점의 극단으로 끌고 갈 위험성이 있음을 자각해야 한다. 즉, 내국인의 불리와 역차별의 가능성 역시 진단해 보아야 한다는 것이다. 이러한 측면에서 다문화문제를 해결하기 위해서는 내국인과 외국인의 균형 맞추기, 끊임없는 정책의 포지셔닝, 절차의 구성과 재구성을 시도해야 한다. 참 어렵다.

2. 다문화사회의 복지적 쟁점

1) 혼인지속상태 보고의무: '도구적 결혼이므로 검사해야 한다'

국제결혼여성들이 한국 국적을 취득하기 위해서는 간이귀화를 해야 하며, 간이귀화요건은 결혼생활, 즉 사생활에 대한 관리감독 측면이 강하게 반영되어 있다. 먼저, 간이귀화요건의 제정 배경을 살펴보자. 개정 전 「국적법」에 의할 경우 외국인 여성은 혼인에 의해 한국 국적을 자동적으로 취득할 수 있었기 때문에 위장결혼으로 한국 국적을 취득한 후 가출하는 사례가 빈번하였고, 그로 인한 가족해체 등 내국인인 한국 남성의 피해가 상당히 많았던 것을 감안하여, '혼인에 의한 국적취득제도'를 폐지하고 간이귀화에 의하여 한국 국적을 취득할 수 있도록 하였던 것이다. 따라서 귀화신청자격을 갖추기까지 국내 거주 2년, 귀하허가 통지를 받기까지 통상 1년 반에서 2년이 걸리므로 국제결혼 여성이 한국 국적을 취득하기까지는 대개 4년의 시간이 필요하다. 4년의 기간에 '외국인'으로서 체류하기 위해서는 반드시 출입국관리사무소로부터 결혼이민비자인 F6 비자와 외국인등록증을 발급받아야 한다. 왜냐하면 거주비자에 부여되는 1회 체류 기간은 3년으로, 기간 종료 전에 반드시 체류 연장 신청을 하여 허가를 받아야 하며, 연장 신청을 하지 못하면 불법체류자의 신분이 되어 출입국으로부터 단속과 강제추방의 대상이 되기 때문이다.

이뿐만 아니라 한국인 남편들은 결혼이주 배우자가 국적을 취득한 후 도주할 것을 우려하여 국적 신청을 기피하는 경우도 많고, 신원보증 시 보증금 3천만 원 이상의 자산이나 일정한 직업이 있어야 하는데 빈곤한 상황 때문에 신원보증을 설 능력이 없는 경우도 적지 않다(안진, 2013). 이러한 가정의 국제결혼 여성의 경우 한국 사회에서 합법적인 지위를 보장받고 취업을 해야 하는 더욱 절박한 이유가 있음에도 불구하고 간이귀화요건을 충족하지 못하여 취업도, 국적 취득도 어려운 고통을 경험하게 되는 것이다. 또한 결혼이주여성이 체류기간 연장 신청이나 국적 취득 신청을 할 때에는 한국인 배우자의 동행과 신원보증이 필수적으로 요구되고 있어(소라미, 2009), 한국인 배우자에게 갖는 의존적인 불안정을 더욱 심화시키고 있다.

물론 현재의 간이귀화제도가 결혼이민자들이 위장결혼을 하거나 결혼과 동시에 가출을 해 버려서 배우자인 한국 남성이 사기결혼의 피해자가 되는 상황은 방지한 것처럼 보인다. 또한 이러한 제도는 위장결혼을 미연에 예방하는 기능도 있다. 그러나 그것이 소수를 규제하기 위해 선량한 다수의 결혼이주여성의 인권과 삶을 제약한다는 것은 깊이 숙고할 필요가 있는 부분이다.

무엇보다, 통상적인 상식으로 본다면, 다음의 몇 가지가 우리의 토론거리가 된다. 첫째, 도구적 결혼을 법으로 방지하는 것이 타당한가? 박시후와 문근영이 열연한 〈청담동 앨리스〉라는 드라마에서 한세경(문근영 분)의 대사를 떠올려 보자.

……나나 당신이나 똑같이 차승조의 돈을 본다. 다만 나는 가난해서 꽃뱀이라고 욕을 먹고 당신은 날 때부터 재벌의 딸이다. 그런데 비즈니스로 정략결혼을 하려는 당신이 나를 욕할 자격이 있는가.

우리가 국제결혼을 위험하게 바라보는 이유는 도구적 결혼 자체가 아니라, 사기에 가까운 위장결혼을 한 후 의도적으로 가족을 해체하고 우리나라에서 여러 사회적인 문제를 일으킬 것에 대한 우려 때문일 것이다. 따라서 국제결혼 여성의 국적 취득에 대한 일련의 제도 역시 이 우려에 대해서만 초점을 두어야 한다. 성인의 혼인이 도구적 속성이 있는가 없는가를 국가가 개입하여 평가한다는 것도 통상적인 상식에서 납득하기가 쉽지 않다. 아마 긴 시간이 흘러, 우리 다음 세대가 이 제도를 조사하면서 실소를 머금을 수도 있지 않을까. 마치 자정에 이별하는 것은 야간 통금제도에 위반된다는 이유로 1971년에 금지곡이 된 배호의 노래 〈영시의 이별〉에 얽힌 이야기를 듣는 오늘날의 우리가 씨익 웃는 것처럼.

자, 여러분은 다음을 토론해 보자. 먼저, 우리나라가 「국적법」을 개정하여 간이귀화요건으로 국제결혼여성의 국적 취득을 규정할 수밖에 없었던 이유를 정리하자. 그리고 무분별한 국제결혼은 방지하되, 국제결혼여성의 인권문제는 축소될 수 있는 보다 좋은 제도는 무엇인지 접점을 좁혀 가면서 대안을 제시해 보자.

2) 존재 자체가 불법: 미등록 이주아동

우리나라에 존재하면 안 된다는 의미에서 존재 자체를 불법이라고 규정받은 미등록 이주아동에 대한 토론은 5월이 되면 언론에서 다양하게 등장한다. 실정법상 이들은 출생신고를 할 수 없는 상황이며, 대부분 이들의 부모는 불법체류자인 외국인 노동자 부부이거나, 비자 기간이 지나 불법체류자가 된 국제결혼여성과 가출할 때 함께한 아이들인 경우가 많다.

앞서 언급한 바와 같이 미등록 이주아동들은 공공의료와 공보육, 공교육을 제공받을 수 없다. 달리 말하면, 그들의 보호자는 의료보험료를 납부하지 않으며 세금을 내지 않는다는 의미도 된다. 그래서 미등록 이주아동에 대해서 국가정책이 실시될 수 없다는 것이 합리적이라고 보는 시각도 있으며, 추산인구 2만 명이 넘어가는 미등록 이주아동에 대한 의료와 보육 및 교육이 확장될 경우 내국인은 그만큼의 증세를 해야 한다는 결론도 등장하고 있다. 이것이 현실이다. 맞는 말이다. 무엇보다 미등록이라는 말의 의미는 존재의 법적 근거가 마련될 수 없다는 뜻이므로 불법체류 중인 부모와 함께 본국으로 강제 퇴거해야 한다는 강경한 주장도 있다. 법치주의니까 법대로 하자는 것이다. 이 역시 틀린 말이 아니다.

자, 그렇다면 상반된 입장의 주장을 살펴보자. 미등록 이주아동의 삶은 태어날 때부터 그들의 의지와 상관없이 던져진 삶이다. 제대로 된 의료혜택을 받을 수 없고 열악한 주거환경을 면치 못한다. 부모가 불법체류 중이므로 거리에서도 경찰을 보면 아이들이 먼저 놀라서 부모를 숨기려 한다. 보육도, 교육도 제대로 받지 못하고, 사회적인 노출을 가급적 자제하고, 우리와 같이 살아가고는 있으나 존재를 인정받지 못하고 있다.

아이들이 법적인 존재가 되지 못하면 무슨 일이 파생적으로 발생할까? 이 아이들은 유소년 불법노동의 피해자가 되거나, 학대를 당하고 매매의 수단이 되며, 성인이 되더라도 불법체류자 신분이 된다. 우리와 같은 공간에 있되 우리와 같은 국가에 있는 것이 아닌 자들, 관념상으로만 존재할 것 같은 유령이 실제로 우리 곁에 있는 셈이다. 미등록 이주아동의 삶을 안타까워하지 않는 사람은 없을 것이다. 사회복지의 많은 문제가 어떻게 원조할 것인가를 고민한다면, 이 영역은 왜 원조할 것인가를 고민한다. 왜냐하면 미등록 이주아동은 우리나라의 존재가 아니기 때문이다.

이제 우리는 보다 근원적이고 힘든 질문에 봉착한다. 남을 내가 왜 도와줘야 하는가? 힘든 사람을 내가 왜 도와줘야 하는가? 아무리 견고한 철학이나 윤리 혹은 촘촘한 논리를 들이대더라도 내가 남을 왜 도와주어야 하는가라는 회의를 가진 사람을 돌이키는 것은 참 어려운 일이다. 그리고 이런 논쟁은 정말 이기기 어렵다. 왜냐하면 원조가 다 맞는 말이라 하더라도 나는 돕지 않겠다고 마지막 선언을 해 버리면 끝이기 때문이다. 그리고 그러한 태도를 이성이라고 간주하기도 한다. 미등록 이주아동을 위한 복지제도를 만들어 내기 위한 사회적 합의가 어려운 이유 역시 바로 이러할 것이다.

진화심리학자 핑커(Pinker, 2014)는 인간의 역사에서 폭력을 감소시킨 네 가지 선한 천사로, 공감적 염려, 자기통제, 도덕감각 그리고 이성이라고 하였다. 핑커는 폭력을 감소시키는 요인이라고 하였으나, 이 네 가지 요인은 동시에 국가나 집단을 사회적으로 진화시키는 개인의 품성이라고도 간주된다. 다만, 핑커는 우리가 이러한 품성을 가지고 있더라도 사회는 아주 천천히 몇십 년, 몇백 년에 걸쳐 진화하고 문화적으로 변모해 간다고 보았다. 시간이 걸리지만 변하기는 한다는 것이다.

사회는 다양한 구성원의 이해관계를 반영하는 합의를 토대로 제도와 정책을 구성하고 재구성한다. 지금 우리는 다문화사회를 거스를 수 없다. 그것은 우리나라뿐만 아니라 전 지구적 추세다. 한국인 역시 미국 등의 강대국에서 불법체류자로 존재하기도 한다. 현재는 미등록 상태이지만, 이 아이들을 그들의 부모의 나라로 돌려보내는 것보다 우리나라에서 등록된 아동으로 권리와 의무를 다하고 살 수 있는 방안을 강구하는 것이 보다 현실적이고 동시에 미래지향적이라고 여겨진다.

공자님 말씀이라고? 아니, 그렇지 않다. 우리가 미등록 이주아동의 권리에 미온적인 것은 현재의 제도로서 그들이 의료보험료를 내고 세금을 낼 인구가 될 것 같지 않다는 예측 때문이다. 우리가 염려하는 것은 이 아이들이 우리를 손해 보게 만드는 이방인이라는 데서 상당히 기인한다. 따라서 우리의 손해를 줄이는 방법을 생각해 보는 것이 긍정적이라는 것이다. 어떻게 교육시켜서 시민의 권리와 의무를 다하는 성인으로 성장시킬 것인가, 불법체류자인 부모가 부모로서 아이들에 대한 권리와 의무를 다할 수 있도록 국가와 지역사회는 어떠한 관리감독을 할 것인가를 고민하는 것이 보다 현실적이고 복지적이라고 여겨진다.

현재 이주아동 권리보장 기본 법안이 국회에 발의된 상태다. 자, 여러분은 이제 이 법안을 검토해 보고 다음을 토론해 보자. 첫째, 이주아동 권리보장 기본 법안이 통과될 경우, 우리가 감당해야 하는 불이익은 무엇인가? 이 법안을 반대하는 사람들의 입장을 청취하고 미등록 이주아동을 보호하면서도 반대하는 의견도 담아낼 수 있는 방안은 무엇인가?

다문화사회는 각자의 이해관계를 검토하고 끝없이 토론하여 접점을 찾는 사회일 것이다. 그래서 미등록 이주아동의 인권에 대해서도 토론이 중요하다.

3) 외국인 노동자의 노동가치: 고용허가제 vs 노동허가제

먼저, 고용허가제의 문제점을 살펴보자.

(1) 영주화방지에 따른 문제점

외국인 노동자가 취업 기간 만료로 출국한 후 재입국을 통해 국내에서 재취업하기 위한 요건은 비교적 까다롭게 규정되어 있다. 우선 최초의 취업활동 기간 3년 후 출국하기 전에 사용자가 고용노동부 장관에게 재고용허가를 요청한 외국인 노동자를 대상으로 하고, 그러한 외국인 노동자 가운데 연장된 취업활동 기간이 만료되어 출국하기 전에 사용자가 재입국 후의 고용허가를 신청하면, 고용노동부 장관은 그 외국인 노동자에 대하여 출국한 날부터 3개월이 지나 동법에 따라 다시 취업할 수 있도록 하고 있다. 또한 까다로운 재입국 취업으로 인하여 외국인 노동자의 재고용 여부와 재입국 취업 여부에 대한 결정권이 모두 사용자에게 부여됨으로써 외국인 노동자의 고용종속이 심화될 우려가 있고, 이러한 요건을 모두 충족하기 어려운 외국인 노동자의 사업장 이탈로 인해 불법체류자가 양산될 수 있다(손윤석, 2013).

(2) 계약자유의 제한에 따른 문제점

외국인 노동자의 사업장 변경신청의 사유에는 사용자가 근로계약이 만료된 후 갱신을 거절하려는 경우만을 규정하고 외국인 노동자의 갱신 거절에 대해 언급하고 있지 않기 때문에 외국인 노동자는 근로계약 만료 후 갱신 거절을 통하여 사업장 변경을 신청할 수 없다. 따라서 외국인 노동자는 고용계약 만료 후 갱신을 거절하게 되면 1개월 이내에 구직신청을 하여야 하고, 3개월의 구직기간 내에 다시 고용이 되어야만 정상적인 취업활동을 할 수 있게 된다. 만일 1개월 이내에 구직신청을 하지 않거나 3개월의 구직 기간에 고용이 되지 않을 경우에는 출국하도록 되어 있다(손윤석, 2013).

(3) 사업장 변경의 제한

외국인 노동자의 사업장 변경과 관련하여 「외국인고용법」은 외국인 노동자의 사업장 변경권을 원칙적으로 인정하지 않고, 일정한 요건에 해당하는 경우에만 예외적으로 이를 허용하는 태도를 취하고 있다(손윤석, 2013). 사업자의 사유인 휴업이나 폐업 등 외국인 노동자의 사유가 아닌 경우에만 사업장 변경이 가능한데, 이 판단기준도 애매하여 외국인 노동자의 사업장 변경이 현실적으로 곤란한 경우가 발생하고 있다.

이러한 고용허가제의 문제로 인하여 수많은 외국인 노동자는 불법체류자가 되기 십상이며, 이러한 합법적인 사회복지 제도와 서비스가 불법체류자를 원조한다는 것은 무리다. 따라서 외국인 노동자들을 원조하는 서비스는 주로 시민단체의 사회운동을 통해 이루어진다. 여기에는 불법체류자라는 외국인 노동자의 신분 외에 다음의 몇 가지 이유가 별도로 존재한다. 외국인 노동자들의 상당수가 남성이며, 전통적인 사회복지의 대상자 중 여성과 아동, 장애인이나 노인은 존재하더라도 남성은 존재하지 않는다는 점을 감안할 때, 즉 남성복지론은 없기 때문에라도 외국인 노동자를 위한 특별한 사회복지서비스의 발달은 상당한 시간이 소요될 것이라 여겨진다. 마치 군사회복지의 발달에 많은 시간이 소요된 것처럼.

또한 외국인 노동자의 문제는 고용과 노동의 영역에서 시발하였고, 사회복지서비스의 개입은 제도적 여지를 형성하지 못하고 있다. 즉, 고용노동부 차원에서 외국인 노동자의 고용과 노동의 문제가 다루어지고 있기 때문에 사회복지의 제도가 구축되고 전문 인력이 투입될 수 없는 상태라고 볼 수 있다. 마치 우리나라에서는 법원사회복지사가 직제로 존재하지 않는 것처럼.

자, 여러분은 다음을 주제로 외국인 노동자의 문제를 토론해 보자.

첫째, 전문가들은 고용허가제 대신 노동허가제를 주장하고 있다. 고용허가제와 노동허가제를 각각 조사하여 두 제도를 비교해 보자. 그리고 우리나라의 산업과 실업률을 감소시키는 데 이익이 되는 제도는 무엇이고, 외국인 노동자에게 도움이 되는 제도는 무엇이며, 이 두 제도를 절충할 수 있는 방안은 무엇인지 알아보자.

둘째, 고용허가제는 국내 취업인구를 외국인 노동자로부터 방어하기 위하여, 즉 국내 실업률을 낮추기 위하여 만들어진 제도다. 고용허가제가 국내 실업률에 미치는 실질적인 영향을 조사하고 토론해 보자.

우리 사회는 오랫동안 혈통적 민족주의였다. 단일민족이었다고 해도 한국의 근현대사가 화목했다고는 도저히 말할 수 없으나, 적어도 익숙했다고는 여겨진다. 그러나 곰곰이 따져 보면 우리 사회는 늘 결속을 위해 낯선 그들을 만들어 내는 사회적 습성을 가지고 있다. 대표적인 것이 레드콤플렉스라고 본다. 유시민(2014)은 이를 두고 거짓 공포라고 규정하였다. 또한 우리나라에서 레드콤플렉스란 단순한 반공주의가 아니라 자신의 생존과 안전을 지키려는 삶의 방편이라고 하였다. 무슨 말일까? 우리는 늘 이렇게 낯선 그들을 만들어 내고 그들을 공포스러워하고 이를 통한 결속을 경험한 사회에 살고 있다고 볼 수 있다. 그래서 다문화 외국인들을 거부하는 문화양식은 우리에게 익숙한 것이라고도 분석되기도 한다.

친숙한 우리와 낯선 그들이 공존한다는 것은 어려운 일이다. 이식 후 면역 거부반응이 인체에서 발생하는 것처럼, 우리 사회도 이방인과 함께한다는 것은 내통을 수반할 수밖에 없다. 우리가 그들을 전혀 필요로 하지 않았는데도 그들이 우리의 의사와는 무관하게 한국 사회에 발을 디딘 것일까? 결혼이주여성도, 외국인 노동자도 그렇지 않다. 우리의 의사와 그들의 의지가 함께 작용하여 오늘날 한국의 다문화현상을 야기하였다고 볼 수 있다. 그래서 더욱 공존의 철학과 제도와 서비스를 고민하고 구축해 내야 할 것이다.

생각해 보기

1. 이주노동자지원센터를 방문하여 이주노동자들의 삶을 인터뷰하고 발표해 보자.

2. 미등록 이주아동에 대한 신문기사를 찾아보자. 이 아동들은 현재 한국에서 어떠한 삶을 살아가고 있는지 토론해 보자.

3. 고용허가제가 가지는 문제점을 정리해 보자. 고용허가제를 개선하는 것이 국내 청년실업률에는 어떠한 영향을 미칠지 토론해 보자.

4. 지역아동센터를 방문하거나 다문화가족지원센터를 방문하여 우리 지역의 다문화여성이나 다문화아동이 설계하고 있는 미래계획을 듣고 발표해 보자.

5. 가수 이은미의 노래 〈녹턴〉의 뮤직비디오를 감상해 보자. 거기에는 우리 사회의 많은 소수자가 음악과 함께 등장한다. 그중 아버지는 강제 출국되고 한국에 체류하고 있는 흑인아동들이 있다. 이 아이들의 삶을 보장해야 하는 방법을 토론하고, 불법체류자 부모와 떨어져 지내는 아동과 불법체류자 부모를 위한 제도를 만들고자 할 때 사회복지학(아동복지학)과 경제학(노동경제학)의 입장에서는 어떠한 차이점이 있는지 살펴보자.

【 참고문헌 】

강휘원(2006). 한국 다문화사회의 형성 요인과 통합 정책. 국가정책연구, 20(2), 5-34.

박승용(2014). 국제결혼이주여성에 관한 법적 · 제도적 측면 고찰. 한국정책연구, 14(2), 107-130.

소라미(2009). 결혼 이주여성의 인권 실태와 한국 법제도 현황에 대한 검토. 법학논총, 16(2), 1-32.

손윤석(2013). 이주노동자의 고용허가제 개선 방안. 법학연구, 49, 1-23.

송종호(2007). 단일민족환상깨고 다문화주의로의 '전환시대'. 민족연구, 30, 90-125.

안진(2013). 결혼이주관련 법제의 문제점과 개선방안에 대한 일고찰-결혼이주여성의 인권의 관점에서. 법학논총, 30(1), 41-74.

유시민(2014). 나의 한국현대사: 1959-2014, 55년의 기록. 경기: 돌베개.

윤인진(2008). 한국의 다문화주의의 전개와 특성-국가와 시민사회의 관계를 중심으로. 한국사회학, 42(2), 72-103.

이상환(2005). 다원주의 시대의 공동체주의 정치철학: 권리의 정치에서 인정의 정치로. 경북대학교 대학원 박사학위논문.

Berry, J. W., & Sam, D. L. (1997). Acculturation and Adaptation. In M. H. Segall & C. Kagitibasi (Eds.), *Handbook of cross-cultural psychology: Social behavior and applications* (pp. 291-326). Boston: Allyn and Bacon.

Berry, J. W. (2006). Acculturation: Living successfully in two cultures. *International Journal of Intercultural Relations, 29*(3), 697-712.

Pinker, S. (2014). 우리 본성의 선한 천사(김영남 역). 서울: 사이언스북스. (원저는 2011년에 출판).

Taylor, C. (1994). *Multiculturalism, examining the politics of recognition*. Princeton: Princeton University Press.

Troper, H. (1999). Multiculturalism. In P. Robert (Ed.), *Encyclopedia of Canada's peoples* (pp. 997-1006). Toronto: University of Toronto Press.

한겨레신문(2015. 7. 19.). 외국인노동자.

다문화가족 지원포털 나누리홈페이지 자료.
통계청 사회통계국 고용통계과 홈페이지 자료.
통계청 'e나라지표' 중 결혼이민자 통계자료.

찾 / 아 / 보 / 기

〈내용〉

저 / 자 / 소 / 개

권혁창(Kwon HyeokChang)
서울대학교 사회복지학 학사
서울대학교 사회복지대학원 석사
미국 University of Wisconsin-Madison 박사
현 경남과학기술대학교 사회복지학과 조교수

〈대표 저서〉
『사회복지법제론』(공저, 형지사, 2015)
『(실록) 국민의 연금』(공저, 국민연금공단 국민연금연구원, 2015)

김현옥(Kim Hyunok)
부산대학교 사회복지학 학사
부산대학교 사회복지학 석사
부산대학교 사회복지학 박사
현 경남과학기술대학교 사회복지학과 부교수

〈대표 저서 및 논문〉
『한국사회와 아동복지』(개정판, 공저, 양서원, 2012)
『아동학대의 이해』(공저, 양서원, 2010)
「한국의 아동보호사업에 대한 사회구성주의적 접근과 함의」(한국사회복지학회, 2013)

조혜정(Cho Hyechung)
전북대학교 대학원 사회복지학 석사
전북대학교 대학원 사회복지학 박사
현 경남과학기술대학교 사회복지학과 교수

〈대표 저서〉
『정신보건사회복지의 이해와 적용』(공저, 예일, 2016)

정창률(Jung ChangLyul)
연세대학교 사회복지학 석사
영국 The University of Sheffield 박사
현 단국대학교 사회복지학과 교수

〈대표 저서〉
『사회복지법제론』(공저, 형지사, 2015)

이철수(Lee ChulSoo)
한국외국어대학교 박사
신한대학교 사회복지학과 교수
현 한국보건사회연구원 연구위원

〈대표 저서〉
『김정은 시대의 경제와 사회』(공저, 한울아카데미, 2014)
『사회복지학사전』(혜민북스, 2013)
『긴급구호, 북한의 사회복지: 풍요와 빈곤의 이중성』(한울아카데미, 2012)

사회복지개론
Introduction to Social Welfare

2017년 2월 20일 1판 1쇄 발행
2018년 9월 20일 1판 2쇄 발행

지은이 • 권혁창 · 김현옥 · 조혜정 · 정창률 · 이철수
펴낸이 • 김 진 환
펴낸곳 • (주) **학지사**

04031 서울특별시 마포구 양화로 15길 20 마인드월드빌딩 5층
대표전화 • 02) 330-5114   팩스 • 02) 324-2345
등록번호 • 제313-2006-000265호

홈페이지 • http://www.hakjisa.co.kr
페이스북 • https://www.facebook.com/hakjisabook

ISBN 978-89-997-1173-2 93330

정가 18,000원

이 도서의 국립중앙도서관 출판시도서목록(CIP)은 서지정보유통지원시스템
홈페이지(http://seoji.nl.go.kr)와 국가자료공동목록시스템(http://www.nl.go.kr/kolisnet)
에서 이용하실 수 있습니다.
(CIP제어번호: CIP2017003386)

교육문화출판미디어그룹 **학지사**
학술논문서비스 **뉴논문** www.newnonmun.com
심리검사연구소 **인싸이트** www.inpsyt.co.kr
원격교육연수원 **카운피아** www.counpia.com
간호보건의학출판 **학지사메디컬** www.hakjisamd.co.kr